紹興大典

史部

民國蕭山縣志稿

2

中華書局

跪九叩首又題准各省耕耤農具俱用赤色牛隻用黑色箱用青色所存籽種悉照各該處土宜選擇勤謹農夫二名看守祠宇灌溉耤田（原注考元明雖有耤田皆京師之制若府縣之設壇則自清雍正五年始 節乾隆志）

風雲雷雨山川壇在治東三里明洪武中始（節乾隆志引萬歷志）嘉靖中邑令林策增建齋宿房三楹（節乾隆志注）大清會典風雲雷雨帛四山川稱某府州縣山川之神帛二城隍稱某府州縣城隍之神帛一並白色（乾隆志）

邑厲壇在治北一里明洪武八年始每歲清明七月十五十月一日祭無祀鬼神（節乾隆志引萬歷志）大清會典府稱府厲州稱州厲縣稱縣厲祭用羊三豕三飯米三石香燭酒紙隨用（乾隆志）

鄉厲壇與邑厲壇偕始每里各一凡一百四十所（節乾隆志引萬歷志）

關帝廟在縣北（乾隆志引萬歷志 案即衙後街相傳縣署西南舊亦有關帝廟今遺址尚可髣髴）廟西寢宮有三公祠祀帝三代（節乾隆志）前有演臺以衙後街北盡處巷柵爲其頭門有題額爲有司春秋及五

月十三日誕辰致祭之所案康熙劉志尙列私祀稱關王廟淸道光二十七年邑令瑞麟暨紳士陳成鶴陳古琴等重修一在演武場東南隅康熙劉志縣北關王廟條下原注直治廨之北有巷若箭射術士云不利乃營是廟以厭之又一在演武場東南隅明萬曆二十八年令程再伊建皆劃官地以建者案所謂皆劃官地以建者蓋指縣北及演武場東南二廟而言乾隆志專指一廟似誤又案此廟卽倉橋北忠義祠舊址一在南門外高橋邊殿三間有後屋有演臺一在浴美施閘距臨浦鎭里許案蕭邑城鄉關廟極多舊志所有者仍之餘不悉錄大淸會典陳設供品禮制帛一白磁爵三牛一豕一設果品五酒一樽前殿承祭官行三跪九叩頭禮後殿公爵不用牛餘同行二跪六叩頭禮節乾隆志會典專指秩祀言

城隍廟在治南百五十步梁開平二年吳越王錢鏐奏封崇福侯案通志引弘治紹興府志云舊志稱崇福侯蓋誤以府城隍舊額冠之也宋紹興三十年顯仁皇后靈駕渡江加號忠順乾道五年加號孚應八年加號顯忠按康熙劉志作顯惠明洪武三年去前代封號祀於山川邑厲二壇有司朔望詣廟行香以道士一人守之其舍附於廟後歲久多圮嘉靖二十七年知縣王世顯重葺爲堂五間演臺三間儀門五間大門三間左右廊各九間中甬路

簷廊柱皆石萬歷三年知縣王一乾重葺後堂五間萬歷十五年知縣劉會建文昌祠於廟儀門右偏祠三間大門三間乾隆志引萬歷志　乾隆志別本祠南屋三楹爲關帝祠後廊供魁星象康熙五十年邑貢士蔡維慧等捐修又於文昌祠簷前構一軒與魁星座連接顏其額曰惜字軒關帝祠明堂東建磚爐焚化字紙維慧有惜字軒記及勸惜字紙詩清康熙三十九年九月邑人修葺四十九年知縣呂廷銓重修原注周紹祖記略云邑令呂請於太守勞各捐俸佐以罰鍰始庚寅仲冬訖辛卯臘月勸募者李觀思張華玉蔡國祺及紹祖司出納者周孚先雍正三年秋改舊演臺三間爲八柱高臺原注僧廣修募助乾隆十二年五月殿梁傾頹知縣王嘉會捐俸倡修邑人陸巡等佐其事十三年二月又募建軒三楹於大殿前八柱皆石乾隆志咸豐十一年燬同治初道士陳元達搭蓋茅舍接續香火嗣由陳志義募建大殿演臺廂樓光緒二十年五月繆錦川請於邑令朱榮璪出示募捐修建大殿改建頭門儀門東西廡並購前後基地別建後殿及文武二帝殿判官殿均在大殿右太歲殿在後殿左册聖殿在後殿右祀明邑人單道道創造四柱黃册頒行天下後人因呼爲册聖殿中並有財神像拓展屏牆又修葺廟左之先師殿祀公輸般二十七年工竣共募捐銀壹萬貳千餘元錦川自捐捌百餘元立有碑記案廟自重建以來香火極盛廟祝歲入頗豐清光

緒間署縣令胡爲和批令歲繳學捐肆百元近年又加認小隊捐壹百伍拾元縣署有案東門外五里牌別有小城隍廟

西興城隍廟康熙劉志原注廟號永固王亦稱城隍者當是吳越時於此建城故有此稱乾隆志同案康熙劉志於邑城隍廟外別標西興城隍廟乾隆志則繫於邑廟之下曰一在西興鎭竊謂西興舊有固陵城其祀城隍宜也且與邑廟別爲一神今從康熙志　又案宋潛說友咸淳臨安志本府城隍神舊號永固是不獨西興爲然今改祀越大夫范蠡不知始於何時舊在江塘邑紳朱懋文徙建大街北康熙劉志及乾隆志案廟在永興閘東廟基下空爲永興閘通運河處廟前有亭皆方石柱道光三十年啓閘洩水亭圮咸豐間重建咸豐十一年燬同治初里人重建一在運河南岸倉橋東亦祀范蠡未詳創始年月同治九年重建

文昌祠在冠山里許乾隆志明萬歷十一年邑人來端操建乾隆志引萬歷志

盛文閣在縣東三里轉壩上俗名新壩舊爲文昌臺臺爲明邑令陳如松築壩時所建何汝尹任其役毛奇齡台州敎授何公墓誌謂予少時猶及見之清康熙間圮同治十年邑人張遠等集資改建閣前後皆三重前祀魁星倉頡文武二帝後祀明邑令陳如松皆塑像

眞武殿在赭山東麓祀北極大帝一在沙地老字號頭界

東嶽行宮在縣西三里蒙山乾隆紹興府志引嘉泰會稽志及萬歷志前有蒙山茶亭清雍正間僧惠木

大濟懷蓮先後增修乾隆二十六年邑紳黃雲來謙鳴等集同志數十人爲同人會維持廟事邑令梁世際出示勒石於廟咸豐十一年廟毁同治八年僧振法募資建復十三年成光緒二十五年僧性道重修（案東嶽廟所在多有而蕭山香火獨盛歲以三月二十八七月十三兩日爲香期遠近咸集住僧香資所入頗有羨餘清光緒三十三年教育會稟准歲繳學捐銀肆百元次年增爲陸百元近年商務分會請以葉雲甫住廟願增捐款而同人會以葉非受如來戒者相持不下旋由縣知事彭延慶委任自治委員暫爲經理每歲所入除開支外儘數解繳越年冬繳銀壹千元縣署有案）

在臨浦覺海山頂清乾隆五十三年建道光三年重葺一在戴村一在河上嶺咸豐末燬兵後重建一在沙地正字號嘉慶十六年建

（明來勵詩蒙山遺迹幾千年今日登臨思惘然鶯困落花紅墮雨蝶迷芳草綠浮烟笙歌奏處成懽飲泉石開中儘醉眠自古英雄總塵土不如騎鶴訪神仙）

奎星閣在西興鐵嶺關清光緒八年里人田蓉墅俞望三徐蔚齋等捐資建

天后宮在城內横河一在沙地巖亹山清乾隆三十五年移建亨字號（神爲五代閩王時都巡檢林愿女閩之莆田人歿而爲神元至元中賜號天妃見浙江通志）

寗濟廟在西興鎮沙岸之東祀浙江潮神（康熙劉志乾隆府志引嘉泰會稽志在縣西南一十三里政和三年賜今額六年）

高麗入貢使者將至而潮不應有司請禱潮即大至詔封順應侯宣和三年請封武濟公紹興十四年徽宗靈駕渡江加武濟忠應公（案康熙劉志此下多三十年三字）顯仁皇太后合祔加武濟忠應翌順公淳熙十五年高宗靈駕之行顯應尤異先數日太守侍郎張公杓躬視漲沙沿御舟入浦去處盡護以紅竹詰朝方集萬夫迨潮落沙已蕩盡水去所立之竹纔尺許及虞祭畢沙復漲塞莫不驚異於是加武濟忠應翊順靈祐公慶元四年憲聖慈烈太皇太后歸祔永思將渡江會大雨震電隨禱而止遂賜王爵是爲孚祐王慶元六年十二月永崇事畢進封孚惠善祐王　康熙劉志明興令有司常以八月十五日致祭祝詞曰一氣通侯百川孕靈勢傾山岳聲震雷霆素車白馬出沒杳冥實錢塘之壯觀固海若之憑陵時維八月天高氣清某等躬率僚屬駿奔臚事釃酒臨江伐鼓以迎神其來格歆我凡誠**清咸豐間燬光緒重建**廟門外有鐘樓道光十三年高作霖募建旋圮同治間由義渡局重建大霧則鳴鐘引渡

火神廟在城中市心橋東北清乾隆二十二年邑紳黃雲何士鋐丁汝璠陳莘王士鈺集資購周姓地創建門前有龍泉士鈺甃石爲欄取形家水火相濟之義並便居民取汲點竄乾隆志附卷（案乾隆志四十卷成於乾隆十五年而四十一四十二兩卷載火神廟及河港禁築魚簖始末皆乾隆十五年以後續刊附入者今別之曰附卷原載間數兵後重建已改舊觀又邑令梁世際告示無關掌故並從刪削祇錄其所載廟基字號畝分四至如下以資稽考　洪字五百四十六號地貳分玖厘又五百四十七號地貳畝陸厘捌毫又五百六十五號地叁厘捌毫又五百七十二號地壹分肆厘又五百七十四號地五厘玖毫共地貳畝伍分玖厘肆毫東至富姓牆南至運河西至丁姓牆北至倉街**咸豐十一年燬光緒間孫德銘等募資建復正殿**

後殿各三楹大門三楹中爲演臺兩旁有廂樓又正殿後西偏廂屋三楹後殿東偏廳樓三楹廂屋三楹

天醫殿在縣東北十四里長山之尾（土名山址頭）祀漢華陀里人莫令德捐地創建咸豐十一年燬同治七年重建（求籤療病頗著靈驗禱者如市）

玄姥殿在龕山梅仙二圖

三官殿在沙地達字號

觀音殿在沙地義字號清道光三年建（此外甚夥）

土地祠（原注舊在縣署儀門左今改於儀門右）清乾隆十五年知縣黃鈺建以舊祠所奉乃皐陶蕭何二公非土地也故更正之（乾隆志　案光緒間新建縣署有土地祠二一在儀門左仍祀皐陶蕭何近年奉辦平民習藝所祠基圈入遂移神像於城隍廟文武二帝殿中一在縣丞署改革後署屋由官標賣聞神像移往西興矣）

劉太守祠舊在山陰禹會鄉祀漢劉寵唐曰靈應廟宋改封靈助侯元至正間越帥周紹祖移建於錢清有司春秋祭（乾隆志引萬歷府志元陳世昌記昔漢桓帝時劉寵爲會稽太守有惠政被徵有父老五六

人出若耶山谷間人齎百錢送寵辭謝人選一大錢受之而投之江因表曰一錢太守地曰錢清其事距今殆千年矣元至正二十三年實皇帝御極三十一年也時江浙行省平章李公來鎮會稽山川羣神罔不虔祀而寵廟舊在禹會驛廢既久無以鎮明祀乃謀作而新之會元帥周君紹祖分守錢清因以其事委之且曰錢清以寵而名者也地爽塏而南北之衝在焉於茲飭廟以事神其有不可乎既出粟若干以給工役之費而江南諸道行御史臺移置紹興實專紀綱之任於是周君以平章之命來請而臺議以劉寵嘗庇其民而於報爲宜也乃捐緡以爲之助焉周公既奉命度地庀材量工命日計專而事勤夙夜匪懈經始於二月畢以閏三月廟成正堂中峙以安神棲翼以兩廡其西曰景行之堂以待使客過謁祠下而止息者其東曰樂育之堂將延師以爲義塾以教鄉之子弟垣牆四圍門閾洞起鞏飛藻映蓋秩秩乎其有序者矣自海內用兵凡祀典之神山川祠廟之所在鮮不罹於兵燼之厄乃今劉寵獨以其人而克新廟貌何歟天理之在人心猶元氣之周流萬物隨時發見不擇地而生也寵以廉而得名後千百年猶能使人知所興起天理之存其不可誣也如是哉予於是而有所感矣周君以其事來告俾予文諸石以永其傳乃爲要其始末復作送神曲以貺之辭曰風嫋嫋兮青蘋神君降兮江之濱朱旛導兮兩輪齊四牡兮駪駪文茵兮綴席進椒漿兮糈食神之監兮靡有所嗜我民之報兮無極俯仰兮千年山崔嵬兮水潺湲神之德兮斯在流遺愛兮不昧桂棟兮蘭榱作新廟兮巍巍冀神兮來享爲福澤兮永綏

祠有殿有左右廂儀門外門歲久盡圮明嘉靖三十六年民方氏假邪神依附言禍福以惑人因創淫祠一所知縣魏堂毀之撤其材以修此祠增置蓬軒露臺甬路馬道凡祭以春秋仲月

乾隆志引萬歷志明知府季本記蕭山縣東五十里曰錢清故有祠祀漢會稽郡太守劉公也公名寵東萊牟米

八初以明經舉孝廉除東平陵令以仁惠爲吏民所愛因疾棄官去百姓送者塞道車不得進乃輕服遁歸後四遷爲豫章太守又三遷爲會稽太守尋徵爲將作大匠累官至司徒太尉自郡邑薦歷卿相廉約終身家無餘積其平生守已愛民可以見明經之實學矣其在會稽而遷將作大匠也山陰五六老叟自若耶山谷間每人齎百錢送之公勞父老皆具言公治狀公辭謝不忍拂爲人選一大錢受之至前途投其錢於江以故名其地爲錢清而公之遺愛久且不忘則即其地立祠以祀之禮也祠自國初至弘治間代加修葺故至祠下者莫不瞻謁焉中葉以來日就傾圮迄於嘉靖甲寅歲六十餘年而峴山魏侯來尹茲邑慕公清風慨然以興修爲已任邑方多事時不暇爲侯既調兵拒寇戰勝龕山又以財力嘗詘取資爲難需遲久之適民俗有爲師巫者立淫祀塑神像以邪術惑鄉民侯親履其地毀之以其材爲公祠而他所經費亦貸羣邪之有罪者量其輕重而取給焉正祠暨外門以各三間皆葺舊也儀門暨左右景行樂育兩堂皆新作也牆垣甃砌秩然整齊志有在而事竟成力不煩而功易集侯之爲政可謂欲而不貪勞而不怨矣然侯名堂湖廣承天府人由明經癸丑進士故常之仕優而學崇重學宮補修邑志以其所輯家禮會成敎百姓類非俗吏所爲在邑三年百廢具舉內常自足無所避以嫌也所至於劉公祠之修則其風又足以興仁立懦有裨於世敎不小侯之明經殆與劉公同效者歟昔魯僖公修閟宮史克以其有志於周公也故作頌以美之今侯雖有慕劉公志愧予不能頌也上舍周君沛春元李君存中爲予言狀并書之以詔來者清康熙二十八年知府李鐸囑會稽知縣王風采修之不久又圮五十五年知府俞卿重修乾隆志 案祠入兩浙防護錄

元王叔能詩 劉寵清名舉世傳至今遺廟在江邊近來仕路多能者也學先生揀大錢

明高啓次錢清江謁劉寵廟詩 亭亭樹間祠落日小江口停舟拜孤像開

幔食鼠走憶公治邦時德感山谷叟臨行謝其饋清風在茲久我方東徼急不得奠杯酒惆悵出烟扉殘村夜聞狗　明張山錢清太守祠詩稽山東望若爲情懷古傷今百感并廉吏看來能幾在西風吹淚灑錢清

靜安綏祐公廟案康熙劉志作護堤侯廟乾隆志作靜安公廟今改題在縣東北十里長山之麓宋時建祀漕運官張諱夏行六五咸淳間祈禱甚應俗謂之長山廟又張老相公廟乾隆志引萬歷志案今又謂之張神殿明崇禎間重建清康熙壬午乾隆庚戌嘉慶甲戌三次重修咸豐十一年頭門大殿毀僅存後殿宋史河渠志景祐中以浙江石塘積久不治人患墊溺工部郎中張夏出使因置捍江兵士五指揮專採石修塘隨損隨治衆賴以安邦人爲之立祠朝廷嘉其功封甯江侯　清皇朝通考雍正三年以浙撫臣法海疏言宋安濟公張夏實爲浙省江海保障之神請加封號修整廟宇春秋致祭下　禮部議封張夏爲靜安公廟祀蕭山　大清會典同治十一年加封靜安綏祐公　毛奇齡九懷詞之一張十一郎官詞序張十一郎官者宋護堤侯張六五老相公也名夏邑之鴒里人初以父亮爲吳越王時刑部尚書入宋歸命遂由故任子起家授工部郎中稱郎官既而海溢颶風發錢塘蕭山堤總壞相公充護堤使者總捍江五指揮使護海堤有功封護堤侯乃以護漕當決河覆舟旗丁繞河覓相公不得翼日有大黿負相公屍浮於沙巫者狂言相公已爲神其屍歸葬於蕭山長山牖而立祠牖旁負山壁爲楹面海滔滔每雨歇見神燈數隊沿山而歸宋景祐間禮部請於朝封英濟王蕭俗呼十一爲六五呼官爲相公以侯王故呼老相公至是呼老相公廟邑人來祠者呼老相公會每歲三月六日係老相公生日各鄉賽會總在三月間鄉集若干人殺牲設酒醴樹神旗張

蓋座屋子船吹銅擊鼓到廟間有神巫導念迎神還船歌侑之飲食終日以爲樂及入城則燈火滿街矣明末民間殷富每鄉設賽會田掄租劄胙以爭勝爲事今其田已分賣不可考矣父老相傳祠盛時相公神最靈江塘首爲會嘗殺神豬先以豬肝奉其母其婦從旁竊食之及到廟神巫呼使前詈云汝以牲飼母孝也婦何以得竊食歸當詛之其人大驚謝去當是時神顯赫如此 案奇齡別有合置社頭張十一郎官二祀之田引乾隆志載之語意與詞序相同今不復錄 又案宋封甯江侯見於正史而宋葉紹翁聞見錄則謂改封安濟公其祀於杭者曰安濟廟見通志乾隆志載浙撫奏疏亦稱安濟公又續文獻通考明崇禎元年十一月封護漕河神張六五爲靈應英濟侯毛奇齡則謂宋景祐間即封英濟王其祀於山陰三江閘上者稱英濟王廟見乾隆府志又康熙劉志謂明天啓間封靈應英濟侯乾隆志則謂明末封靈應大帝其人物志復引張氏族譜謂宋理宗淳祐十一年三月二十七日封顯應侯度宗咸淳四年十月十八日封護堤侯阮元兩浙防護錄亦曰累封顯應侯其封爵之不同如此又明郎瑛七修類稿錢塘江干張司封廟宋太宗朝進士仁宗景祐中出爲兩浙運司名夏字伯起雍邸人正史作兵部由前爲兵部郎也舊碑作張太常由後嘉祐中又有功而賜太常少卿也宋祠典作工部夏員外訛也俗呼司封以其有功授司封郎中也云云考北宋雍邱當今河南杞縣而乾隆人物志則據張氏宗譜定爲蕭山人毛奇齡且謂邑之鴎里八其里居之不同又如此又今廟中神牌題神配爲顏氏不知何據一在縣東十九里新林周案康熙乾隆兩志均言後又別建廟於新林舖舖北謂之護堤侯行宮云云未詳建廟年代同治戊辰重修乾隆志乾隆十三年張侯後裔張梁等因舊志護堤侯行官下有有司祭於其所句與新林各莊紳士互相訐控知縣黃鈺具議詳府齣後長山神廟春秋二祭令張兆燵奉祀勿替其新林行宮與蕭邑各祠聽民間自行報賽以杜紛爭府批如詳行一在螺山乾隆志別爲一條今移繫於此原注在二十一都

七圖邑生夏禮謙捐率字號九百六十二號田壹畝貳分貳厘叁毫體字二十七號田捌分一在臨浦蕭紹交界處西屬蕭之苧蘿鄉東屬紹之天樂鄉中一在十都桃里明嘉靖間金姓捨基捐資建旋圮清乾隆間重建近復頹廢神像移寄他廟一在石巖堰一在長興鄉潭頭一在聞堰一在沙地正字號清道光十一年建案濱江濱海各鄉私祀極盛沙地尤多或稱靖江殿或稱鎮海殿皆是也今舉其稍著者餘不備錄清單隆周在山張神祠詩漠漠平沙到海壐神宮且啓列清樽丹梯石上留仙篆春社花前拜耳孫雨滴牆蘿青墁落風生壇樹絳旗翻溪橋爭指停橈處急管繁絃十里村

德惠祠在縣西二里據淨土寺山麓按康熙劉志在湘湖舊有楊郭二長官祠在湖口自德惠祠祀楊不祀郭廟無復舉者宋楊時爲縣令開湘湖民感其惠明成化元年立祠賜額後縣人尚書魏驥亦有功於湖既沒有司請於朝以配饗春秋致祭乾隆志引萬歷府志祠有殿有儀門有外門儀門外有池池之南有宰牲房殿西有曠地廣十畝許凡祭與太守祠同乾隆志引萬歷志　乾隆志別本祠東偏道南書院屋三楹中供楊文靖公游定夫公神牌有司祭德惠祠畢即至書院致祭　明提學副使劉釪記德惠祠者朝廷從蕭山邑民之請而建祠以祀宋大儒將樂龜山楊文靖公也公政和間爲蕭山令多惠政而其大者水利焉蓋爲民嘗苦旱公相邑西南多山地勢高亢平曠乃築堤延袤八十餘里中計

叁萬柒千貳畝瀦水曰湘湖利及九鄉漑田壹拾肆萬陸千捌百陸拾捌畝有奇其地之入於湖者則驗所獲利之田而均其稅仍因時以爲水之蓄泄雖大旱而邑田之稔常過半湖中多產魚鮮又有蓴菜其根潔白可炊以療饑凶歲鄰邑亦賴以濟民感其惠立祠湖上曰楊長官祠又加圖其像祀之歲久祠廢而遺澤未泯也朝廷景泰初南京吏部尚書邑人南齋先生家居謂是湖爲邑無窮之惠亟興有司講明修治水之利又加於昔又謀諸縣令朱玉縣丞李溫淳（按乾隆志紹興府志各職官志均作李孟淳）得湖東百步許山麓廢寺以復其祠先生之子完郎承其志率邑之尚義者捐貲肇建甫成先生奉詔進一品階命完謝恩闕下留入翰林預纂修事邑人張文何賢等請曰祠雖復恐久郎廢欲如漢會稽劉寵例乞入祀典且公親承二程先生道學之傳當從祀孔庭先生然之令疏其事達於分巡憲僉吳公立紹興郡守東莞彭公宜以聞斷自聖衷賜額曰德惠聽於蕭山立祠仍於公故郡延平立祠賜額曰道南以其徒羅仲素李愿中配俱令有司春秋祭祀如儀所以答邑民懷感之義慰後覺景仰之心也命既下成化二年六月彭公詣祠祭禱以爲卑隘不稱與邑之官僚人民謀新而大之衆既悅從乃於其中擇善效勞者張文沈宣賀晝方摹匠掄材肇工而彭公膺山東方伯之擢以去今郡守京口吉公爲上虞令時以公事至開之郎捐俸以助及陞爲守益力綱維其事而浙藩方伯西蜀張公清暨釬咸致力焉民之趨事者恐後中爲堂左右翼以兩廡前爲儀門左爲道南書院以彰當時四方學者從游之跡右爲庖湢之所右前爲外門恢弘壯麗規制一新越明年六月訖工邑庠何舜賓者民童子拳王方徐數謂茲盛舉不可無述以傳相與詣余請記勤諸石適監察御史張公斅按部於浙余具道所由公曰爲學爲政若文靖公者眞後學模範朝廷既褒崇之記何客焉惟公實南方道學之倡其含蓄廣大造詣精深觀其著述布在方册可見已至於裁決危疑經理世務如燭照數計尤其所長其令瀏陽餘杭皆有遺惠在民不獨蕭山也其緒餘見於爲邑且如此使得志於天下何如哉或者以蔡

京之召議公且謂其晚年之出無大建明是不然孔子於佛肸之召欲往柳下惠援而止之而止蔡京其固不能浼公也況當京用事之時國勢危急公之德望四方推重因客張舋言宋社危在旦夕宜急引舊德老成以維持之京問其人舋以公對乃薦之會給事中路允迪使高麗其國王問龜山先生安在允迪言於朝廷特薦公爲秘書郎則京之薦公非其本意公之出亦非以京薦也及出則言王安石學術之偏追奪其王爵罷配享孔子力排和議極言京蠹國之罪與夫三鎮不可去之類凡所論列皆切世道又得謂之無建明耶使當時能委國以聽必多救正奈何雖列要地皆不能專且久而公年已邁爲可惜也公之學得之河洛而傳豫章羅氏延平李氏以及朱子其自程門歸也明道送之有吾道南矣之稱伊川自涪歸嘆曰今之學者多流於異端惟楊謝二子長進朱子有祭延平亦稱公承兩程之緒則正學之派實賴公以傳豈惟蕭山慕之在天下後世聞其風讀其書得不興高山景行之思哉南齋先生一代耆舊老成德行文章視公無愧蓋不獨仰公遺澤而尚友於三百餘年之後有神交而默契者故拳拳以闡其道復其祠欽崇皇上大昭崇儒重道之典而從斯邑民秉彝好德之心之拳請以褒崇之者抑豈偶然耶繼自今湖之水利公之廟食始與天地相爲悠久而登斯祠者仰者可不考公之實德實行以激勵奮發暴白儒者之功哉因併記其始末爲以來瞻者仰告祠亟向面湖蕭山帶其南驛道運河經其北前後董役者府知事歐璨大使魏賢而從臾其事則知縣賓昱也南齋先生名其驥字仲房南齋別號其時年九十五云

劉瑚魏文靖公配享德惠祠記蕭山四圍皆山海居民苦水旱宋政和壬辰龜山先生楊文靖公尹縣時浚治湘湖蓄泄有則利及九鄉民感其惠立祠私祀國朝成化丁亥有司備民情上請禮部復以爲言上命學士劉定之議法應祀勅賜德惠祠許春秋祀景泰改元邑人魏文靖公時由吏部尚書致仕歸里第視楊公舊規隳廢年久設法添築塘高廣內增築臥羊坡抵避湖中風浪栽柳於塘使其堅久其時鄉老口碑作頌有過於昔革除占湖爲田七千三百一十八畝及江海無塘

障衞民罹水旱致徙他方鬻妻賣子憂形於色勸率官民子孫同臨患害處所修築復舊塘閘堰埧一十二處歲歲如之是以連得二十餘年豐稔民感其惠甍後失於預防辛卯秋風潮衝入縣境淹死人畜田禾塞港顆粒無收比昔尤甚上厪聖慮遣內外大臣撫按賑恤適其子完遵公遺言辭免營葬省銀一千七百餘兩轉濟饑民概縣之民感公生前沒後之惠合章上請立祠報祀命下廷臣議曰公初由文學歷官中外清慎德望受知列聖致位通顯歸休林下監察御史林昉言公有德有壽請如漢故事優禮之特降勅云卿以醇篤之資正大之學歷事累朝官登八座歸安田里壽屆百齡進退從容體履康裕緬維風采嘉嘆不忘之諭特遣行人存問齋以羊酒有司月給俸贍之及聞家居恆以邑環江海多水患爲憂楊龜山湖堤遺跡閘堰塘瀝倡率修築著水利切要以發明之德惠昭昭宜從所請禮部擬宜作主入於德惠列於楊時之右合祠祀之章入上曰魏驥惠及鄉民准入祠祀祭法云法施於民則祀之又云能禦大災能捍大患則祀之此之謂也瑚生也晚自羈丱時仰止迨長出仕叨職禁近一止一動未嘗不以公爲師法而公之孫壻洪君宣之門人徐君公溥又能以公立心光明爲學正大之旨每每談及二君皆秋官員外也及考夫商少保葉文莊二公譔公行事尤悉瑚以是愈得其詳而心愈有所慕其實宜乎鄉民感公之德之深而懇情報祀以垂不朽惟公之孝弟忠信清修苦節文章事業著在天下自有信史書之顧斯不足以盡特記配享德惠之實耳蕭山令宜興吳君淑求爲之記故不辭而書之公字仲房初號梅居又號南齋晚年門生孫尚書原貞出鎮兩浙取書平格之義尊稱爲平齋作平齋記以紀其實所著有松江志南齋集素履集理學正誼水利切要等書傳於世云

後又祔祀御史何舜賓孝子何競於祠左楹乾隆府志今俱廢案祠入兩浙防護錄

明魏驥謁龜山楊文靖公祠詩寒雲古木草離離典故前朝有孰知義辨三經防道否惠施一邑救民饑苔生石鼎香誰爇蠹食松堂壞不支安得陳詞達天聽孔

庭陪祠復何疑　湛若水詩　始聞湘湖勝　三夜夢見之　先拈龜山香　乃敢涉湖堤　傍湖山氣合　山與雲天齊　漸進迷遠近　愈深遂忘歸　縣令蕭敬德德惠祠詩　山水盤迴德惠祠　碧蘿蒼蘚兩穹碑　先賢爲政風流在　太宰明農恩澤垂　萬頃湘湖民稼穡　千年閭井士蓍龜　桂花香滿梧桐淨　俎豆衣冠對越時　清毛奇齡過魏文靖公祠詩　道德宗前哲　朝廷仰老臣　履聲雖北遠　斗色豈南湮　有意長懷古　無時不在民　鄉闕歌道路　陰雨暗經綸　人古琴徽在　風流鐘簴陳　至今千畝綠　共指一湖春　蘚幌追雙妙　荒祠絕四鄰　山空雖有路　庭迴絕無人　檜老深橋鵲　碑殘臥石麟　悠悠千載後　誰復問湘濱

王夫人廟在西興鎭股堰康熙志原題王氏廟祀元至正間里正楊伯遠妻王氏事詳水利列女各志明萬歷三十年來文德募資重修清乾隆間訛爲龍圖廟六十年改正嘉慶元年浙撫覺羅吉慶題封烈彰恬顯並賜精誠屹衛匾額五年命有司春秋致祭以每年三月初二九月初三生卒日爲祭期見當時公牘　清朱珪股堰廟碑　蕭山縣之西十里曰西興卽西陵也右臨錢塘有塘曰股堰所以楗蕭及山會之決隘而保障億兆生靈於世世者也前元至正間江湖蕩析官督所在分工築防有里正楊伯遠者分直西堰其下潭深水所窟築輒圮伯遠破產被箠楚不可活其妻王哀之夜泣禱於江誓以身殉先夕割臂肉投潭中飼怪物曰願憐而他徙越夕潭沙漲堰竟成越人爲立廟報其烈知蕭山縣尹性刻石記之事載各志由來有據越五百年訛爲龍圖廟幾不知有楊王氏矣乾隆六十年江水南坍齧堰鎭人楊昶倡於衆曰王氏有大廟造於蕭而忘其績宜神之不祐吾蕭而剝膚將及也乃呈其事於縣由郡達之大府聿新其廟是秋潮不爲患嘉慶元年撫臣吉慶疏聞錫額曰精誠屹衛賜封號曰烈彰恬顯於是王氏之貞靈妥而奇烈曜於無窮矣蕭人將書

其事於碑而請珪爲之文珪惟曹娥以一家之孝女也遂以名其江而傳不朽若楊王氏之事救其夫於顛沛何其烈也以一匹婦之捨身之誠蛟鼉爲之遷窟塘堰鞏於金湯保三邑億萬人之生捍數百年無疆之患其功德休烈浩浩乎與江海無量矣荷聖世之表揚歆血食於終古豈不偉哉銘曰滔滔江流海湧潮怒撼搖西陵象罔穴據里正羅尤婦急夫憂封肉矢死精衞血流天神鑒誠湫移堰成亙五百載屹於金城廟謁考實闡揚御筆春秋祈賽馨香烈餘保障萬象捍禦百禩光於曹娥厥功更鉅祠入兩浙防護錄　案咸豐十一年廟燬同治間復於其址建龍圖廟十三年里人田霖繼妻趙氏別於廟後購地重建

清胡敬詩鞭石石走威用刑不如驅鱷感以誠咄哉神乃里胥婦攘臂欲與蛟龍爭蛟龍憑深族於坎堰築不成鞭箠慘誓捹身死叩九幽血面論冤神勇敢先封股向奔湍投水府震動馮夷愁臂一創朝裹沙夕涌竹石下楗江安流暵渟潦激五百載祈報春秋祀不震改萬頃田歸一變功果然精衞能填海

曹之升詩江城白浪掀天起一堰工成萬家喜往事曾傳里正妻年來重立夫人祀夫人家世出鄉琊婉娩于歸清白家春水但看鷗掠岸秋汀慣見鶴翹沙一朝重疊官符下小吏狂呼驚暮夜未得犀從牛渚燃那能水有鼉梁駕百丈金堤決潰多催郎築堰似防河幾翻賠累空囊橐無數鞭箠入網羅此時沈痛中腸迫肅禱虔祈苦無策霜刃親敎玉手持冰肌暗向銀濤擲精誠自可達皇穹沙漲湫移俱化工紅蓼洲旁迎畫鷁綠楊津畔偃長虹堰成自此長名股千里桑麻歌樂土碧海誰憐精衞填青天却是媧皇補蒼涼遺廟夕陽邊歌舞臺荒咽管絃玉佩久經青蘚蝕靈衣還共落花蔫丹心一片常能照五百年來古誰吊舊日流傳玉女祠何時改作龍圖廟龍圖血食遍寰瀛豈習江皋祀事明只解閻羅斷關節何曾一笑使河清夫人功德無人話未免狂瀾恣凋瘵過客頻招烈婦魂遺民復下貞靈拜貞靈上訴帝

闔開有詔祠官薦綠醅金額字從天上錫鸞封號自日邊來報賽從今愼無怠福我蒸黎助眞宰此廟千秋永不祧此隄萬古能長在客上西陵古驛樓烟波江上勳人愁海門潮落潮生處猶帶當年碧血流湯金劍詩烈魄輝霄漢恬波衞梓桑隄成英爽在廟落姓名香每軫西陵渡時虞北漲妨撫今曾岌岌思昔倍皇皇當日江潮悍分工督趣忙蛟鼉爲祟虐箠楚被身創耗矣椎心泣哀哉割臂擭精誠驅罔象貞義格穹蒼鱷徙沙平窟魚排石築防志踰精衞苦績比孝娥光死者應無憾生民賴用康一時傳赫濯累葉報蒸嘗代遠人心玩傳訛祀事忘神靈勿歆饗水勢驟猖狂大吏一廛咨度熙朝亟闡揚崇封昭日監褒額麗雲章鉅筆琳琅刻新宮椒桂芳炊烟聚龍艢燈火對錢塘捍禦資三邑迓迟鎮一方從今千萬世保障鞏金湯　案道光間高鳳臺孫逢堯戴沅藻諸人編刊股堰頌德錄十二卷蒐集官牘志乘碑傳詩詞聯額甚富今錄詩三首如右以存梗概

江公祠在西興慧濟禪院之左取石亭舊址祀梁會稽郡丞江革宋楊文靖創建明魏文靖公重修萬歷間邑令沈鳳翔易亭爲閣曰清風閣後圮鼎革時爲鄰僧海歷侵占邑人戴鏡曾等合詞控道府復之并給帖以禁占毀康熙劉志王余高記略　案梁史公諱革字休映考城人少孤貧力學有節概歷官中外武陵王紀在東州頗驕縱除公長史會稽郡丞行太守事公門生故吏多家於東聞公至緣道餽迎公一無所受在官惟資官俸食不兼味郡境殷庶訟賦交錯公正已裁物事無疑滯民懷吏畏奸贓吏望風解印綬去王敬憚之因吏耽學遷官之後將達都吏民戀惜爭致贈遺公不納惟乘臺所給一舸舸艚偏欹或謂當徙重物以迮輕艚公既無物便令於西陵岸取石十餘片實之以渡後人思公建取石亭宋楊文靖公即亭址立祠以

祀之至明魏文靖公復葺焉此西陵岸之所以有公祠也後遭兵燹爲鄰僧所占毀祠之址湮沒里中文學之士咸憤惜之控於督學使者復舊址飭材鳩工構樓於其上屬予爲記予生長西陵岸棹舟於江風急雨冥波湧濤怒乘險往來有年矣聞有舟重水逆倉卒不自持而溺者未聞有舟輕慮險取石鎮之以無恐者此蓋越吏民愛公之深以此動公而公受其遺贈之私而公不欲逆其意姑取是石以解之即劉太守人受一錢之意而公更深遠矣嗟乎公之清操自勵矯矯不可易者不於是而可見耶後之君子凡服官來是邦者瞻公之祠感公之事以思比績於公者其必有取於此矣　乾隆志原注祠頭門久毀乾隆十二年冬沙岸鋪卒徐吉覲覦門基建房里人孫兆璃等呈控邑令王嘉會批仰捕衙查勘飭禁十三年春處州府司馬楊治攝邑篆四月初九日徐吉復希佔地朦稟批飭祠前建鋪有褻先賢據孫兆璃等稱西興關外有空間官地可以建屋棲止接遞公文仰捕衙查勘繪圖詳報七月初一日捕衙李信詳遵查西興關外緊貼關牆有空間官地一塊丈得東西七弓南北五弓儘堪建鋪理合繪圖詳覆縣批關外既有空間官地可建鋪屋仰即親詣指明插界令其起造可也又值楊司馬赴省路經西興紳士公請親勘面諭祠前隙地應造頭門不許鋪卒建房堵塞爰是父老踴躍鳩工頭門重建咸頌楊司馬之擴清祉佔與文靖爭烈云嘉慶十年道光十三年二次修葺咸豐十一年燬光緒七年里人田人杰等集資重建

陳長官祠在城內陶家衕乾隆志引吳任臣十國春秋陳長官事武肅王爲甯海令會王命增州縣賦稅長官上書極諫王大怒逮之獄長官以死爭之得免甯海租稅視諸邑獨輕皆其力也至今猶廟祀焉　原注按浙江通志台州名宦注云失其名考長官有功於甯海彼邑祀之宜也至蕭山亦立祀以祀且有額在祠顏曰澤及兆民何歟蓋錢氏欲加賦稅不止甯海一邑長官以縣令抗疏被逮至以死爭東南諸州得免橫徵仁人之言其利甚溥視一心計諸臣

阿諛順指者相懸萬萬矣蕭邑士民立祠崇祀出於是非之公無一毫私意也清咸豐十一年燬俗稱羅坊土地今廟址猶存

八賢祠又名報功祠在德惠祠西偏清康熙四十九年乾隆志引張文瑞水利續刻祀名宦四人宋邑丞趙善濟邑令顧冲郭源明張懋鄉賢四人明監察御史何舜賓工部尚書張嵿僉事富鉉孝子何競乾隆志原注邑之德惠祠初祀楊魏二公厥後里人各執意見增祔諸賢康熙年間歲貢來爾繩創議別建是祠於德惠祠之西祀八賢羣議乃息乾隆志別本云令趙善昌有記載於藝文惜別本藝文志已佚而今通行之乾隆志亦不載此記今廢

楊郭二長官祠在湘湖濱乾隆志引萬歷府志久廢毛奇齡湘湖水利志明洪武乙巳邑宰張懋建楊趙顧郭四公祠於湖濱名四長官祠春秋兩祭以報其功後不知何時忽改爲楊顧二長官祠又以楊顧二公爲湘湖土地既又訛楊顧爲楊郭以其祠移湖濱湫口之淨土寺旁凡民間祈禳歲時禱賽巫師皆得誦其號如土穀矣 案四長官爲宋知縣楊時顧冲郭淵明縣丞趙善濟時開湘湖而冲等踵成之當 清初祠已不存一云淨土庵三楹即祠址也見奇齡蕭山縣志刊誤

劉李二相公祠在蒙山東嶽行宮之左康熙劉志祀宋臣劉韐李若水乾隆志引萬歷府志 原注二公皆使金而死其祠祀宜也而祀於蕭山不知其所自始修建年代與東嶽廟同案一名雙忠祠俗又稱劉李二王殿

楊公祠在縣東二十里長山尾祀明守道楊一葵乾隆志引於越新編錢象坤楊公祠記憲副楊公蒞越以歲甲寅

築石塘橫袤九十五丈又用錢氏法實石於竹籠倚疊爲岸固以樁木袤一千三百一十丈復以餘力濬川千一百餘丈費金三千七百有奇越之水利東則楊公閘西則蕭山堰而今之楊公塘可列爲三公福之漳浦人壬辰進士乾隆志別本今祠在新林舖靜安公行宮南明萬歷四十五年邑人王三才有生祠記豎永

新禪院今廢

三公祠在錢清祀漢會稽太守馬臻明紹興府知府戴琥湯紹恩清順治八年里人朱雲谷建咸豐十一年燬同治六年朱啓廷出資建復

湯公祠在縣北於家井之西祀明知府湯紹恩清咸豐十一年燬里人集資重建

施侯遺愛祠在倉橋祀明知縣施堯臣乾隆志引萬歷府志萬歷八年縣丞陳理移建於西門

乾隆志引萬歷志明方廉記曩余守松郡今京兆施侯令蕭山以廉能爲浙東長吏聲稱籍甚後十餘年侯叔父蘭坡公來宰余邑亦以冰蘖著節迄今新人猶思之詎九華之靈所鍾毓厚也何施氏之多賢也余聞侯家範云爲吏不廉者百歲後主不得祔廟食然則侯固性循良長者所漸被先訓從來遠矣蔡生大績侯門下士也兒輩幸獲從遊其鄉人孫君春溪因蔡生持侯遺愛狀示余且請余記勒諸珉余披而讀之知侯之能巨者繕城平賦禦倭清籍犂然在牘越中縉紳大夫下追者黎業已碑之口矣顧余何言惟嘆侯之所爲不廉者難及也余聞蔡生云侯故豐橐厚儲持粱齒肥習矣一旦尹下邑糲食敝衣不携家累篆畢局扃讀書洋洋樂也常祿餽交游周貧乏至所需蔬米反貽書報家人治侯爲諸生時性能飲及居官不燕客亦不享客燕公會纔三巡而已飲且戒何況借刑攫金哉侯始

蒞任止携敝竹簏追還增贈言數紙猶然輕囊也昔人稱循吏者誠心愛人抑性爲理所居民富所去民思由斯而譚侯敷政以誠民思之固無歎耶侯舊祠在北幹山之麓今移西郊鄉德惠祠祠祀宋令楊龜山先生蕭山人謀徙兹勝詎無謂哉侯名堯臣號華江嘉靖庚戌進士今居京兆天下咸仰豐采云 案方廉新城人官副都御史今廢

王侯遺愛祠在臨浦渡口祀明令王一乾邑傅詡傅堯臣倪嘉倪秀洪學張范同建乾隆志引萬歷志 張試碑記邑治之南三十里有渡曰臨浦江流塹隔南鄉居民出入必由焉上接暨陽下連錢江凡行旅之自金衢而陸趨省會者必問津蓋東南一要途也水勢漲漫不可厲涉舟子依之射利以百計抑勒往來行人胥病久矣歲辛未江右王公以高第雋才來蒞邑治之興利剔奸百廢具舉猶汲汲問民病所苦至斯渡嘆曰津梁政之所先仁者溥濟旅願出途而吾民乃有病涉者誰責哉爰咨爰諏令近渡居民洪學傅詡傅堯臣倪嘉倪秀張范等各捐貲共創舟四隻每舟置田十五畝贍之伺往來者亟濟而勿取直焉於是旅無待渡渡無橫索一葉輕舸風濤不驚居民改觀行道歡呼百年來抑勒之津今爲坦途父老欣欣告予曰自有此渡未聞此舟豈無仁令莫仁於今今既挈吾民維楫之矣盍相與尸祝之乎銘於心碑於口未足報德也予維王侯蒞兹三載廉惠英明之聲冠於全浙卽所注措如蠲冗徵清逋匿興學校恤瘵省刑薄斂約已厚下革椿竹之費甿丁田之實隨事周詳在在歌德所利濟者溥矣通邑人士方圖肖像於丹青垂頌於不朽豈直此渡舟哉抑仁人之政舉大不遺其細民之思仁隨感而曲致其情身蒙澤焉而不思思而不圖所以永其報豈人情哉予故知父老之爲祠與碑莫能遏也王侯抱具舟楫利涉大川行且登涉要津而弘濟海宇頌德圖報者距一蕭人必今日焉爲兆矣余是以紀之侯名一乾號養初泰和人第於辛未幷

勅以詔後之臨流興起者案臨浦對江南岸向奉神位近年橫山傳月軒塐像

陳公祠在東門外陳公橋上祀明邑令陳如松清康熙五年建乾隆志引康熙聶志今遺址僅存

劉侯祠在西興驛前祀明令劉一匯其後裔置有張字二十一號田陸畝壹分捌毫爲祠產驛官主之每歲承辦春秋二祭乾隆志案祀田土名風車六畝近年驛丞裁撤由西興自治委員經理歲提租息銀二十元補助新民小學校經費縣署有案

明公祠附至湖嶺社廟中祀清紹興知府明祿有民不忘明額案明祿鑲藍旗人乾隆三十二年來守紹郡曾以湘湖燒製磚瓦開濬湖身與侵佔有別不必援例禁止詳大府定案業陶者感其德塐像祀之詳文載治浙成規

賈姚二公祠乾隆志二祠分載於賈祠曰在江寺於姚祠曰在江寺大殿西屋今合祀故改題在江寺西祀清邑令賈國楨姚文熊有塐像清康熙間建大清會典道光八年封賈國楨爲昭應伯姚文熊爲昭感伯乾隆志姚祠下注雍正二年知紹興府事姪孫姚鈐題額曰遺愛先型今廟有來集之賈蒼嶋傳及陳至言姚公祠堂碑記分嵌東西廡之壁碑記稱癸亥公以循吏遷武都守民赴軍府請留弗可得去之日迺建祠於覺苑寺左云云則當時乃姚公生祠也二公事蹟詳名宦

句踐祠在湘湖城山寺右偏清毛奇齡城山大拙禪師語錄序蕭山城山爲越王保棲之地舊名越王城以山椒有牆蜿蜒如沿盂因名城山向爲比邱所居築椽蓋茅而祠句踐於其中不知幾年月矣云云

江令祠在江寺左俗呼江相公祠案康熙劉志作江丞相祠以捨宅得祠故名乾隆志引康熙聶志　清毛奇齡蕭山縣志刊誤舊志以江寺爲江淹捨宅爲寺故祠亦祀淹今考祠名則知捨宅是總不是淹也案淹在齊官止御史中丞至梁而復進散騎僕射左衛將軍而卒未嘗爲令爲相也總在梁爲尚書殿中郎在陳則累遷左戶尚書又遷吏部尚書僕射尚書令此見南史而陳書亦云至德四年加宣惠將軍尋授尚書令則授尚書令稱令公者是總不是淹其又稱丞相者則以令兼宰執南史所謂當權任宰陳書所謂權任宰政是也明明有江令江丞相二名此正餼羊一線可爲左證處而盲呼瞎喚誣陷文通亦思文通曾爲宰爲令否乎或又謂淹曾爲吳興令而捨寺正當爲令之時故稱令則據陳書總持爲太子中舍人時曾以太子洗馬出爲臨安令亦正當江東避難之際（原注此正避難永興蹤跡所始）是則稱縣令之令亦在總不在淹以臨安近吳興遠臨安在浙吳興不在浙況身後之祠未有僅署其初銜者也若總持自敘有曰昔晉武帝策荀公會曰周之冢宰今之尚書令也才未半古者尸素若茲則總以身任宰執不持政務而但以詩文見寵游晏見幸爲嗛嗛耳至又曰總弱歲歸心釋教年二十入鍾山就靈曜寺受菩薩戒暮齒官陳就攝山布上人受大戒則佞佛捨寺正總持本色未聞文通佞佛也天下眞是非不必多較即江令江相公江丞相三名鑿鑿呼叫使他人不得承認況左參右證皆是此不是彼而生其地者尚聽其訛舛可乎　乾隆志原注案刊誤之辨是矣但總亦不應有祠或是祀革者耳　按江公祠明嘉靖壬寅癸卯間寺僧懷璁建事載邑令林策重修覺苑寺記

蘇公祠在洛思山麓宋蘇文忠判杭時愛越山水屨航塢與眞如寺浮屠游故寺額顏曰坡仙覺地後人建祠於寺側塑公像祀之乾隆志別本清咸豐十一年燬同治十年山陰湖西村方氏女捐資建復俗名房頭寺而廟額仍題蘇文忠公祠

胡公廟在磧堰山浦陽江濱祀宋胡則俗名磧堰山廟案則婺州人宋兵部侍郎曾奏免衢婺民身丁錢歿後民爲立廟宣和中盜據方巖復著顯異水旱疫癘祈無不應封佑順侯見浙江通志永康縣方巖山赫靈廟條下未聞其有功於蕭山也或曰其子孫有徙居蕭山者故祀之今廟有此亦方巖四字額一在戴村俗名上勝廟

高公祠在錢清崇眞道院內祀元高志端明劉基高公祠碑記至正癸巳余奉命征海道出錢清而過所謂崇眞道院者謁梅澗公像而拜也見其時商賈頌於市老壯謳於途尸之祝之者踵趾相接因嘆公之積德深厚而流澤之在人愈久而愈光也會公之子元文介元禮任君以祠記見屬余既慕其人欽其德余雖不文其何敢辭公諱志端號梅澗宋武烈王之裔而少保世則之八世孫也生有異質面如白玉眉目秀整望之若神仙焉年甫三十郎棄其家去錢清江之上構屋數楹習長生久視之訣大德戊戌有詔命各道廉訪司作成人材以備選舉行尙書省聞公峻厲有奇材奏擢冀甯路人匠都提舉命以隱所謂崇眞道院俾學道者居之焉公乃納室赴官稽考逃亡研察隱蔽吏不敢爲奸工不敢漏籍未幾本路地震成紀山崩上疏論修政弭災上嘉之特遷兩淮都轉運使比至即爲推讞得從輕典民感恩爲立生祠至大三年公辭政歸紹紹苦地口古所稱澤國焉山陰縣東南有浦陽江者上接金華浦諸江水北

流百餘里盡注錢塘江而入海前此霪雨泛漲漂沒者以萬計壞室廬田地無數公乃立請當事先事預防凡麻溪磧堰諸要害以通以塞身親督率至是年霪雨彌月而田廬安堵人畜無恙公亦自是積勞而卒矣民德之遂於觀內立像以祀焉今距公之卒數十年而歲時伏臘民之謳思如一日也祭法有功德於民則祀之能禦大災捍大患則祀之公之德足不朽矣宜邦人士之追思歷奕禩而無已也公子九人皆克世其家諸孫繩繩方未艾云其生卒年月氏族子女具詳誌狀

巖將廟在鳳凰塢唐時建案應稱後唐今此廟猶存清初修嘉慶二十四年里人黃元明朱毓秀董啓奎等募貲重修光緒十八年增建演臺

清雍正九年士民又建行宮於河上鎮乾隆志原注引清章鈺傳略太尉管姓後唐人不詳其名氏世居邑南之管城兄弟三人剛方岸異不畏強禦其舅氏董行戈十五亦任力喜俠四人共樵採入林麓越岫而登其嶺四顧自放雖遇虎豹勿畏也清泰中土人周叚青以妖術聚衆里有娶婦者俾數賊從空下陡然挾之去從者瞶迷莫與抗遠近苦之公憤甚與弟暨舅氏計曰賊勢甚獗善妖非官軍可撲滅也且吾與若剛正不畏人棄去不與武袖手不能忍必如何入其穴猝與彼戰則賊衆自潰即有妖不及施矣因定計行事越日公佩刀插髻衣婦人衣爲良家女狀以肩輿令二弟舁之舅氏衞其後過賊寨賊偵卒見之從空捽去而賊狃於故謂又得一新婦欣然就之公抽刀割之中其首賊不意變忽起急拾挺格鬥不相下而公弟衝其左舅氏衝其右戰凡七晝夜殪之餘黨悉負傷潰賊平里人德公甚呼爲老太號之曰巖將事聞諸朝贈太尉又贈惠民侯立祠祀並祀四公在鳳凰山右靈爽不渝毫髮歷今顯赫焉案管城即今管村旋廢嘉慶七年邑人朱靜遠孫良臣俞成德俞仁美傳九韶傳名揚章佩玉章君彩等各捨基地十八年造正殿門廳各五楹兩旁側樓十楹中有演臺

道光十七年增建後殿清王端履重論文齋筆錄吾邑南五十里河上鎮有巖將廟唐時管氏兄弟長名張實次名張耀季名張聖暨其舅氏董戈甥舅四人並剛方勇烈協力除害後唐清泰中土人周段青以妖術聚賊張實等設計入穴奮勇勦滅鄉人德之歿後建祠並祀國初土寇石仲方聚衆肆掠一日過其廟門忽見神等四人揮及追捕衆寇潰散嘉慶二十五年洪水驟湧罏神障保水勢立退道光九年瘟疫盛行罏神驅消沈疴咸愈又境內猝遭回祿神爲返風撲滅里人俞會汾乞余偕諸紳士呈懇大吏題請封號經署總督魏元烺巡撫富呢揚阿合詞具題禮部議可勅封董戈綏佑伯管張實保惠伯管張耀昭靈伯管張聖普佑伯道光戊戌會汾兄子寶三等又於廟後隙地創建後殿三楹中祀董戈等四人左祀文武二帝右祀于忠肅楊忠愍兩公　案章鈺傳不詳名氏而道光間轉有張實等名相傳端履等恐無名未可請封卜於神而得之者舅氏行戈十五故卽以戈爲名　一在管村清道光初修　一在大塢朱

西殿甯邦保慶王廟在縣西三十五里隋大業中有孔大夫者爲陳果仁裨將討東陽賊婁世幹降之立廟黃山唐光化二年錢王鏐上其事封惠仁侯復加今額乾隆志引萬歷志今改爲黃山西南殿在黃山半里許之莽山清道光二十五年重修案西殿在縣西南殿在縣南府縣舊志均同後改黃山西南殿未詳所本今蕭俗臘祭無不奉黃山西南或謂當吳越王時剏築西江捍海二塘曾叨神護得慶安瀾故尸祝至今勿替云

南殿保國資化威勝王廟在縣南五十里孝悌鄉漢乾祐元年吳越王建乾隆志引康熙志久廢

武佑廟在縣北二里案乾隆志引萬曆府志在北幹山舊號北嶺將軍廟宋方臘陷錢塘欲東犯會稽其衆見將軍擐金甲陳兵於西興江岸張大旗有北嶺字遂不敢渡郡守劉忠顯公鉿上其事賜今額紹興十二年以徽宗靈駕所由封顯應侯三十年加號靈助乾隆府志引嘉泰會稽志又名厲將軍廟康熙劉志宋宣和三年六月二十三日尚書省牒江浙淮南等路宣撫使司狀據知越州劉鉿申據本州蕭山縣申睦州郡賊侵犯杭州與蕭山止隔一水本縣官吏人民禱告本縣北嶺將軍乞借陰兵保護縣郭以後累次兇賊首領部集賊徒備船欲過江燒刦蕭山縣方立旗號被大風浪飄散賊船渡江不得西興江口岸上有披金甲人兵擺佈旗鎗擎賊懼怕不敢過江有此感應靈跡其北嶺將軍未曾立廟額伏乞敷奏乞立廟額伏乞朝廷指揮詳酌所申事理特賜施行伏候指揮太常寺本寺檢准令諸神祠應旌封者先賜額今契勘北嶺將軍依條合賜廟額申聞事勘會睦州改名嚴州牒奉勅宜賜武佑廟為額牒至准勅故牒明陶宗儀輟耕錄至正丙申歲大旱方士陳希徽禱雨於武佑廟累日俄降筆云吾秦八厲狄也與項羽起事山陰雖功不竟而死然有德於民其父老不忘我者俾血食於此邇來幾千五百年世代雲變遂湮我姓名至蔑焉無聞故以相告耳至今呼為厲將軍廟劉基碑記餘暨東北百里為蕭山縣其山曰北幹之山浙水帶其陰湘湖匯其陽東望會稽至於大海日之所出其上為星紀婺女之辰故其神甚靈能去疫癘

作雲雨入有祈必應故立廟於其山尊其神曰北嶺將軍歲時祀焉宋徽宗時方臘反睦州自睦入杭具舟將渡江吏民大怖相率禱於神比寇至即有風逆其舟
且見甲士列岸上甚衆乃止不敢渡寇平知越州劉韐上其事於朝賜額曰武佑廟後封顯應侯再封靈助顯應侯有元至正十二年口口口口口江浙行省烽火
通於蕭山百姓驚竄市井皆空主簿趙君誠至縣甫八日即自往西興募民備禦而江上守兵甚寡弱無賴子皆競起爲剽刧且應賊衆洶懼君詣廟卜於神神許
之吉衆心稍安君乃分遣人捕無賴子爲剽刼者悉誅之有自賊中來言賊欲遣兵攻浙東見江岸立甲卒旗幟如睦寇時以故畏憚無東心及賊退邑人皆德趙
君趙君曰吁茲惟神之功予何庸焉明年夏大旱君往禱又輒得雨衆益信神之靈而大敬趙君之能以誠感神也元統甲戌之春天大雨雹廟毀惟神所居室獨
存君每至廟謁念無以報神貺乃以其俸錢作新廟邑人亦大喜爭致助十有五年春廟成爲堂三間三門兩廡像設器用備所獨存室仍其舊繚以垣墉甃以瓦
石柱以佳木丹堊輝映吏民趨走承祀益肅以虔時三月壬寅予自杭返越過蕭山而廟適以其日成故趙君請予記案祭法有能禦大災捍大患則祀之今神能
降雨澤蘇枯稿又能以陰力却賊以保全其民物所謂禦災捍患孰有大於此哉廟而祀之誰曰不宜趙君能愛其民故能以敬事神而獲其佑可尚也已予故喜
而爲之記復爲之詞俾歌以迎享送神其詞曰青山兮幽幽綠蘿含烟兮樹木稠望夫君兮悵悠悠巖河寂寥兮使我心愁雷爲車兮雲爲馬輕霞動兮江色赭神
之來兮風振夜吹竹兮彈絲女巫舞兮紛陸離奠芳醴兮薦潔粢留靈修兮畀神禧驅魃蜮兮逐狼虎弭毒沴兮時暘雨禾麻成兮息桴鼓物既備兮禮無愆和熙
洽兮洞淵玄爲城柱兮式恆且堅保佑我民兮樂以永年　案乾隆志載此碑文字小異今依拓本

清毛奇齡九懷詞之一北嶺將軍廟詞

序蕭之北幹山舊多稱松深林如神居山頭有嶺名北嶺祠厲將軍神於嶺間或曰神以驅厲名或曰此秦人厲狄也隨項羽入關歸葬此山稱將軍以祠在北嶺稱北嶺將軍云云

案阮元兩浙金石志武佑廟牒跋謂劉忠顯正人而陰兵金甲等語據以入告其爲當時實事可知是也惟輟耕錄吾秦人厲狄也云云則不免荒誕劉文成撰廟碑不載此語極爲有識且劉碑云能祛疫癘毛序亦云神以驅厲名厲與癘通然則將軍之所以名厲者特以其能驅厲耳正不必指其人以實之也　乾隆七年邑令錢人麟永禁北嶺廟產毀掘碑記據紳士王協燦趙文勳蔡時中何垲陳荃等呈稱西山委宛乃蕭山之來龍北幹崇隆實縣治之後案關係通邑之利害誠非淺鮮所以有明劉誠意伯與名宦趙誠勸碑禁掘明御史何舜賓將荒字八十六號之山捨作北嶺廟產永禁毀掘無何土豪董可成以三濟菴荒字三十四號山影射認葬祖墳踞爲已有何宦子孫控於前令姚邑紳士不平公鳴籲究姚令親臨踏勘斷作公山仍恐可成嗣後寒灰復燃燦等公懇賜勒堅珉以垂永遠等情據此爲查北幹松風載明邑乘董可成何得以別字號之山移坵換段妄希圖佔今集卷硏閱山實公山董可成葬墳一穴應押遷姑從寬免仍予祭掃嗣後倘敢再圖佔據公稟詳究爲此鐫石示禁須至禁碑者

後祔祀元縣主簿趙誠今東門外東陽橋東北亦有武佑廟未詳創始何時光緒間重修

明魏驥聞北幹廟圮吳越兩山亭惟有荒基感而賦此詩將軍遺廟俯山岡塵滿眞容黯夕陽春去春來山點點潮生潮落水茫茫亭臺凋弊豪華泯草木蕭條苑圍荒騁目直隨飛鳥盡隔江樓閣是錢唐　清厲鶚題北嶺將軍廟詩二首幷序廟在蕭山北幹山上按施宿會稽志云云陶宗儀輟耕錄云云二書所述如此予以乾隆乙丑秋八月同新安吳長公同里丁敬身爲越中之游過謁廟下見壁上劉伯溫廟記不載神姓名事蹟問之諸民俱云厲將軍也陶南村之言似信而有徽作詩以紀其實云北山棟宇自秦餘仗劍英姿當懍如遂鹿似聞遺恨事上麟應有補亡書靈旗往往驚樵牧社酒年年福里閭三戶到頭仍一蹶英雄無命足

欷歔摩挲古碣郁離文未著當年汗馬勳松響忽吹空際語山光乍卷陣前雲不須白石題神號能使青溪靖寇氛歸路班荊逢野老至今猶說厲將軍 蔡必達

詩山源猶得溯秦時古廟何年當路歧攬勝未經王勣賦紀功長讀伯溫詞庭中幽氣含嵐影嶺上天光指海湄爲問將軍禦寇事靈風隱隱動神旗

忠靖王廟俗稱元帥廟在祇園寺西清咸豐十一年燬於兵燹光緒初重建明宋濂溫忠靖王廟堂碑略王姓溫名瓊字永清溫之平陽人父名望嘗中明經甲科年耄無嗣與妻張道耀晝夜籲於上帝一夕張夢巨神手擎火珠自天門飛下謂曰吾乃大火之精將降胎內爲人張覺赤光被體中猶熹熹然因有娠以唐長安二年五月五日午時生其左腋有震篆二十四右半之七歲習禹步爲罡十四通五經百氏及老釋家言二十六舉進士不第撫几嘆曰吾生不能致君澤民死當爲泰山神以除天下惡厲耳復制三十六神符授人曰持此能主地上鬼神言已忽幻藥叉象屹立而亡蜀葉天師復用其符禁除沴氣之爲人菑者仿彿見王衣赭袍握寶劍乘追風駿下之劾召之家遂皆祠王以祈靈響焉王初封翊靈昭武將軍正祐侯其曰正福顯應威烈忠靖王則宋季之累加也府爲傳今依宋學士集校正又通志杭州府 案吾蕭廟額鐫此文小有異同且訛碑附郭東嘉忠靖王廟條下引旌德觀志謂舊祀溫郡其祀於錢塘則自宋寶慶二年始而吾蕭始於前清道光中葉兵燹後廟未重建時則借奉神像於米市之關帝廟又舊俗五月十六日有元帥會清光緒間邑人王慶洛以其無益請於大吏永遠禁革

龍圖廟在西興祀宋包拯初爲王氏廟兩次訛建至今不改詳王夫人廟條下

白龍王廟在航塢山乾隆志引萬歷府志宋紹興三年建廟有龍井石壁下有龍湫凡旱禱雨

輒應乾隆志引萬歷志案廟在山巔又一說謂宋熙甯間僧龍光雲遊此山見嶺上有白龍遂結茅其上旋建祠宇奉觀音大士及白龍像因以白龍名之云

清單隆周龍王廟舍舟登航塢山龍池頂詩雞鳴戒榜人紆迴烟水坼既登陸下祠輒憶塗山石花光手欲搴草露衣霑濡危岑斷復開重嵒迎還隔拂袂事凌緬疾步屢奔迫平湖涉山巔圜巒見海日精神越蒼穹瞻矚盡空碧霑虬臥湫底白雲滿簷際孤嶼苔紋班舊戍烽烟直擭嘆慨今茲鳥喙仰夙昔邪許七十夫袞長三百石宿萊治須慮渡險過枕席騰勉杳南林蜚鴻下絕壁未窮樂野蹤終慚濟勝策

石姥祠在白馬湖乾隆志引萬歷志今廢浙江通志潮王廟條下引僧本城潮王廟記案晏殊輿地志古有石姥祠舊碣載石姓名王瑰生於唐長慶二年錢塘古稱濤江民苦潮害王奮力築堤以捍水勢郝寒劇暑不輟功未就竟死於潮復爲神咸通中官爲立廟封潮王宋宣和間睦寇犯順時朝廷以韓世忠禦寇陰雲四合聞空中叱咤聲仰見旗幟書石姥潮王之號軍士奮勇大破寇兵嘉熙間潮水復作潰堤衝岸漂蕩民居人力不能禦京兆趙公與懃躬禱祠下潮復故道有司上其事加封忠惠顯德王

白馬廟在赭山文堂山北麓明崇禎間建一在倉前河莊山之陽案浙江通志杭州白馬廟條下引成化杭州府志祀磁州都土地崔府君世傳渡康王者即此又注云神姓崔名珏字子玉唐貞觀間徵爲滏陽令

將軍殿一名護國院在倉前河莊山之陽祀宋曹春爲浙江潮神之一相傳舊祀杭城因神裔遷居南沙者

奉祀不便故更建廟於此案浙江通志海甯潮神廟以歷代潮神水神從祀其一爲宋平浪侯捲簾使曹春祔祀清鹽官周方二公於頭門左側周字竹蓀曾署寧紹分司佚其名方之神牌燬於匪亂不可考但知爲餘姚人道光間鹽官而已

劉猛將軍廟在縣南十里岳大橋祀元劉承忠清嘉慶間邑紳王宗炎塑像清王端履重論文齋筆錄吾邑數十年前又有青蟲之孽能聯捲數苗葉處其中久之成小蝶飛去苗亦隨槁先君聞劉猛將軍神專除蟲孽令鄉民塐像於城南十里岳大橋廟中幷親書昆蟲毋作扁額榜諸廟門其患頓息端履案居易錄云舊說江以南無蝗蝻近時始有之俗說宋劉漫塘宰爲蝗神劉金壇人有專祠往祀之則江蝗不爲災俗呼莽將軍殊爲不經按趙樞密前作漫塘集序稱其學術本伊洛文藝過漢唐不知身後何以矯誣至此亦如江湖間祀張睢陽作青面鬼之類也案神名承忠元時官指揮能驅蝗元亡自沈於河清雍正二年奉旨廟祀自咸豐迄光緒累封保康普佑顯應靈惠襄濟翊化靈孚劉猛將軍見大清會典而端履沿漁洋之說以劉宰當之殆未深考又清翟顥通俗編引汪沆識小錄云相傳神劉銳即宋將劉錡弟歿而爲神驅蝗江淮有功雍正十二年詔有司歲冬至後第三戌日及正月十三日致祭云云亦與會典不合今從會典

總管殿在沙地仁字號清嘉慶二年建浙江通志杭州總管廟條下祀金元七總管之神神爲水神案沙地舊屬海甯故民間廟祀多沿浙西之舊如白馬廟將軍殿總管殿皆是也

昭佑廟在縣東四十三里漢乾祐元年封保江甯波王蓋吳越王有國時也宋宣和

三年賜今額乾隆府志引嘉泰志案康熙劉志及乾隆志引萬歷志皆謂在治西未知孰是

蕭御吏廟在蕭山北湖陰乾隆志引萬歷府志原注蕭御史不知何許人

初平侯廟在縣東五十里乾隆府志引嘉泰志康熙劉志及乾隆志引萬歷志在鳳儀鄉

冥護廟在縣東四十里舊號駐師侯廟宋紹興三十年以顯仁皇后靈駕所由勅賜

冥護廟仍封顯佑侯淳熙十五年加封昭烈慶元五年加號翌順乾隆府志引嘉泰志乾隆志引

萬歷志在鳳儀鄉紹興十三年賜額案今錢清有駐馴廟馴與師音近道里亦合疑即此

崇安保善王廟在縣西四十五里乾隆府志引嘉泰志

助勝侯廟在縣西七里乾隆府志引嘉泰志案今縣西至湖嶺社廟稱助聖明王廟勝與聖音近疑即此

破敵侯廟在縣西北八里乾隆府志引嘉泰志案今縣西北陣河廟俗傳神封破虜侯破虜或即破敵之訛乾隆志原注以上三廟舊志

云在治西不知建於何時

忠義祠在城內倉橋側祀粵軍時殉難者清同治四年就關帝廟舊址即康熙乾隆兩志所謂在

演武場東南者改建

高壯節公祠在錢清（清咸豐元年署廣西隆安縣高延祉在任拏獲賊首陸鵬理及賊目蔡亞仝等七十餘人嗣因武緣賊匪凌亞東等肆擾奉檄會勦越境深入援絕陣亡奉旨發帑祭葬給予雲騎尉世職并於隆安縣任所及本籍蕭山縣建立專祠國史立傳）清光緒二十五年建

施太守祠在龕山塘下大埠頭（祀施剛毅公作霖公以陝西城固縣知縣殉難奉旨照知府例賜䘏）

孝女殿在縣東三里大通橋側祀曹娥清同治七年重建

節孝祠在西門外德惠祠旁清雍正四年知縣門鈺奉文建屋三楹中供牌位每年春秋二祭辦禮給胙與忠義祠同屋在西山麓卑溼沮洳日漸頹圮乾隆七年邑人林霖等請於知縣姚仁昌申詳各憲移建城內拆改天主堂爲節孝祠歲久牆圮林霖等又募捐修葺（乾隆志）今廢（互見學校門）

雙烈祠（乾隆志引康熙聶志本傳丁京妻吳氏桃源吳安叔之女元季兵亂吳攜女仁奴逃避遇兵執將汙之不辱母女皆被殺里人稱爲雙烈立祠許孝鄉）

夫人祠（乾隆志引萬歷府志在蕭山下今無考舊縣志皆不載）

社頭廟在昭明鄉（乾隆志引萬歷府志俾民各鄉立壇祭土穀）（明張經記洪維聖朝重立民極稽古作則之神於春秋二仲著爲典禮焉吾昭明鄉社頭廟代祀陳氏歷年遐永莫原其由始然以神之像服驗之弗越乎唐宋之世其王號諂媚妄瀆意皆出於巫祝之爲相循已久卒不可革適貽神羞非所謂尊

崇也考之鄉鄰別里神兄弟四人伯氏廟於崇化之黃村仲氏廟於崇化之社壇里其叔氏季氏則廟食於斯惠澤之敷於所祀之地而致報享者雖出傳聞其如在之耿靈係民之所祈仰亦足昭神之貺矣昔里有鄉叟戴姓誠之者創建斯宇於元至大間一時經營之需俱出已有又南築水閘於徐家壩以防旱潦西造石梁於道源里以濟徒涉咸出貲以成不率斂於人鄉民懷之歲時侑享於神焉誠可以繼神之德惠也謹作祈報迎送神歌刻之於石俾民歌以祀之其詞曰坎坎鼓兮踏踏舞神之靈兮紛來下瓊枝兮左持朱英兮右攜鳩鳴於樹兮春郊雨霏秋田晚成兮穀實豐垂酒烈兮牲肥下民報祀兮弗遠神燕醉飽兮降福孔宜千秋萬年兮香火是基　案今陳村土穀神爲陳大明王張經記謂伯氏廟於崇化之黃村似誤清咸豐十一年燬光緒元年及四年僧彌鑑次第重建今俗稱百柱廟住僧言廟有明洪武及正德間清雍正間三碑惜近年增建五王殿碑石爲神龕所掩無從摹考

社壇廟在文明門外去城里許乾隆志案所祀之神詳上社頭廟清咸豐十一年燬由僧募資重建光緒二十九年夏大風頭門圮邑人蔡姓捐資重修

范少伯祠在苧蘿鄉施家渡祀范蠡爲十四菴社廟

西施廟在縣南苧蘿鄉之東祀西施爲四十八村之土穀神乾隆志引毛奇齡過美施閘詩註云苧蘿村祀西子爲土穀殿五楹餘屋三楹有演臺清毛奇齡蕭山縣志刊誤苧蘿村在縣南二十五里屬苧蘿鄉鄉有苧蘿山山前有西施里西

施宅宅前有紅粉石外有浴美施閘相傳爲鬻施入越之地且其鄉祠施爲土穀神則施之生蕭原有據者自吳人梁伯龍作浣紗曲子以施屬諸暨云本之十道志闔經諸小乘而以訛傳訛遂至天下之人皆不知施在蕭山卽蕭山人亦並不知施之原產其地而至作浙江通志者則云諸暨蕭山皆有苧蘿以蕭山爲諸暨分治故一山而兩屬其地則訛甚矣夫蕭山不曾分治於諸暨予前已言之且諸暨蕭山各有苧蘿亦非一山而兩屬其地但吾謂施斷屬蕭不屬諸者考後漢書郡國志於會稽郡餘暨縣下云越絕書曰蕭山西施之所出其云越絕書者非今本越絕此正春秋時人如子貢范蠡輩所作而其書既亡散見其語句於他書者與今本越絕作於東漢袁康吳平者大異如此書豈唐時小記明代曲子可置喙者況後漢書亦史也西子在人國無所輕重吾邑亦未嘗必爭是人向有詢予西子何所人者予曰西施毛嬙古美婦通稱何必有所然既作志書則是地山水是鄉人物皆須核實此亦信史之一端矣人苦無名西子之名卽古賢如莊孟皆藉藉不置雖不以人重然亦不必以之滅杜甫詩曰生長明妃尙有村夫明妃遠徙邊塞生死單于間世尙跡其所生之鄉而誌之弔之西子雖不肯然猶勝巴姬孟姚一輩人也

案奇齡又言宋淳熙年敕封施爲土穀神曰苧蘿村土地先施娘娘見所著九懷詞之一苧蘿小姑序不知何據

清毛奇齡西施廟詩浦口西施廟蕭蕭竹映門越王山下路寂寂苧蘿村紅粉溝頭水青苔石上魂夜來餘里婦燈燭伴黃昏

韓棟詩千載猶談許國忠松膠麥飯走村翁翠華影蝕空山雨玉佩聲寒野寺風終使精英懷故國不教脂粉賣吳宮若耶溪水年年綠何處扁舟明月中蝦菜春風想五湖浣紗遺跡半荒蕪蘇臺處處悲楊柳越樹年年叫鷓鴣蟲蝕印封蒼佩冷燕泥香染繡幡汙蕭條古寺寒村上曾憶吳宮花草無

上水仙廟在來蘇鄉張龍橋之東

清毛奇齡水仙廟土穀神倪三相公事蹟公諱求字德宣越之諸暨人也父諱仲儒字長卿苦志力

學終身不仕公兄弟三人長諱章字尙文仲諱良字功宣俱以孝友稱公生於吳赤烏二年年甫十六歲母陳夫人患病冬日思食魚會大冰無鬻魚者公兄弟詣吳

市遍相之不可得乃緣江直下越百里外至蕭山城南蔡灣板橋冰猶未解因思王祥臥冰卒得魚我輩亦人子也遂同入水有頃獲得二鱖喜不自勝冀以稍慰

親意乃大笑行不數里口以中寒懷體顫俱死是夜里人夢公長兄即爲蔡灣土穀神迄今崇祀下水仙廟仲兄爲山棲趙塢土穀神兼山棲崇教寺伽藍公爲來

蘇等處土穀神崇祀上水仙廟至南唐時封公爲江浙潮神吳越之民賴之每遇旱暵里人禱之公能興雲致雨甘霖立沛值明季兵亂四方大恐公見形救護所

陷他境鄰邑而公所轄境獨能保全先是萬歷間里人周書之祖徙居杭城偶失火延燎莽衆勢莫能遏驟有青衣幅巾負黃袱雨蓋登樓入室火遂滅一市大駭

詢之乃云吾蕭山倪姓也言訖不見其加恩鄉人而神靈赫奕如此太史氏曰古祀死溺者稱水仙楚靈均與吳伍相是其舊吾邑祀水仙五聖相傳上湘湖孝子五

人事與此同五與伍字音之轉今以觀倪則三而非五何不素車白馬屬鷗夷公乎事關里口雖誕不誣況兼神變非可臆測吾記水仙神與東坡之詠水仙王一

而已矣　案此文錄自廟額額之左方題毛奇齡敬書相傳爲奇齡作而集中不載且既云神生於吳赤烏二年不當引王祥臥冰事　又奇齡九懷詞之一水仙

五郎詞序蕭山俗祠水仙神每歲秋節上湘湖水仙花開湖邊人家家祠之其神有五郎一名水仙五聖人又名水仙五郎相傳是鄉有兄弟事母孝傍湖而居當水

仙花時其母思魚餐戒勿擾水中花五人念滿湖皆花定無可取魚者乃各依鷸鷸之衣入江水取魚以潮至並漂去因爲潮神嘗乘白馬於水仙花開時還故鄉

望母故上湘湖傍有白馬湖是其蹟也杭俗祠三郎神其祠在候潮門外江塘邊一日神巫於祠時大怖言霍霍五郎當來看三郎矣須臾潮至壞廟一角問是何

五郎莫欲奪其廟否曰蕭人嘗祠我無廟吾廟在江中不須也　案伍相杭人亦稱伍郎此五字當是伍字之誤伍相爲吳主所殺烹之於鑊盛之以鴟鷸之衣而

游於江伍相大恚乃從去鴟鷁衣當潮上時改乘白馬坐於潮頭吳人望而認之曰此伍郎也今爲仙矣故紐書曰伍胥死吳人呼爲水仙或曰靈平死楚人亦呼爲水仙蓋水神之稱云案此文可與前文互證故附錄於此清光緒十三年周聖謨修

下水仙廟在來蘇鄉厲市湖東清光緒二十年丁寶臣修

三靈殿在所前裕通橋側祀倪求劉韐張夏爲土穀神明萬歷間建後燬清道光十六年陸耀南周紹鴻等募資建同治八年李學斯修

彈石廟在金家塢村口塑張宋楊陳四老相公像張爲靜安綏佑公張夏宋爲宋恭宋咸淳四年大旱禱雨應至六年封昭澤侯見浙江通志富陽福佑廟條下楊爲楊儼宋封紫薇侯清初山寇竊發見有神馬夜逐之寇即屏蹟見乾隆府志諸暨諸山鄉楊相公廟下陳之諱無考浦江人生平射獵驅逐猛獸以保田禾今浦江有專廟云案縣南社廟祀張宋楊陳者此外尙多宋楊陳無關吾邑或者地與諸暨富陽接界而鄉之族姓又多徙自金華信仰之同殆由於此

林公祠舊稱白雲菴在苧蘿鄉後山塢東南祀明邑令林策兄弟爲土穀神清光緒五年修

待詔廟旁有待詔橋故名在苧蘿鄉浦陽江南岸鄉人以明邑令沈鳳翔築堤有功祀爲土

穀神

丁文靖祠在開明鄉太公嶺

案鄉村社廟林立所奉之神什九傅會如錢清之祀田横周里村之祀周處何由里之祀張憲試問其地其人有何關繫他若孔老相公石大明王蕭大明王裴大明王則又姓氏僅傳源流莫溯至并無姓氏可稽者其爲虛誕更不俟言今錄舊志所載及事蹟有關本邑或有他書可證者間爲增入其餘並從蓋闕以爲限斷

祠祀典禮清代不脫前明窩臼守土官吏循例恪恭將事有恆軌焉其非令甲所著而爲一方士民所崇奉者各鄉社莫不各有所祀流俗相仍所從來遠矣今舉其文獻可徵信不悖於古祭法者著於篇詩曰民之秉彝好是懿德並不以時勢變遷而有異也

衙署

縣署在北幹山南二里西南距蕭山一里許乾隆志紹興府志參正廳曰學製堂宋天聖四年令李宋卿建淳佑間令高歷改爲翠簾堂元至正初令崔嘉訥修之元李孝光修蕭山縣廳事記會稽屬縣蕭山漢餘暨也吳曰永興唐始以山名蕭山土地陋故宋都吳時以比壯縣淳佑中令高歷大起居治作堂曰翠簾自宋至今百有餘歲風雨飄搖墉屋撓缺吏失威重民慢勿莊至元五年居延崔侯嘉訥來爲縣尹中誠病之未敢以爲功乃務先利安斯民恩勤顧省視如其家民滋信尹會是歲大熟賦平人和進其耆艾而告之將

作居治皆應曰我且率子弟以供凡役於是賦工度材因其故制而拓之隆之相地卑濕增高其址乃作廳事次賓幕次吏舍以及大門東西廡庫庋次舍度其南作譙樓置鼓又少南作觀化之亭以居察民之所好惡凡役皆次第以成而侯且代去縣尹李侯守其政如崔侯適主簿劉君伯煥至共踵成之益使爲丹雘塗塈砥甓樹垣植松柏于庭至是民思尹而曰我見諸吏賦功未有不漁民而侯于是役不以病我其意常恐傷我此德厚宜報乃謀樹刻石予以爲善保民者其民思報之保民者仁民也自崔侯之去今五年矣民猶不能忘而將報其德噫崔侯庶幾知保民者矣夫令受民于上不難于治民而仁民之爲難治民者固多爲之防嚴爲之制以禁其邪僻之行伐其慆淫之思期無犯刑止耳民異于是塞往衣之飢往食之無以爲居舍之又惟憂其或墜于惡道之德以絕其仁詭行養其仁以易其邪思習其禮以消其異習朝嘔夕煦若顧赤子故民亦以爲上常仁我而未嘗厲我父母事其上而不怨由保民也觀于豳風之詩其曰八月載績載玄載黃我朱孔陽爲公子裳又曰取彼狐狸爲公子裘以報衣也其曰躋彼公堂稱彼兕觥以報飲食也其曰上入執宮功晝爾于茅宵爾索綯亟其乘屋其始播百穀以報居室也其所爲報勞于趨工非有驅迫徇戒之者上以此仁之下以此報之若初無所事而其效自至嗚呼仁哉此其于治民者殆有間矣今不肖不知慮此既不能保又不能治甚者每漁其民以自殖不得所欲則下苟政以厲之民且仇之矣今民思我尹果遵何德而致是吾故曰崔侯庶幾知保民者矣厥後方國珍擾浙東張士誠擾浙西署廨多燬至正末令尹性重建原注按尹性元至正十五年任今通志稱明初知縣誤有堂有樓有閣有亭原注按萬歷志所載堂曰紘歌曰閱古曰幹理曰惠愛樓曰勅書閣曰安靜簡靜亭曰觀化曰盡心並在縣治元令尹性建今並廢然考尹性任蕭時在元順帝至正十五年乙未通鑑云十六年丙申張士誠陷杭州十九年己亥明太祖取諸暨尹令當四郊多壘之際何暇大啓居治廣建樓閣若無事時且載元樓思可惠愛堂記

云達魯花赤某所作無一語及尹令者李光蕭山縣記云觀化亭乃崔嘉訥所作則萬歷志所載尹令重建之堂樓亭閣皆歷志相沿之誤未可盡信 元樓思可惠愛堂記蕭山縣達魯花赤某作新堂于縣之圃遣徐玉問堂名于任先生先生曰民罔常懷懷於有惠惠則足以使人爰請名曰惠愛之堂屬僕爲之銘且序曰蕭山戶口數萬田數萬輸糧自公民支僅一年屬地最編然東有會稽之饒西有錢塘之勝行省宣慰司府州隸焉朝廷數遣使問民疾苦外方貢獻相屬於道縣官設帳衛之供給迎送無寧日費倍他邑至於甫聽民訟父老豪傑故人且暮携千金叩門戶或挾書頓首於前曰請察斯事驕逸分諸外正直變諸中厥德二三倚法錯置如惠何守志厲操者不爲也夫縣官於民甚邇情易知休戚不啻若已出鄉之尊德吾長俊秀吾賢子弟農樵吾僮僕之稱事者疾病不能自存吾親族之無告者負險儌倖冥頑自恣吾比鄰之嫉妒者寬以撫之嚴以威之推此道以往政化成絃誦興去之日人惜之又從而思之有召伯甘棠之遺風焉否則曰某也欺某也虐又何惠愛云乎哉

明永樂間知縣張崇重修成化十三年知縣吳淑又新之原注見紹興府志中爲治廳三間曰忠愛堂爲後堂三間曰協恭堂乾隆志又後爲縣廨有廳曰牧愛堂原注朱晦菴書今廢又後爲後食亭嘉靖間令蕭敬德建原注今廢牧愛堂左右有夾堂有寢有廚有門原注門額曰龜山舊署門之外有門隸房治廳東掖爲幕廳後爲儀仗庫今廢又東後爲軍器局三間在存留倉北舊爲須知局嘉靖三十五年令魏堂修改以貯軍器原注鐵 九龍銃 銅佛郎機 銅鐵鳥嘴 銅噴筒 鐵噴筒 銅連珠砲 銅碗口銃 銅鋤頭銃 鉄托叉 竹長鎗 線鎗 鈎連鎗 弓箭 皮箭袋 錫彈 皮彈袋 火藥 連珠砲火木楔

硝黃俱令魏堂製今並廢東側爲考政所舊爲存留倉三間萬曆十四年令劉會因倉廢改建原注今廢以上乾隆志引萬曆志後爲四知臺三間萬曆十四年令劉會建原注今廢乾隆志引康熙聶志治廳西掖爲耳房庫原注今爲外庫存貯雜項並爲庫書繕息所乾隆十四年坍圮知縣黃鈺重修西側爲黃册庫三間今廢以上乾隆志引萬曆志由治廳甬路而南爲戒石亭原注萬曆志註宋黃庭堅書夾甬路東西爲吏廊東廊爲吏房戶房禮房各三間西廊爲架閣庫一間原注今廢兵刑工房各三間承發房一間西廊之後爲吏舍樓房二十間戒石亭南爲儀門三間儀門外左爲土地祠原注舊在禮房側明嘉靖四十一年令歐陽一敬移建於此又爲收糧所右爲請益堂三間有披廊原注舊爲水利署明嘉靖四十三年令趙容改建今廢按乾隆志舊圖爲賓賢館南爲獄廳三間原注久圮監房七間原注雍正九年屋久將圮知縣侯棣捐俸修葺添建小監房二間朝東兩傍二間朝北四間內兩廂三間禁卒居住中一間爲女監朝西小側披一間禁卒居住外朝南廳屋一間監門傍側屋一間新舊共監房一十八間入册交代又南爲譙樓三間原注宋寶祐三年令金炳建置鼓一鐵雲板一樓外東西各有傍廊清康熙五年知縣賈國楨繕葺縣廨於內署退食堂東建樓三層治事之暇登眺焉今爲內庫貯一應錢糧十五年知縣姚文熊在治西裁缺主簿廢廨建亭三間未葺二十二年令劉儼增損之顔

曰西爽軒原注今廢十八年文態重建治廳三間幕廳一間後堂耳房清周之麟募建縣堂小引夫郡縣之縣有庭廨守令於此出政治士庶於此肅觀瞻故雕楹刻桷峻宇層軒詎曰好奢體固然也我蕭當吳越要衝冠帶往來戎馬絡繹庭外履趾相錯而堂宇久傾使名區仙令曾不得處廣廈而蒞事焉匪惟俾過而問焉者哂此邦之不穀亦甚非父老子弟所以事邑大夫也龍眠姚父母尹蕭四載政修人和先是邑之紳士里民屢圖創建而父母仁慈廉儉軫恤民窮不欲以安居累一邑迄今未果以姚父母仁聲卓行且晚頊垣覩蕭署若傳舍耳卽使遷擢之後去思不忘猶且衆建生祠永爲尸祝縱不能久借寇君猶不能安之於在位之日乎獻歲接親族之隨計及桑梓之北上者均嘖嘖稱道令君廉善具言之日坐朽蓬間弁峻拒建堂狀余起而嘆曰惜費愛民者賢父母事也好義鳩工者賢子弟職假使草野之人舍圮而父母露處雖至貧困必假一廛以奉親未有因慈親之不忍其貧而聽其露處者矧今東南告飢食貧之家枵腹待斃昔蘇文忠治杭於歉歲特築湖堤以爲工作之興可以飽遊手識者服其經濟此一舉兩得之義也適作家報以此意示豚子俾謀之鄉之諸先生親友而共圖之

禾郡杜榛記閱蕭山邑志知蕭爲東浙首衝西逼省會通三十里東近越城亦不及百里舟車之間絡繹官長之往來歲無虛日蕭固巨邑而實繁邑也治之東西有布按二分司今亦傾圮治北有浙東道行署治南有府館今皆頹廢不存然猶曰此上之經臨乃其暫耳民力物力兩無所餘尙可置之不講若夫縣之廢有治則令所藉以出政敎撫百姓之所也朝斯夕斯未之有間詎可漫焉置之乃風振雨凌前此尙餘數椽今且聞草滿庭除也杳然無復存者邑父母露坐聽政可乎哉朔風捲雪尤所不忍聞見石公在講幄時每爲余道然有意焉未之逮也歲己未閩亂既平軍馬不致雜踏民力物力幸可稍寬邑人從南來者言之亦皆蹙額其意適與石公吻合因示意于長君名世與邑父母同縉紳斟酌舉行仍以恤民力節物力爲誡邑侯姚公令蕭四載矣仁慈愷悌既不忍於民益不忍於物故事終日露處絕不爲嫌名世乃

會邑紳士樂爲捐助衆議每畝輸錢以蠲厥事旣不損下以病民更不費上以癉國洵可樂也於是計丈數揣高低量事期計徒庸需材用書餱糧以役於蕭工抵四月聿觀厥成而巍乎煥乎已較前制恢弘之居然浙東一大觀矣推此意也他日時和年豐民物康阜則布按二分司道府兩公署得以次第興建咄嗟而辦不難耳何民力物力之可虞石公囑余爲記而勒之石遂爲一言復從而歌之曰龍眠仙吏出典蕭然民懷其惠士愛其賢堂楹久圮風雨當前戴星而出和我朝絃曾不己恤誰復求便衆以葺請侯懷仍冷一粟一絲亦發深省旣耕爾田旣安爾井露處所甘無愧衾影卓哉周君樸斲維勤商度多寡莫或紛紜子來趨事克成厥勳歡聲如雷和氣絪縕規制宏敞萬民鼓掌臨蒞於茲政刑不爽行將上聞褒以殊賞於侯受之宜君宜長是役也興工於康熙十八年四月十六日至八月望後而告成侯之坐新堂視事則在九月初四日也

來集之

蕭山重建政事堂記

夫縣之有堂所以發號施令非若茅簷蔀屋可聽其或興或廢也予邑縣公座視事之堂歷元明至今閱歲旣久漸就傾頽境當孔道屢値軍興水陸舟車之所輻輳楨幹芻茭之所借輸應接不暇蒞茲土者非不眷顧興慨未遑命工也今非菴姚侯以世家名進士蒞事茲土魴魚無頳尾之咏黍苗有陰雨之膏今茲己未爲三年有成之期百廢具興而公堂片地猶鞠爲茂草雖爲政者心間物間仰看往還之飛鳥俯視翻堦之胡蝶然閒巫馬期戴星以出入不聞其露霜以質成也宓子賤鳴琴於堂上不聞其調絃於草棘也於是進父老之練事達識者相與謀之曰此工甚鉅恐難就緒父老曰吾儕小人倘遮一把之茅以庇風雨顧令父母我者并無召伯之一棠可倚乎於是交相勸諭彼此輸將中孚之信格及豚魚大壯之觀取爲棟宇遂相其陰陽鳩工庀材手無停作舂鏞如雲功成不日其基址則比舊增而高之其規模則比舊恢而大之皆周君名世之所稟成於侯而經之營之者也自始作以至終事天則相之以時無疾風暴雨之侵淩人則飲之以和有趨事赴功之實蹟侯於是於某月日舉酒於紳士父老落之餘瀝霑於匠胥堂之旣成吾知侯且片言折獄判筆如山胥吏立堂楹而步履層冰

之上小民趨堂階而陳情青鏡之中矣三十年儼重葺譙樓原注樓下爲門門東西各有廊四十六年頭門鼓樓圮知縣鄭世琇重修五十八年頭門儀門圮知縣玹文成重修六十一年兩廊吏廨圮知縣鉉文成重建雍正元年儀門圮知縣門鈺置柵欄作儀門乾隆六年頭門儀門大堂軒簷損壞知縣姚仁昌繕修又建兩廊各吏廨併建承發房於儀門西十四年三月知縣黃鈺捐修大堂甬道十一月頭門鼓樓燬復捐俸重建又重修後堂西側客廳併建縣廨西書房二所爲志館十五年創建土地祠一所於儀門之西鋪砌儀門外甬道並重修舊祠以舊祠所奉乃臯陶蕭何非土地也故更正之基地共三十六畝原注照牆後舊無衢路今聽政時行人往來不便明萬曆間邑生蔡應山輸資拓地三尺許爲路以便行人仍建樓屋二間爲茶亭旁濬義井今亭已廢井尚存以上乾隆志咸豐十一年署燬於兵同治初知縣戴枚集民捐重建頭門三間光緒十三年知縣蕭文斌集捐建復十四年署知縣宋熾曾踵成之其制中爲大堂五間仍顏曰忠愛堂其東一間爲糧櫃房西一間爲核算房堂之西掖爲沙牧租房五間西後爲庫房八間朝東三間朝南五間大堂前兩廊爲科房各九間今東廊駐小隊西廊外隔以墻爲驗契所甬道中爲戒石牌一座南爲儀門

清宣統元年避御名改儀爲宜三間門之兩旁爲民壯房其東爲待質所九間俗呼班房今劃入習藝所西爲承發房三間今爲監獄工場迤南則東爲土地祠三間今劃入習藝所西爲提牢房前後六間又西爲監獄獄廳三間蕭曹祠三間男監七間女監二間禁卒更房一間直南爲頭門三間其兩旁後半爲皂隸房頭門外有屏墻在衢路南大堂北爲川堂三間川堂北爲宅門額曰楊文靖公舊治宅門內爲二堂三間仍顏曰學製堂東西廂房各三間宅門兩旁爲羣房各五間二堂之北爲後樓五間東西廂各三間二堂東爲東花廳三間今爲警務辦公處花廳北爲徵收房五間今爲自治辦公處其後爲串票房五間今爲禁烟辦公處又後爲廚房五間二堂東墻外披屋七間二堂西爲簽押房二間後爲披屋四間西南爲西花廳三間其西爲耳房兩間西花廳之北爲帳房五間今爲政務科中一進爲刑幕房五間今爲財政科北一進爲錢幕房五間今爲承審員辦公處尋又闢治西隙地爲園其後半即舊主簿廨故址清初之西爽軒當在此有亭有池有土山有平橋有船廳有四面廳十六年知縣朱榮璪捐資修葺爲官紳晏集之所湯鼎熹重建蕭山縣治記吾邑自唐天寶初更永興爲蕭山而宋天聖間邑令李宋卿實建斯治其後游廣平楊龜山兩大儒相繼官此而邑遂爲

名邑元至正間令崔嘉訥修邑署旋燼於兵火再建者爲令尹性其修之者則明永樂成化間有令張崇與令吳淑我朝康熙時賈公國楨繕內廨姚公文熊拓外廳兩公皆以德政顯民至今祀之越若來劉公儼鄭公世琇鉉公文成及乾隆時之姚公仁昌黃公鉦皆有興葺而黃公所葺尤多然皆隨圮隨修不甚勞民力洎咸豐辛酉歲粵寇犯順邑治爲墟克復後權知邑事戴公枚以建署集民捐僅立一門以去自時厥後遷延將三十稔莫有能議建者光緒癸未冬蕭公文斌來宰吾邑會富民被訟有以數萬貲首輸者邑之人或斂財或陳力又皆踴躍從事遂經始於丁亥夏五月至冬十一月落成董役者承官意立門堂廳廨廊舍庫獄務如制而規模之閎結搆之密且倍蓰於其舊邑父老過而瞻仰者僉謂際此時艱邑治得如此壯麗亦可爲吾邑光矣是冬蕭公甫進署即以憂去戊子春宋公熾曾來權邑篆又與邑人之樂任事者大集民捐以蔵其事至己丑冬未巳云惟兵後基址不明近年查丈現存署基爲二十四萬四千八百方尺云此數並加入署東隙地及縣丞署典史署今之平民習藝所各地倘不及清乾隆時三十六畝原額

縣丞廨在治東乾隆志清咸豐十一年燬於兵光緒十五年知縣宋熾曾重建大堂三間花廳三間大門三間內室三間廂房三間廚房羣房共六間三十四年縣丞張以巽建亭一座宣統末縣丞裁近年奉部令估價標賣今爲民業

典史廨在治東南乾隆志清咸豐十一年燬於兵光緒十五年知縣宋熾曾典史姚以慰重建大堂三間儀門三間頭門三間花廳三間內室三間書室三間廚房三間羣房

四間近年改爲監獄官署兼看守所

城守廨舊在運河北試館之側咸豐十一年燬於兵光緒十五年知縣宋熾曾撥欵購地於西倉衕千總吳彩榮集資新建大堂三間頭門三間內室樓房三間左右廂四間東首羣房廚房五間光緒末裁缺近年改警察署今爲警察事務所

教諭廨在明倫堂後有書室有寢有廚乾隆志嘉靖十八年江水溢學圮知縣林策重修三十六年重葺清康熙二十二年教諭張翀重建三十年教諭沈節增築後廳魯燮光儒學志道光二十二年重修咸豐十一年被兵廨圮同治十一年訓導朱志成重建正廳三間東書室三間西花廳三間正廳後內樓三間西廚房二間東西披屋四間大門三間額曰儒學二門一間額曰道義之門光緒季年教諭蔡松修葺並建亭一座近年裁缺互見學校門

訓導廨在明倫堂東制如教諭廨舊在堂之西各齋之後嘉靖十八年洪水圮徙今所乾隆志三十六年重修清康熙二十二年訓導姚德堅復建廳屋門寢魯燮光儒學志道光二十二年重修咸豐辛酉被匪蹂躪同治壬申訓導朱志成重建會講堂三間堂後川

堂一間左右廂樓各二間內樓三間左右廂披各二間堂東花廳三間廚房二間外

廨門一間額曰司訓宅光緒季年裁缺互見學校門

漁浦巡檢司廨距治南三十五里在漁浦江之南原注廳三間廂房四間門三間弘治十一年建案一說謂舊在漁浦街未知孰是巡檢一人攢典一人弓兵四十人乾隆志引萬歷志舊廨久廢基地亦被侵沒年遠無從稽核今僦居在城乾隆志 乾隆志別本在城內二十一都四圖官屋清乾隆間移建義橋上埠塘外咸豐十一年燬於兵裁缺後廢基即俗稱衙門地衙門街衙門池者是奉文變賣

河莊巡檢司廨在河莊山南三里之尙鎔案舊隸海甯州爲赭山司清嘉慶十八年南沙改隸蕭山移建改今名咸豐辛酉燬廨廢光緒二十六年收沒馮盈奎民房半所改充司廨在赭山街市裁缺後奉文變賣

西興驛丞廨在西興運河南岸元至正二十五年主簿海牙重建明嘉靖三十五年令魏堂修原注廳三間廳之東爲轎房西爲茶房各一間川堂一間後軒三間廚房三間左右廂六間譙樓三間廳之西北爲官廨凡十有一間萬歷十三年令劉會建儀門一間乾隆志引萬歷志西興驛唐之莊亭也宋曰日邊驛乾隆志引浙江通志原

注嘉泰會稽志日邊驛在縣西一十二里萬歷志誤注曰裁革通志既知今西興驛卽宋日邊驛復沿其誤於日邊驛下注曰久廢眞不可解清乾隆十五年六月知縣黃鈺查有現在廨廳三間後屋三間廚房三間頭門一間傍有徒房二間共十二間並無坍損乾隆志咸豐十一年燬於兵裁缺後廢基奉文變賣

鹽捕分府署在赭山東北半里清嘉慶十八年南沙改隸蕭山奏以紹興府同知移駐於此督理鹽務十九年建署嗣不果遷年久漸圮咸豐十一年燬今廢基奉文變賣

案縣丞廨以下九署雖已裁缺而署屋或基地尙存故列於前

錢清場大使廨元至正間改興善寺爲搬運米倉明初更今名大使一人攢典一人原注明時改屬山陰縣乾隆志引萬歷志

西興場大使廨在西興運河北岸原注門一間廳一間倉廒二十間廳之右爲官廨凡十間土地祠三間在門內左旁大使一人攢典一人領工脚九人總催六十人原注洪武初以軍士充百夫長掌邑鹽課乾隆志引萬歷志清設大使一員

雍正二年裁併錢清場廨廢乾隆志

紹興批驗所元代在府治西北六十里明正統間遷山陰縣錢清鎭弘治時又移建蕭

山縣之白露塘清因之置掣廳西向臨運鹽河節錄清兩浙鹽法志今不可考

老鹽倉在南沙歲字號清嘉道間建專司收私事宜久廢

鹽倉在河莊山前倉前市清嘉慶七年設倉官一員建官廨並有土城道光末廢今不可考

主簿廨在治西乾隆志　案主簿明末裁其廨址以乾隆志圖考之當在今縣署園地之北

唐永興簿廨唐天寶前縣治疑在長興鄉主簿廨內有靈泉駱賓王爲頌乾隆志

布政分司行署在治西三十步原注舊爲三皇廟正統八年改建廳三間川堂二間有寢有廚各三間左右廂各三間儀門外門各三間乾隆志引萬歷志　原注下四署之制俱視此舊志明正統八年令蘇琳以三皇廟地建司苦於隘狹邑人張仲義捐地一畝以廣之今廢地稱西司久廢

按察分司行署在治東二十步明洪武二年建成化間令朱儼又於外門西建祗侯廳三間嘉靖三十六年令魏堂重修原注其制與布政分司同今廢稱東司　乾隆志引萬歷志久廢

浙東道行署在縣治北運河北岸舊爲預備倉西隙地明嘉靖十一年令張選建廳三

間爲射圃亭後增川堂廂房儀門等爲上司行署改今名尋廢乾隆志引萬曆志

府館距治西南五百步原注在城隍廟西明天順間建其制與東西司等久圮乾隆志引萬曆志

工部分司距治東南一十五里原注在單家堰明嘉靖十二年建原注或云主事薛僑買民地建之今廢乾隆志引萬曆志

清軍署三間在儀門東明嘉靖四十一年令歐陽一敬改建土地祠乾隆志引萬曆志

水利署三間在儀門西明嘉靖四十三年令趙睿改建請益堂今廢乾隆志引萬曆志

醫學舊在惠民藥局明洪武十七年建乾隆志引萬曆志久廢今設訓科一人乾隆志案訓科久廢

陰陽學在治廳東三間明令蕭敬德建乾隆志引萬曆志久廢今設訓術一人乾隆志案今以城隍廟廟祝爲陰陽訓術

僧會司在祗園寺明洪武十五年建僧會一人乾隆志引萬曆志今移江寺乾隆志久廢

道會司城在隍廟明洪武十五年建道會一人乾隆志引萬曆志久廢

稅課局距縣西一里廳三間門三間明洪武三年建大使一人副使一人尋減副使吏一人

今裁廨廢乾隆志引萬歷志

漁浦稅課局在巡檢司東北距治南三十五里廳三間門三間廨三間廂房四間明洪武三年建大使一人今裁廨廢乾隆志引萬歷志

河泊所二原注一在縣西一在縣東廳三間門三間官一人領綱小甲一百三十二人明嘉靖間裁廨廢乾隆志引萬歷志

蕭山河泊所距治南百二十步官一人吏一人明景泰間裁廨廢乾隆志引萬歷志

錢淸北壩官廨明洪武五年建官一人領壩夫三十人成化二年裁廨廢乾隆志引萬歷志

監務廨　監西興岸使臣廨　監漁浦口使臣廨　西興受納米倉廨　西興商稅場

溪口稅場　西興酒務　漁浦酒務原注以上萬歷志誤入古蹟康熙續志失載今廨宇不知何在併舊基官地亦無案籍可稽乾隆志

附廳館亭驛

駐節廳在城內中馬埠祗一間明嘉靖三十四年冬燬於火令魏堂移建夢筆橋下岸

原注易陰陽官田玹基地益之爲廳三間東西披屋各二間門樓一間周圍繞以墻垣臨河砌石堦凡十有三級乾隆志引康熙聶志清康熙二十二年令姚文熊仍移建於中馬埠凡屋三間原注後駐節廳復燬於火附近居民於舊基上造屋取息乾隆十四年清查官基據認佃租三錢其官埠石級三座現存公用並無坍損乾隆志今石級三座尚存

河陽館在城西門外五十步德惠祠東原注嘉泰會稽志蕭山館在縣西北二百十步疑即今河陽館地官廳三間大門三間周垣門外石級一座名曰西馬埠官舟來往於此停泊明嘉靖間令施堯臣建原注河陽館官廳及大門久已傾廢所存地基附近居民侵建房屋惟官埠石級一座現存乾隆志引萬歷志

申明亭舊在鳳堰市明令林策改建陰陽學東凡三間原注按明嘉靖志云洪武三年詔天下州縣隅都各置旌善申明亭蕭山共建一十五所今多侵沒于民存者止一乾隆志引康熙聶志按以乾隆志圖考之亭址當在今習藝所基內一在西山下明郭諫選皇明蕭山詩集有葉林者由洪武辛未進士官至副都御史墓在西山下申明亭前一在崇化鄉屠家橋西乾隆冢墓志引康熙聶志明末邑令賈爾壽葬崇化鄉屠家橋西申明亭基案顧炎武日知錄明洪武十五年八月乙酉禮部議凡十惡姦盜詐僞干名犯義有傷風俗及犯贓至徒者書其名於申明亭以示懲戒有私毀亭舍塗抹姓名者監察御史按察司官以時按視罪如律制可十八年四月辛丑命刑部錄內外司官之犯法罪狀明著者書之申明亭

旌善亭在縣治西三間自明以來以善行旌其中不可勝紀其最者已入鄉賢立傳今廢乾隆志引康熙志按上虞志載明制旌善亭書孝子順孫義夫節婦於其上以示勸餘姚富陽各志載申明旌善二亭始於明初蓋當日欲舉行鄉約保甲而旌善二亭則紀善以重良民約正主之申明亭則紀惡以警莠民甲長主之以上補纂

示農亭在城東門外弔橋官廳三間門三間門外石級一座名曰東馬埠官舟來往於此停泊明嘉靖間令施堯臣建乾隆志引萬歷志原注今官廳三間供關帝神像外門屋三間今改作四間中留一間爲出入亭上懸額曰示農亭東一間爲茶亭西二間爲僧舍每年召賃取租其官埠石級一座現存

駐楫亭原注志圖作駐節在夢筆橋側宋令李宋卿建葉清臣記今廢乾隆志引萬歷志

駐旌亭在縣西一十二里乾隆志引嘉泰會稽志今廢乾隆志

寅賓亭在鳳堰市東乾隆志引萬歷志原注在東門內城橋東舊稱寅賓亭今有營房三間東一間係駐防營兵召賃收租西二間係把守東門人召賃收租

少憩亭在蒙山宮前五楹俱石柱明嘉靖間令歐陽一敬建乾隆志引萬歷志

候春亭在縣治東今廢乾隆志引萬歷志

暑雨亭在西興鎮邑人戴光建乾隆志引萬歷志

西興郵亭在西興驛前三間年久亭圮原注舊志廨署內失載清乾隆十五年知縣黃鈺捐俸重修凡亭基河埠甬道悉行加高砌以青石併建照墻一座乾隆志咸豐十一年燬同治初令施振成重建亭三間軒一間厥後令汪學澄高英蕭文斌歷加修葺光緒間亭圮署令胡爲和重建

局所

警察

蕭山警察機關在城者一在各鄉者五城中自清光緒三十一年即已成立各鄉則義橋聞堰最早西興次之龕山臨浦又次之然城中義橋聞堰其初皆由士紳主管自爲風氣不知其爲國家行政也宣統以來規模始具今表其沿革以備掌故惟龕山臨浦成立最後容俟補表

駐城警察沿革表第一 統轄全縣直轄城區

年月	機關	職員	長警
清宣統元年	蕭山縣巡警總局	總辦一員知縣兼任 正巡官一員 教練官一員 正副巡董各一員 巡記一員	巡長三名 巡警三十名

宣統二年	改稱蕭山縣巡警局		巡長增至五名 巡警增至三十八名
宣統三年	改稱蕭山縣警務長公所	裁總辦及巡董 設警務長一員 設教習一員尋裁改設城區區官一員 改巡記爲司書生	
辛亥十月	改稱蕭山縣警察署	改警務長爲署長 裁城區區官 改司書生爲書記	

義橋警察沿革表第二 管轄南鄉

年月	機關	職員	長警
清宣統元年	義橋巡警分局	副巡董一員 巡董一員	巡長一名 巡警十二名
宣統三年		改副巡董爲區官 裁巡董	
辛亥十月	改稱義橋警察分署	改區官爲分署長	

聞堰警察沿革表第三 管轄西鄉

年月	機關	職員	長警

清宣統元年	聞堰警察分局	區長一員 巡董一員	巡長一名 巡警五名
宣統二年		設巡記一員	巡警增至八名
宣統三年		改區長爲巡官 改巡記爲司書生 裁巡董	
辛亥十月	改稱聞堰警察分署	改巡官爲分署長 改司書生爲書記	

西興警察沿革表第四 管轄北鄉

年月	機關	職員	長警
清宣統二年	西興警察分局	區長一員 巡董一員 巡記一員	巡長一名 巡警八名
宣統三年		改區長爲巡官 改巡記爲司書生 裁巡董	

自治

縣自治清宣統二年成立甫及年餘卽停止

議事會以舊勸學所改設議員二十九名

參議會在知事署東偏參議員五名

城鎮鄉自治清宣統二年間成立近年停止

城議事會議員二十名董事會總董一名名譽董事四名

仁化鄉議員十六名鄉董鄉佐各一名

龍泉鄉初名衙鋑鄉旋改議員十六名鄉董鄉佐各一名

龕山鄉議員十名鄉董鄉佐各一名

靖雷鄉議員八名鄉董鄉佐各一名

以上兩鄉初合爲龕靖鄉後劃分

西牧鄉議員十四名鄉董鄉佐各一名

鎮靖鄉議員八名鄉董鄉佐各一名

正義鄉議員十二名鄉董鄉佐各一名
赭山鄉議員十二名鄉董鄉佐各一名
西倉鄉議員十二名鄉董鄉佐各一名
培新鄉議員十二名鄉董鄉佐各一名
蓬山鄉議員十二名鄉董鄉佐各一名
湘東鄉議員十名鄉董鄉佐各一名
潘西鄉議員十二名鄉董鄉佐各一名
所前鄉歸併潘西苧蘿兩鄉
苧蘿鄉議員十四名鄉董鄉佐各一名
義橋鄉議員十四名鄉董鄉佐各一名
浦南鄉議員十四名鄉董鄉佐各一名
沈村鄉議員十名鄉董鄉佐各一名

開明鄉議員十名鄉董鄉佐各一名
桃源鄉議員十二名鄉董鄉佐各一名
河上鄉議員十二名鄉董鄉佐各一名
大同鄉議員八名鄉董鄉佐各一名
長山鄉議員十名鄉董鄉佐各一名
紫霞鄉議員十名鄉董鄉佐各一名
長安鄉議員十二名鄉董鄉佐各一名
長河鄉議員十二名鄉董鄉佐各一名
西興鄉議員十名鄉董鄉佐各一名
城北鄉議員八名鄉董鄉佐各一名

禁烟局

清宣統元年奉文就工藝所房屋設立名禁烟分所設正副董各一員近年更名禁烟

局增各鄉調查員並設分局於臨浦龕山旋裁副董既而裁分局遷局於公署大堂
西偏最後以禁絕撤局

統計處

清宣統元年奉文設立於縣署東廳設編纂員二人分類編纂三年九月停辦

勸業所

清宣統二年奉浙江勸業道文設立於火神廟設勸業員一人助理一人三年停辦

塘工局

舊在北山道院今遷舊訓導署理事二員專辦西江北海兩塘修築工程事宜

商會

蕭山商務分會在火神廟東偏餘屋清光緒三十三年成立
臨浦商務分會在苧蘿鄉土地廟
義橋商務分會在木業公所

聞堰商務分會在金衢會館

龕山商務分所

瓜瀝商務分所

頭蓬商務分所

靖江殿商務分所

赭山商務分所

農會

在城中清宣統二年成立

清代制度多承前代之舊縣治爲一邑長官聽政之地歷年興廢詳於前人記載固無論已其他諸官署以及廳亭館驛在清季已多存廢亦並詳其所在用備掌故至於晚清新政萌芽已肇民治之胚胎警察自治商農諸會雖疏節闊目曇花一現略而不詳然固所謂貞下起元繼往開來者也故備書之以志濫觴之始

公益城鄉公益事宜舉其要者餘如牛痘局水龍會等隨處皆有不勝枚舉

養濟院乾隆志入公署志今移此

宋名居養院元名孤老院在治西社稷巷舊爲射圃亭明成化十三年令李鞏改建尋侵沒於民令林策釐正之周繚以垣廳三間左右廂凡十有八間門一間廳之左與後各有園有池原注歲久廳廂垣墻俱圮居民復有侵取泥土縱牧牲畜者令魏堂復建外爲高垣門用扃鑰旁啓小門出入責令總甲孤老頭協管月朔各遞不敢毀傷甘結遇有小損卽呈請修葺原注後復傾毀其地多被近地民人侵沒乾隆志引萬歷志清乾隆六年五月令姚仁昌捐建養濟院中廳三間東西廂屋各五間原注在城二十都三圖西河莊陶唐衕內每年修葺於備公項下支銷原額孤貧三十名每年口糧布花木柴等銀共一百二十六兩原注地丁項下支銷俱載全書新增額外孤貧二十二名每年口糧銀三十九兩六錢原注耗羨項下給發如額內孤貧病故額外孤貧頂補額外孤貧病故續收殘廢孤貧頂補乾隆志五十四年已酉令方維翰重建見清何其菼小春浮詩注案小春浮詩注倘有棲流所亦維翰重建今不可考

養老堂

在城內橫河道光間名養育堂邑人任瀾捐資買地創建於西門外官塘路傍互見育嬰堂下後因事停止育嬰專養孤寡窮疾老婦繼則兼收年老孤獨窮男咸豐辛酉遭亂堂燬同治間公買民房改設今地舊稱梅園其經費出於固有之各產及城鄉各業按月捐助收養男婦名額原定六十人今擴充爲百人

育嬰堂

城內育嬰堂在西河下唐家衖清光緒十九年邑令朱榮璪會紳陳光潁等捐募設立光潁出資最鉅二十二年購山陰會稽發字等號民田一百七十餘畝又先後稟准將本邑南沙李廣泰案無糧餘租地十成之七暨朱成高李保君等案餘租撥充經費案邑舊有養育堂在西門外里許清道光間邑人任瀾創立貢生王石渠拔貢陶定山助之成瀾卒後所捐諸暨蕩田一百六十畝以隔境被人私鬻石渠訟於部發浙江提審得直獲追價之半別置田焉咸豐辛酉屋燬今分立兩堂於城內而改養育堂故址爲老堂義冢云

接嬰堂在龕山上街清光緒間邑紳周嘉謨創建助入田地又撥南沙朱茂林等案官租爲保育經費

平民習藝所

清光緒三十一年邑令李前泮於署東建屋擬設工藝所以欵絀未成立近年知事彭延慶將舊典史署隙地及遷善所土地祠待質所舊址圈入增建房舍設立貧民習藝所撥商鋪丐費及禁烟還欵抵補金附加稅充常年經費設所長一員教師如干人招收城鄉貧民教以織布篠竹漂染各科嗣改貧民爲平民後以卒業藝徒謀生匪易復於公益項下撥銀三百元以資工作

貧兒院

近年奉文就文廟文昌祠內設立院長教員保育員各一人

惠民藥局乾隆志入公署志今移此

在惠民橋西南今廢乾隆志引萬歷志

蕭山醫院

在城中近年醫士瞿縵雲募資租屋設立歲撥公款銀四百補助詳准有案

義冢 舊志義冢皆附冢墓後今移此而以義殯附

漏澤園宋時在北幹山麓明嘉靖十一年改置於淨土山麓周繚以垣上覆以石北置門初設役二人守之今廢乾隆志引康熙聶志

義門張氏義冢在蒙山嶽廟東明弘治中邑人張仲義捐盈字一百八十三號山五畝零明郡守游典記略越人之貧者之葬地一死或委之道途予守紹興心甚憫之顧政有未暇及乙卯春行縣至蕭山覩義冢一區於蒙山其石表題曰義門張氏訪之則今之訓術維翰焉因加賞勞登之高可尋丈許廣可若干畝葬者纍纍流魂有托且聞歲時祀之義聲之振殆可爲諸邑倡也夫掩骼埋胔孟春月令之政責在守斯土者維翰乃能以義倡之予復何憂哉維翰先曰仲義曰景常曰珏累世義舉有義井義田義學衣食藥柩之屬甚廣此特其一耳殆後皆授郎秩而珏尤以孝慇見褒因系之詩曰黃金買地爲憐貧列葬纍纍宿草新五世郎官褒大義一門繼述欲同仁知君不是沽名者此地應無委壑人老我行春看碑石覺來腔裏動津津弘治八年記乾隆志引康熙聶志

西興董家潭義冢邑人來端蒙捐田爲之每清明十月朔煮米飯倩僧道演法撒祭之乾隆志引康熙聶志

北門外義冢在北門外稍西萬歷十七年蔡應山捐田四畝爲之邑尉青陽徐本勝無

歸葬此時饑疫應山廣施棺具又捐穀於預備倉賑濟分守道檄縣旌其義乾隆志引康熙聶志

掩骼坎在淨土山麓漏澤園側明萬歷十七年邑人丁元慶創并修園墻乾隆志引康熙聶志

嶽廟西義冢明崇禎七年張仲義五代孫徵辟訓憚繼祖志置盈字六百六十一號地七分零捐爲義冢邑令劉一匯上其事於各憲但加旌獎其地東至廟西至孫地北至官塘南至廟地乾隆志引康熙聶志

施氏義冢在城北清康熙十八年邑人施之栩遵父鴻勳志捐荒字六百三十號地一畝八分九釐四毫以掩枯骨乾隆志

浙藩義冢在盛家瀧橋西清康熙三十七年布政使趙良璧捐銀十八兩置地一畝八分零以瘞枯骨乾隆志

臨浦義冢在峙山案即覺海山麓去縣南三十里由來已久雍正年間近地士民捐造石塔周圍并築石墻置門啓閉乾隆志

陳氏義冢在嶽廟山東沿官塘清康熙間邑人陳至言之母蔡氏捨乾隆志

航塢山義冢木字號山畝許清康熙間邑人沈耀武捨乾隆志

陸氏義冢清邑人陸巡於雍正二年捐水洋塢來字一百十四號山十八畝雍正三年捐三塢盈字一千一百二十四號山八畝二分三釐乾隆十年捐頭塢盈字號山十一畝王協燦記略曰陸子覲東與兄俊三皆輕財營義冢於湘湖水洋塢又營地於三塢頭塢復不足容諸冢更於柴嶺得吳氏捐助之山若干畝每冬至後率工人周歷各處凡無人營葬暴露之棺悉移於義冢之地次第掩埋余嘉其事足爲樂善好施者法也爰摭其實而爲之記乾隆志

西門外義冢清雍正六年邑人王基陸宣裕等捐清署令劉德貴記曰掩骼埋胔自昔尙施仁之政黃金買地前人嘉好義之風本縣奉理茲土計已匝歲簿書而外無日不以此爲念適奉上憲澤及枯骨檄飭瘞埋旋據生員陸宣裕等將糾會施棺日久又買地埋骨各情由并虞日久侵佔呈請碑禁前來具見心存仁厚舉更周詳昔茲邑義門張氏累有義舉厥後五世郎官勿替已有成驗今而後我知天之報施善人將復於該生輩徵之其有樵採侵損恃强幷佔者自當繩之嚴法以安泉壤斷勿姑容致廢善舉也欲垂不朽爰爲之志云雍正十一年八月勒碑乾隆志

柴嶺義冢雍正十年邑人吳文傑遵母來氏志捐坐字一千五號山二十五畝乾隆志

大橋義冢在九都三圖出字號地二畝零清乾隆十一年瞿溥捨乾隆志

掩骼坎在所前西清咸豐初里人李學新建

黃浦山義冢在文筆峯下黃浦山同治四年西江決口平地水深數丈浮厝漂流殆盡邑人黃中耀捨山十畝出貲收瘞都三十餘冢並立祀孤會春秋祭掃至今不替

普善義冢在靑山張邑人黃中耀集資置歲字號山二十畝收瘞閘堰江上浮屍並施槥具又建殯舍三楹於小礫山

存德堂義冢在十五十六兩都山間清同治間韓師浦陳嘉賓建

信義堂義冢在孝悌八都窰頭橫山謝山灣共三處清光緒間孫葵仙等集資建

咸豐殉難諸人義冢在東門外盛文壩東清光緒元年邑人任春煦等集資公建題曰毅魄貞魂春煦復捐田五畝五分八厘三毫作每年祭掃費並祭航隖義冢

老堂義冢在西門外清宣統二年就養老堂舊址爲之以瘞窮民故名老堂義冢

橫塘義冢在荏山橫塘上約地二畝餘

山末址義冢在荏山尾計山十餘畝清光緒間里人公禁樵牧歲久漸弛

同仁集義冢在赭山塢石嘴近年夏海嘯楊家橋義阡淹沒邑人施鳳翔捐資移埋於此

瀾字號義冢在盛陵灣衆勝殿東北約地一畝餘

信字號義冢在黃公漊灣張神殿南約地三畝餘

奇門堂義冢在黃公漊灣信字號頭界約地三畝里人李步青捨

施氏義阡在包家灣近年邑人施鳳翔捐置來字號山二十一畝二分一厘八毫

寄材廠在西興鐵嶺關外潮神廟左廠屋十餘間清道光十五年陳成鶴陳古琴等募建別置市屋兩所以租金作經費咸豐八年廠屋圮成鶴及鍾小泉王茂春重修

傳家峙義冢前清同治二年粵軍退後城廂內外暴骨遍地邑人屠淦鍾寶英王嘉績林鳳岐等募資收埋幷捐堆金置產立會名同仁集

紹屬暫厝公所在西興障瀾橋北岸屋二十餘楹清光緒戊戌上虞潘赤文等募建

施棺會

一在臨浦清道光四年里人蔣玉田鍾小泉等集資設立會員十六人分爲四組組各四人依次輪値四年而週並各捐資置官字人字始字男字等號田二十五畝一釐四毫以歲入充經費由公濟堂戶輪糧

一在義橋清同治間韓師浦陳嘉賓等集資設立名存德會

一在所前清光緒間李守常立

一在戴村凌溪清光緒十二年孫葵仙募立先後置水字生字淡字麗字玉字金字等號田三十八畝有奇及會所房舍十四楹又助入麗字玉字生字金字等號田九畝有奇名信義堂施棺會

一在尖山謝璿等立

一在逕遊村蔣敬祥等立

一在長山鄉河上店名同仁會

一在靖雷鄉

一在赭山清光緒間立

一在西倉鄉清光緒間立名同仁會

一在培新鄉

義莊

陳氏崇德堂義莊在東門外澇湖村清陳銑捐立共田三百畝王宗炎撰記梁同書書之光緒癸巳奏咨立案給樂善好施額

陳氏永思堂義莊在澇湖村清陳有倘捐立咸豐間莊屋燬遂廢

張氏義莊在澇湖村清張鳳池捐立共田二百三十畝光緒二十九年奏咨立案給樂善好施額

施氏義莊在城內十字街施鳳翔遵父文臺遺命捐置莊屋一所田一千畝近年呈部立案特賜褒詞並給承先裕後額來裕昌施氏義田記曰自周官以睦婣任卹教萬民數千年來雖改正朔殊徽號易服色迭有變更而通大都邑世家巨族飲食教誨以長養其子孫者仍循循不變國運賴以振興民生賴以維繫使者輶軒所至且以巨室喬木覘風俗之盛衰蓋元公之遺澤長矣慨

自西學東漸，道德淪胥，宗法皆不復措意，甚且從而摧殘之。吾婣丈再春施先生值雲霧四翳之時，毅然出其儲，會族建宗祠，修家乘，復仿范希文遺制置義田千畝，以贍族人，使入學有費，婚嫁喪葬有資，鰥寡孤獨有養。人方竊竊然非之，而先生急起直追，絕不返顧，恐其久而無稽也，手次田之字號畝分細冊，呈請大吏備案，並刊入譜中，以垂久遠。嗚呼！施氏自富一公贅居塘灣，迄今十餘世，丁男祇數十人，溯而上之，合塘下施、宣家里諸派，亦僅數百人。此數百人中，豈無翹異聰穎力足自振者？而處無積儲，出無顯宦，甚至貧寡無以自持，往往而是，則以無大有力者相與講收族之誼也。有此義田，吾知涵淹蓄息，田其田，學其學，施氏之昌正未有艾。後之人當永念先生不眞，爰爲之記。宣統三年五月勒石。

茶亭

西興茶亭在沙岸舖右，佛堂三間，迴樓三間，僧房三間，大門三間，茶竈一間。嘉靖間僧道能建。邑人來端蒙歲助米三十石，柴五百束，茶三十觔，薑銀五兩，其子自京繼之。令王世顯碑記：西興，浙東首地，寧紹台之襟喉，東南一都會也。士民絡繹，舟車輻輳，無虛日。及其涉顚險，歷風波，觸炎蒸而病暍，冒嚴寒而阻飢，喘息須臾，幾塡溝壑者衆。前此未有濟之者。嘉靖甲辰，天目僧道能至自杭，目擊其患而悲之，計施以茶湯。患不得其所，邑民毛玠等議以沙岸舖隙地可止且便也，具情請於郡侯蘇公而築之，委耆民吳謐、韓承文、傅良董厥役。僧乃捐衣鉢力營建，不越月而落成。公喜，題曰茶亭。自是往來獲濟。僧以苟濟弗給，事必中廢，復出贏貲於舖之西南里許置田三十畝，每計所入以充費。又思雲遊靡常，冀有所託，知靈峯院僧德愷雅有戒行，倩爲住持，使主其事。越四載，而其來未艾也。八月之吉，余偕沙源戴公謚視，公曰：事則美矣所少者井耳乃戒僮僕具畚鍤助僧穿其地而甃焉井成水易汲而濟益廣矣噫無住相而好施固士君子之所願聞使吾民皆若道能推其慈愛之心則於人何所不濟爲民父母皆若蘇公之作興鄉士夫皆若戴公之左右且觀義興起又皆若諸耆民則志士孰不敏於爲善乎夫慈愛者仁也作興者義也觀感者化也余於斯亭斯井之舉深有所感焉因給券以餉僧田產之役且勒石以垂世守云邑令姚文熊記西興吳越之通衢也行旅往來殆無虛日渴者求飲命懸呼吸不有茶亭事何以濟一夫一人不能給而必仰給於衆衆或有不給缺一日之費即廢一日之茶茶不可以濟一日或廢而薪水之資不能保其一日不缺也楊樹村徐義士廷鳳目擊其故遂捐田四十畝永爲茶亭薪水之資噫善哉善哉不必仰給於人亦不必仰給於衆施茶不憂其無資往來者可無傷於煩渴矣功德豈不茂哉余蒞蕭山最久熟聞徐士好義樂施其他焚券濟貧矜孤卹寡種種善行不可殫述即此捐田濟渴一端便長流福澤於無窮也用爲數言以志不朽

蒙山茶亭屋在東嶽廟下康熙十一年本邑治西義門張氏捨東邊屋基地張迪祥捨西邊屋基幷沿路基地俱存二十都二圖張姓自輸錢糧邑人黃國初僧覺林一乘募緣捐資鼎建同知紹興府常熟孫魯有記同治十三年僧振法募捐重修

西門茶亭丁琥歲施茶費今廢

南門茶亭在月城外有施茶田碑記

東門茶亭里人任大隆魯鳳魯忠信魯忠倫等買田八畝零資給道人如桂主之

陳公橋茶亭里人陳所綸捐羌字號田十畝一分零池五分三釐零又宙字號田二畝九分八釐天字號田二畝二分七釐爲薪水資有碑記

新林鋪茶亭屋三間在運河上永新菴僧住持施茶有士民捐田碑記

七都上塢茶亭雍正六年邑國子生沈鉉建 編修何玉梁記沈鉉字式玉與聖因寺僧松文爲方外交松文故高僧功行深純屏絕俗緣蕭邑七都上塢綿亙數里崖壑幽險人莫居焉行者視爲畏途鉉因庀工集材建涵天庵搆茶亭十餘間以爲行者憩息之所并使恃以無恐捐田山各十畝延松文董其事松文曰吾於某年月日當化何可復與塵間事鉉强委之已而果於某年月日積薪於龕厝火自焚前一日曾語鉉曰爲善無近功願子益自勉力他日當共證龍華果也既化得舍利子十數枚里人咸異之并異鉉之相識爲獨奇也

五都二圖茶亭邑人陳泰捐田三十六畝爲茶湯之資有碑記 以上乾隆志

延壽亭 在治西二十里湘湖紅廟道光十七年韓應洲重修光緒七年潘維和重修潘韓各姓捐助茶湯田二畝九分陳汪各姓捐助三畝一毫有碑 冊訪

西山第一亭 在馬頭山麓清光緒間金禮培募修夏施茶湯夜施燈燭以便行旅有茶田碑記 冊訪

白鹿亭　在白鹿山下姚家湖與諸暨交界淸乾隆二十八年僧勝如建置田產施茶湯立碑樓眞寺冊訪

僧茶亭　在童家山下韋馱殿有田在僧茶亭戶承粮

彭家橋茶亭　在桃源鄉彭家橋有茶湯會立有碑記冊訪

萬載亭　在十五都黃童嶺東出臨浦西達戴村石馬淸光緒間丁以鴻重建有亭旁田三畝作施茶燭之費後陶耀泉又助田二畝零冊訪

河口亭　在河渡爲義橋至戴村大路韓敬遜堂助田二畝作施茶費冊訪

花女亭　在十五都新義鄉花女廟側今亭毁廟存張姓助淡字號田五畝作施茶費冊訪

古錫褫亭　在西門外曹林菴邑人屠淦等募資施茶

孟子言文王發政施仁必先使鰥寡孤獨廢疾者有養周官睦婣任卹掩骼埋胔列爲教民施政綱要蓋古人視地方公益爲有司分内事自後世官不能舉其實遂任士民

樂善好施者自爲之於是種種公益事業或鳩資集事或獨力施捨名之曰義舉故施醫施藥施材義莊義冢類雖不同意義則一今合諸義舉别公益一篇所以不沒人之善而爲好義者勸也

蕭山縣志稿卷八

建置下

寺觀

祇園寺在縣西北一百步東晉咸和六年許詢捨宅建號曰崇化唐會昌中廢宋建隆元年重建寺有閣藏仁宗御書後歸寶文閣治平三年敕賜今額節乾隆府志引嘉泰會稽志按嘉泰志許詢捨山陰永興二宅建寺山陰舊宅曰祇園永興新宅曰崇化乾隆志駁之謂詢爲流寓何至置宅二所且特與支遁游耳未聞其入浮屠或詢寓此遂傳會爲詢之所捨云爲習儀之所原註遇天壽節正旦冬至慶賀俱於本寺習儀乾隆志引萬歷府志元至正三年寺僧道拳建佛殿寺廣三十六畝乾隆志引萬歷志清康熙間僧止公募修據毛奇齡募序補清毛奇齡重修祇園寺募序祇園寺在縣治之西實不知創於何時相傳晉咸和中高陽許詢一客居永興界因捨其寓宅爲寺載在誌書然不可考也唯是明代盛時實爲江南第一山（原注五字係當時匾額）周環若干畝寶坊嵬然凡官家大慶賀如萬壽元旦諸節縣之介丞輩率於此習禮合樂勒爲令典而四方至止者舟車甫稅即蜂臺鷲室往往以是爲游觀之所一何盛歟自江東不守戎馬蹂躪而後彼黍離離且六十年矣國家休暇闕補陀後山爲祝聖之場敕禪師便菴開堂其間而其徒止公則嗣法者也見祇園之圯而憫之遂發願修復籌其募謁予以序按此文當在康熙後葉下距雍正二年不遠或止公議修未果而廣修踵成之耳雍正二年僧廣修募修

之未幾蠹蝕材且盡藏經閣猝頽大殿傾圮六年僧松野議復葺乾隆志壽圓寂大衆乏糧各行脚去舊址割裂舉目蕭然乾隆志別本乾隆二十一年僧覺元嘉慶二十四年僧岳宗先後建復咸豐元年僧應律請經歸僧廷煥建經閣並修大殿十一年盡燬同治四年僧正道建齋堂掛單接衆光緒五年僧普勤建大殿七年復詣京請經建經閣並太平大鐘遇有火則鳴鐘以警建鐘樓鼓樓天王殿山門兩廡至十六年落成爲邑諸寺冠

寺前感應塔四座按乾隆志作二座誤方塔二座在正殿前梁岳陽王蕭詧建圓塔二座在金剛殿前吴越監軍節度使渤海公建康熙劉志及乾隆志宋沈仁寅塔記昔者瞿曇氏之化天竺也將弘妙法式振辦才既演暢於崛山俄湧現於靈塔久居多寶契乎宿因純化之瑞斯可見矣洎無憂王之治閻州也宴搜舍利遐搆佛陁括囊於八國之中經營於一日之內被乎世界炯若星羅鬼國之憂斯可見矣由是教傳東國法仰西方伊塔廟之聿興遂支提而浸廣徽諸善者可得言之晉義熙二年隱士許詢字玄度拂衣俗態脫屣浮名捨第宅兩區建伽藍二所其一則營於鏡水號曰祇洹其一則立彼蕭山目之崇化迺於條衍樹以浮圖唯乏香輪未全香刹旋於中夜忽爾飛來既道俗而式瞻且規矩而暗合未幾有竺僧邂逅繞塔踟躕或問其來非無所以乃言國爲大竺寺貫普提遽失相輪遍搜印度遂杖錫跋履尋光規良衆復詰之奚以爲證訴以七寶營搆諒非五金作爲驗之不誣信矣何爽玄度載發弘願當冀來生果克爲王重建是塔浮世空嗟於閱水善之根有若於移山逮大梁武受圖蕭氏命族至岳陽王詧除會稽

郡守將欲理棹訪於誌公歷彼川塗訣之休咎乃曰今之分命蓋還舊居請詢曇彥上人在彼香嚴精舍無何法眼早己經心遂約緇徒佇迎玄度數日嶽陽適至晝隼爰來夫彼彥師已伺門首乃謂曰許玄度來何暮昔日浮圖今如故嶽陽應之曰弟子姓蕭名詧豈玄度耶彥師既知宿命未通豈造次能喻於時延入虛室遽爇香乃以定慧加之於是斯須恍若豁開疑罔頓悟前生洞究因緣了在心目俄命同載適彼蕭山爰止之舊廬遂禮遺像既覩塔中舍利兼騰基上神光仍於龕室之間探出斧鑿之類且悲且喜於再於三尋率俸金別營雁塔不日而就異世合符稽彼感通有如影響邇後年祀夐遠世故推遷緬層搆之冀存顧基坰之空在累代而下一簣不留遐考厥由宜乎有待吳越監軍節度使渤海公文武傑出忠孝間生實惟霸王之心腹久居元舅之爵位中立無倚出言有章多重寶綠水紅蓮得夷吾春風夏雨綵衣炳煥棣萼芬芳虞纓養堂莫能比興隆凱倏族未足矜誇而能屬意眞筌靈衿道樹側聞往事載勤信心遂與蜀國夫人敦琴瑟之情表金石之固同發誠願結彼勝緣務捨珍財再崇瑞相而乃磨礱文石陶埏磚瓦起自戊午年秋初訖於己未歲冬首甃成雙塔並建五層其制超今其高邁古事符感徹妙盡雕鏤東則璀璨峨峨樹岳陽之善本西則品瑩赫赫表玄度之良因其第一層則儼天人師列大石像其二層以上則湧起千佛面於四方衆寶莊嚴五綵繪素聳鐵輪而萃漢懸金鐸以鳴風臺類須彌狀侔阿育晉代之高蹤不泯梁朝之餘烈重光愚竊思之信可徵矣若非公纘許詢前志應蕭詧後身則何得契彼三生成茲萬善夫如是亦何必誌公復出曇彥重來舉而論之固其宜矣樹德之盛積善攸歸雅述徽猷稱乎琬琰仁吏才疎頌魯學媿游梁摛藻騰芳徒懷鳥鳳激波飛譽曷比魚鵾誰謂飾揚罔遺荒墜退謙勿克僶俛何多雖銳意於枳園必貽譏於畫虎其詞曰粵靈塔之穹崇兮聳多寶之湧現矧阿育王之鬼功兮示閻浮之神變禮一念之勤拳闢萬善之關鍵由感應之不誣遂祖述之斯薦有許詢之曠達樂蕭山之蔥蒨挹爽塏之華居聿莊嚴於秘殿營窣漢之俄成慊相輪之未建忽中夜而飛來實衆目之咸見冀後世之再逢俾

眞風之重扇造梁朝於帝族封蕭詧於禹甸問所適於誌公通宿命於曇彥果弘誓於疇昔襲洪因於周遍洎年代之屢遷念頽毀之誰援誕明公於海嶽列羣辟於方面鼓琴瑟之克諧拾金玉之靡倦樹雙標之聳拔表三生之勇健燦煒煒之金容累層層之玉現振象教之罔細開龍華之方便輾不退之法輪正無漏之高選惟天上分人間受豐報之弘願 清毛奇齡蕭山縣志刊誤祇園寺四塔相傳玄度親建其二再生爲梁朝岳陽王蕭詧續建其二因有許玄度來何暮昔日浮屠今如故之語父老相傳以爲佳話但並無事實不知何據何書祇見其說於沈仁叓記中其記文雖極駢儷可觀然倘有缺軼又不詳仁叓何時地意其說係邑人從來相傳之語而仁叓掇入之原無記載可引據則總之屬荒唐而已

清乾隆四十一年大水西塔圮於廢塼中得西塔基記文曰崇化寺西塔基記吳越王長舅鄭國公吳延福載興磚塔二所香泥木石爲此鎡基厚二丈餘其固若山他日製爲請無疑也唐下元戊午年七月二十八日勾當抖給塔僧契莊勸僧延祝舅寧國軍節度使 清錢大昕潛研堂金石文字跋尾按宋史吳越世家建隆元年俶吳延福有異圖左右勸俶誅之曰俶先夫人同氣安忍置於法但黜延福於外終全母族史不言鄭國公略之也後題唐下元戊午戊午爲周世宗顯德五年乃稱唐下元者遯甲三元術以唐興元元年甲子爲上元會昌四年甲子爲中元天祐元年甲子爲下元戊午乃下元甲子之第五十五年泝其始而言故云唐下元也虎邱石幢題下元甲子顯德五年龍集戊午雖以顯德繫年仍冠以下元甲子亦同此例且當時方鎭割據世守其士雖奉中朝正朔而不肯加大周大宋之稱如祇園寺塔稱顯德而不稱大周南唐龍光寺碑稱開寶而不稱大宋皆其證矣

及

舍利銅塔文曰弟子夏承原並妻林一娘闔家眷屬捨淨財鑄眞身舍利塔兩所恐有多生罪障業障並願消除承茲靈善願往西方淨土戊午顯德五年十一月三日記 清蔡英記祇園寺凡塔者四丙申海塘圮水及其二級水落崩其一寺僧拾壤塼得物焉笵銅而方博五寸高七寸嬴爲兩截其下截其類碣趺而正方而

殺其要五分之一作諸蠻女菩薩番蓮寶樹周其四圍其上截則自寸以上爲平頂而徵墳之作四銳角上矗高寸餘立四天王於裏向而其外及四面象與下截等其墳一孔應有事焉者而失之矣上截之底與下截之面相受也三楔而下受以孔則記於下截之面云云凡五十九字方折而旋以刀劃之其塔係供於塔塼之第七級以內故不爲風雨所蝕歲久而質不失然已斑剝可愛考舊志云祇園寺方塔二座在正殿前吳越監軍節度使渤海公建而沈仁裒塔記大意謂晉義熙間隱士許玄度捨宅爲寺後身爲梁岳陽王蕭詧除會稽郡守至寺悟前緣建塔云云此卽舊志所云二方塔也記又云吳越監軍節度使側聞往事載動信心遂與妻蜀國夫人同發善願自戊午訖於己未冬首甃成雙塔此卽志所云二圓塔也今所崩方塔而鐫記云戊午顯德五年正吳越王奉後周正朔時所建舊志因傳聞之訛訛方爲圓而沈記無方圓之別是以譌傳至今姑記之以俟後之修邑志者　杜春生越中金石志按蔡雲白據夏氏塔記在顯德中辨舊志載岳陽建方塔之誤余就沈仁裒記考之則岳陽之塔至吳越時已燬記所謂緬層構之莫存顓基坰之尚在累代而下一簣不留者是也渤海之塔因岳陽塔廢而重建之記所謂務捨珍財再崇瑞相又云晉代之高蹤不泯梁朝之餘烈重光者是也蓋方塔與廢之由如此若圓塔不知何人所創舊志因岳陽渤海皆有建塔之事遂以方塔屬岳陽圓塔屬渤海耳至記稱渤海公爲元舅蓋卽吳延福崇化寺塔基記有載興塼塔二所之語卽指是矣

道光十六年僧應律修

清湯金釗重建祇園寺西塔記縣治西有寺建於晉爲崇化寺宋改名祇園寺東西二塔乾隆四十一年丙申海水潰隄入塔被浸西塔頹焉廢磚中得西塔基記及舍利銅塔銅塔基記吳越王長舅鄭國公吳延福載興塼塔二所末署唐下元戊午年七月銅塔云夏承厚鑄舍利塔兩所戊午顯德五年十一月記按顯德爲周世宗紀元五年五月唐去帝號奉周正朔兩吳越向奉中國正朔顯德二年又入貢於周周使出兵擊唐三年襲唐常州則吳越戊午七月記年不應稱唐當以銅塔所稱戊午顯德五年爲合一云二所一云兩所則東塔內

亦有舍利塔及塔基記可知方東塔垂圯時方丈素月謀諸師岳宗修護得無恙西塔廢壞殆盡應律嗣爲住持宏願廣募誠重勞輕甃築圓成藏舊舍利銅塔及塔基記於中永鎭堅固仍其舊名額曰古感應塔經始於道光丙申距水厄之年適周甲子前廢後興良非偶然應律起墜之功有足多者爰從其請而爲之記道光十有四年歲在己亥秋八月

咸豐十一年塔隨寺毀光緒間僧普勤修修西塔時舍利銅塔仍在而西塔記已失嗣得於西門外湯氏西山草堂斷爲三而無缺仍鎭塔中汪坤厚陶濬宣有文記其事

唐邱丹詩東晉許徵君西方彥上人生時猶定見悟後了前因靈塔多年古高僧苦行頻碑存纔記日藤老豈知春車騎歸蕭瞥雲林識許詢千秋不相見悟定是吾身

按據嘉泰會稽志宋治平間始號祇園而全唐詩載此詩題爲蕭山祇園寺當是後人所補

綦母潛感應塔詩寶坊求往跡神理駐沿洄雁塔酬前願王身更後來

加持將冥合朗悟豁然開兩世分明見餘生復幾哉

僧澤方感應塔詩問寺何名許當年捨宅基兩生玄度塔千古嶽陽祠樹老梁朝檜苔封晉代碑自嗟僧太晚不識彥禪師

按乾隆志原注澤方年次失考

明來泰階詩玄度風流憶寓賢青山緣樹老安禪御書有閣連雲鎖鐵樹無花傍石眠層塔合符還世世疏鐘覺夢己年年去時依舊來時路如故浮屠了宿緣徵笑拈花花更妍放懷何必定蕭然咸陽縱火餘塵掃祕殿回車萬劫傳明月枝頭尋去住淸風袖裏度因緣莊嚴色相都無覓粉碎空中歇老禪

淸毛奇齡許寺詩晉代珠林古今傳第幾朝高門來爽氣深殿拂烟霄鶴集摩天塔鐘呟落海潮玻瓈開梵唄花竹暗僧寮朗月半臺迴淸風棋鐸搖昔曾松鬱鬱今見草蕭蕭馬色連城霧鷄聲動市囂但聞征旆集何處寶幢飄牆圮餘山壁燈殘耿斗杓可憐玄度宅半駐霍驃姚

覺苑寺在縣東北一百三十步案康熙志劉志及乾隆志引萬歷志在夢筆橋北齊建元二年江昭玄捨宅建唐

會昌廢大中二年重建賜名昭玄寺宋祥符中避國諱按此下當補改昭慶寺治平三年八字說詳下改今額寺有大悲閣熙寧元年沈遼爲之記又作八分書寺額四字筆意極簡古閣後有毗陵胡舜臣畫水胡以畫水名家按乾隆志原注畫髓元詮舜臣姓胡府志作戚誤今爲改正此壁尤爲識者所貴並沈睿達文及書謂之三絕乾隆府志引嘉泰會稽志宋沈遼覺苑寺大悲閣記浙江南濟其地名曰蕭山往來吳越之間者橫流而濟望錢唐與蕭山相爲歸焉方其人蹈風波不測之虞怵生死一時之命必有動於中者於是大雄之尊能仁之道有以勝焉覺苑寺大悲閣者沙門一智源之所造也源爲其像工未半而入滅慧嚴繼之嚴爲像矣以其事死非命太原王承渙乃與緣廣謀其閣焉閣未就而廣與承渙皆卒於是中廢垂三十年人不敢復視而聖像委仆在地其閣爲墟矣天台敎主榮上人早以其道爲人靳嚮一日慨然將興之使門弟子允中尸其事且僝工而中又不幸說者莫不以其像爲不偶而上人獨拳拳不懈決信不疑熙寧元年秋八月既望遂克終事大啓法席以落其成善哉紫金之相巍巍堂堂千手應現千眼光明其崇三丈有六尺重構外周寶華相鮮厥容千具於是八人知是爲吉祥善事也其始卜基迺敎院之法堂而上人之道場也大衆圜繞咸相稱贊曰聖像多難師既成之則是師道場傳於後來以殖以薰其有能嗣師以敎導人者則爲主不能嗣師者斥毋以私爲累自今爲始大衆曰善於是其徒走錢塘爲余言其始卒之致將刻之余欲以偈贊功德之盛會病未果姑敘其大方以俟它日云是歲十一月十五日錢塘沈遼記朝散大夫守光祿卿直昭文館知福州軍州事兼管內勸農使兼福建路屯駐泊兵馬鈐轄護軍永安縣開國男食邑三百戶賜紫金魚袋程師孟立杜春生越中金石志按榮上人名可榮沈睿達雲巢編有題榮師妙勝齋二詩即其人也今畫壁漫滅張卽之書江

寺二字扁於山門按張即之南宋人以上十七字乾隆府縣志引萬歷志俱在明萬歷重建後未免失次今移此

元至元三年僧志堯新作寺門並於大悲閣故址改建圓通閣按元代修建舊志失載今據趙篔翁碑記補

元趙篔翁蕭山縣覺苑寺興造記

覺苑僧有成介其邑士張君暨來請曰師志堯上人嘗摶衣鉢之嬴新作寺門矣又作圓通閣於圮廢之餘閣成而示寂懼無以垂戒來世請爲之記以昭示不朽焉余受言而作曰蕭山古永興緊邑覺苑爲江文通宅南齊建元二年文通之子昭玄捨宅爲寺距今九百有餘歲矣迄唐及宋易昭玄爲昭慶香火不泯治平三年再易覺苑之名吳越錢氏嘗紀而興造之矣迨熙寧初可榮法師作千手千眼大悲菩薩閣錢塘沈遼爲之記一綱時壯麗爲杭越往來偉觀至大德十年丙午歲寺耆舊德彌闕閣爲三楹以閟其規元統二年甲戌春風雹大振閣竟摧仆時有榮師像置閣之北甓牖內固勢必壓焉已而視之像在閣外林下若神物擁護之者志堯於是傾資囊市材鳩工大建傑閣邑令崔侯嘉訥聞而視之迺相其役經始於至元三年丁丑歲十二月踰年而告成翼跂翬飛過者洞心駭目視舊益崇廠矣始余以公事至覺苑見堯上人塵衿淖履敦匠於門語余以興作故余喜而復之曰勉爲之余記無難者及茲再至十又七年矣門與閣皆巋然堯不可復見俛仰之間己爲陳迹雖然堯不有其蓄而建永久功有成能嗣其業又有以緒成先績皆可書已若樹塔寺西爲法衆歸藏之所是又堯之隱行也區區得於見聞不敢以固陋辭謹爲次第之而系以銘曰伊昔文通國之善士居爲名藍可謂能子會昌中輟祥符屹起猗歟熙寧輪奐完美榮勛遼筆表表愈偉德彌充拓雹沴近止不有志堯孰任經紀昔高者宏昔大者修殫吾之羸奚有諸已八表永歸功崇弗毀成也嗣之弗替其始幹山入簾胥濤穿市善頌無涯庸勸桑梓

杜春生越中金石志余嘗疑之葉道卿夢筆橋記作於天聖四年在祥符後何以稱昭慶而不稱覺苑今考此碑乃知覺苑之額始於治平三年余意宋志於避諱句下必漏奪改昭慶寺治平三年八字後來修郡邑志者

僅據舊籍脫文不復旁參考訂遂致昭慶之名不見地志幸賴葉趙二碑尚存得究其沿革爾

明嘉靖十三年寺毁於風雨二十一年僧懷璁重建大雄殿

乾隆志引萬歷府志明邑令林策重修覺苑寺記凡天下名川奇岫遊覽之勝必藉金仙以顯幽異其達人名士稠衆之拔必託有爲以播績用故陵谷遷變井邑改徙不知其紀而佛刹甍棟飛接金碧輝煌類數千年如一日者亦以其地之人之異相寄以成其久遠耳蕭之覺苑寺南齊江文通之寓第也建元二年其子昭玄捐爲寺大中初賜名昭玄治平三年賜今額宋張郎之以寺所由復扁爲江寺直前有橋號爲夢筆俱以文通而得名耳夫文通濟陽之考城人仕齊爲吳興令時往來寓此意考城治第當不下此數區今詢之已澌滅無聞獨此古跡長存使昭玄不捐爲寺能復有今否也蕭不爲越之上流寺居邑之勝地文通昭玄二世相成歷唐及宋中經吳越錢氏李宋卿僧知源可榮諸人嗣而綱紀之有釋迦金剛殿大悲圓通閣浮屠山門載之舊記者俱足爲一時偉觀自宋而元世代推移風雨震撼嘉靖以來殿閣相繼摧仆像設淋漓不蔽殘垣斷址不爲莽榛者無幾矣寺僧懷璁崇敎而知書者也志圖興復而工費浩大苦于不給於是謀之緇衆欲先建大雄殿以崇香火餘乃漸次而理蠹探衣鉢之羨不足則變易私產不足則廣募緣信誕乃伐材埏土鳩工聚石徒衆協于從役邑人樂於施財輾轉數年元功突見其殿即釋迦殿之址而成之爲屋一十二楹廣六丈四尺高三之二傍建江公祠祖師堂堦簷垣宇煥然一新始于嘉靖壬寅十二月迄於癸卯二月邑人樂觀其成太守聽齋毛公東源田公判簿鳳橋任公咸謂茲役之靡費不貲歷一年而告成璁之堅志殫力可爲嘉已爲之具狀請記余謂文通六朝之偉士也其餘韻足起千載下茲得僧暴著眞跡如是不亦稱與公侯將相之家其子姓嗣續妣祖不一再傳無有肯搆而堂者今浮圖託大義以承繼而能世廣基搆光拓舊業如璁者亦無媿於衣鉢矣且大雄氏之敎也以三乘四果彌綸世戒其說謂一切諸善皆由信起百福之報由莊嚴起莊嚴以起信沙門之所世守也使嗣是俱如璁焉興廢起隳

則大雄之教可禪於無窮，而文通之名偕之不朽矣。

萬歷七年又重建圓通閣 按舊志失載，今據陸承憲碑記補

明邑令陸承憲重建圓通閣記

我聞妙音見形說法，救濟衆苦，與觀音無異。世等說最上道頌觀音之德不復秉云：妙音何以故？觀音不離是形而能觀其音聲，隨響而答，大千圓應，無去來相，所謂自在之業進於妙音。是故世等一心供養觀世音菩薩，是觀世音菩薩於怖畏急難之中能施無畏，如是娑婆世界號施無畏者。又嘗轉大神力以稱稱形遊諸國土，度脫衆生，故故曰觀世音，或曰觀自在，其行或曰普門，或曰圓通。今懷琛率若屬祖蔭重建圓通寶閣，建之以供養大士也。大士者，圓通也。如是我稱琛非小惡比丘，蓋圓通閣始于今日者也。曩江寺起自南齊，唐建大悲閣，浸浸丘墟，琛若芳持鉢乞施，一旦復其故，乃其來舊矣。又日就凋圮，不辭能老，無能爲降伏妄心，生信心，强起覺此圓通閣，聚施主丁珊、王地、趙瀛、史材等三十餘人，度用財若干，用工幾何，擇日而始，及期而成。直四丈，深五丈，闊三丈，鑄觀音其像千手，兼鑄善才、龍女、鐘鼎、花瓶，左列香山景，右列五十三參景，後列西方景，縣諸幡蓋，表刹莊嚴，出三世界，其功德不可量。向後五百歲，應知不作牛作馬。爾昔無盡意曰：佛言世尊，我合當供養觀世音，作八萬四千寶瓶，起七寶臺，作禮圍繞，以諸華香而散其處，恭敬不絕。又舍衞國有長者名須達拏，常施孤獨貧，故曰給孤獨長者。往王舍城中護財長者家，見其家備設香花，云詰朝請佛演法。須達聞知，心生驚怖。何故？須達是外道，乍聞佛名，所以驚怖。至詰朝聞佛說法，大了悟，欲請歸佛，許之。須達先歸家，卜勝地，惟有祇陀太子有園，方廣嚴潔。往白太子，太子戲曰：若布金滿園，我當賣之。須達歸家，便運側金布八十頃園，並滿。比時太子便不復愛其金，共建精舍，請佛住持。夫佛以法爲身，清淨如虛，故作麼生謂色身是有執者，修行不知法身卽虛空，虛空卽法身，四大色身由妄念而生。若見諸相卽非如來，非相卽見如來。若能卽廻光返照，得見身相無形可見，卽見自性如來。我又聞菩提達磨大師，武帝詔至金陵，白師言：朕卽位以來，造寺寫經不可勝紀，有何功德？祖曰：此天人小果，有漏之因，如影隨形，雖有實無，無有功德。淨

智妙圓體自寂空就是大功德如是我知如來佛者恐人生不斷見權立虛名也無盡意須達拏供養佛者堅後世深心喜隨也迺晚近此義磨滅不復即空求性即性求佛弊則極甚卒也沙門緇流之衆一切爲盲心障礙滅知興供竊佛名額乞財大衆專爲積聚財寶脫也即相求佛不足矣云何恭敬不絕布金滿園哉如是懷瑰祖蔭應有善果云余命營城爲之記余嘗觀少游五百羅漢記愛其善叙事該而不煩縟詳而有軌律讀其文恍然如即其勝心竊慕焉顧余之文陋豈能令一切大衆讀之如即其勝耶

清咸豐十一年粵軍入浙寺燬光緒十五年僧南瑰戒蓮募建大雄殿觀音殿二十一年戒蓮增建天王殿及頭門

清毛奇齡蕭山縣志刊誤江總字總持濟陽考城人梁司徒左長史蒨之孫仕梁爲太子中舍人兼太常卿侯景寇建鄴臺城陷總避難至會稽郡嘗憩龍華寺作修心賦會其舅蕭勃先據廣州總往依焉前此總父繯以父蒨眼病常捨同夏縣界牛屯里宅改爲寺名慧眼寺鑿井洗眼而父病遂瘳總追念父孝因以會稽之永興所寓宅捐爲寺去舊志中有云子承父志而捨宅爲寺者以此今作江淹誤按史江淹字文通本濟陽考城人而居於建鄴始仕劉宋既而仕齊又仕梁然皆官京朝未出一步惟初仕時曾爲宋南徐州從事繼爲京口鎮軍參軍又繼領東海郡丞又其後貶建安吳興令則其出仕亦祇在鎮口淮北福建浦城三處而並不到浙且其人生平以仕宦爲事自少至老約五十餘年從不間斷極至進金紫光祿大夫封臨沮伯再封醴陵侯然後曰吾當歸草萊然究竟不歸而卒於官則何年月日是其出遊捨寺之時眞荒唐也況其云建元二年捨寺則尤謬也建元是齊高帝年號是年高帝新置史館而以淹充史官之任不惟淹官京朝不當有家在蕭山安有其父儼在而其子可自爲捨宅之理況是年王儉語淹曰卿今年三十有五是淹年方壯不應有年長子能捨宅之子況淹本傳祇一子名蒍並不名昭玄即此一子在淹死後襲淹封爵又並無他子名昭玄者　乾隆志原注毛駁江淹之誤其辨甚明若因總父捨寺而以子承

父志斷之亦未免傳會且總亦流寓未幾即去何必捨宅寺外有唐陀羅尼經幢二一爲咸通二年王鎔書在東一爲胡季良書已斷爲二以鐵葉裹之在西今均存

明王守仁詩獨寺澄江濱雙刹青漢表攬衣試登陟深林宿驚鳥老僧邱壑癯古顏冰雪好霏霏出幽談落落見孤抱雨霽江氣收天虛月色皓夜靜臥禪關吾筆夢生草　董濡贈僧懷璁詩短楫來江寺高僧見雪峯其如清入妙恨不蚤相逢月立泉頭鶴雲蟠鉢底龍笑予參句法倚遍兩三松　蔡振倫詩叢林傍寺塵偏遠故宅濱江跡未墟在昔詞人元假寓至今緇客自眞如筆花落夢春雲杳塔影橫空夜月虛莫向登臨歎蕭瑟齊梁池館幾樵漁　淸李開嵘江寺小園詩寺外喧卑寺裏閒寄居空室兩三間別開小徑通荒圃不出重垣見遠山蔬甲帶霜僧細摘林梢映月鳥潛還就中誰識淵明趣寓目題詩半可刪　厲鶚過覺苑寺詩越游無宅營合志事幽討初程一歷蕭然環堞碧秋草江郎有故居斜日市渠抱作舟試來尋鴉鵲鬧浩浩牆隅石幢一相對雜傭媼依稀辨垂拱阿武時所造入門兩甎塔經始已無考猶資象教力鬼手拄傾倒睿達與溫夫署編尚完好捫壁讀殘碑元明奚足道獨有夢筆橋記者吳中老似懼地主嘲其文特摛藻中逃會昌年花宮跡如掃僧徒盡烏巾雁齒廢行潦宣宗郎牽復未琢白石皓茂宰曰李君成梁十月早我媿詞囿荒吉夢敢私禱華髮謝貂蟬消搖破諸惱幾時買廛居名藍作鄰保　高望曾過覺苑寺用樊榭韻詩名區兵燹餘遺跡阻搜討茲來蕭山游荒城徧衰草古寺傳南齊煙水一灣抱居民盡荒落山門風浩浩時當蠟鼓催進香走村媼摩拳古佛幢猶記垂拱造金經何人書漫漶字難考入門踏焦土甎塔半欹倒破殿蟲網絲塑像幸完好雲楣即之題剝蝕不復道惟留夢筆橋今人識江老嚴冬水泉涸微波縈蘋藻橋陰天聖碑不共刦灰埽鳩工緬李君重建爲防潦我來訪古歎鄰叟須眉皓彈指話滄桑淸游惜不早嗟余學殖荒吉夢非所禱願乞楊枝水一洗衆煩惱倘非我佛靈精藍詎

能保

正覺寺在縣東五十步按康熙劉志及乾隆志引萬歷志在通闤坊東後唐天成元年吳越武肅王建號十善院有浴室王絲父扆建謝絳爲銘宋祥符元年改賜今額乾隆府志引嘉泰會稽志今廢

惠濟寺在鳳堰橋北按乾隆府志引嘉泰會稽志在縣北一百五十步俗稱竹林寺晉天福八年按乾隆府志引嘉泰會稽志作五年悟眞師於古崇寺址建名資國看經院宋太平興國七年改賜惠通院理宗朝醫僧淨暹有功掖庭改賜今額按乾隆府志引嘉泰會稽志治平三年改賜今額其術至今傳之康熙劉志及乾隆志萬歷府志明季燬清初僧紹鍾重建清王鴻烈重建碑記距邑治而東有古刹曰江寺爲江文通故宅江寺又東則有竹林寺舊名惠濟五代石晉朝天福年始建其名竹林則不知始何時奕葉以醫著在南宋時封十世醫王自天子以至公卿自禁中以至濱海罔不盛稱功德凡瞻禮如來與誦念藥師者蓋七百有餘載適明季四方雲擾兵火不戒延及上方遂使丈六金身惟餘舍利形骸土木復見茶毗雖奇緣皆幻不妨空諸所有而慕道來歸者如迷失故途無所望以至止於是主僧咨謀邑父老庀材鳩工始爲大殿繼爲天王殿釋迦中座諸佛左右僧廬藥舍繚以周垣然後菩薩低眉金剛努目復還舊觀而士女之所皈依疾瘍之所問療者亦遂如晉宋當日嗚呼以古佛爲醫祖以靈鷲爲上池以四十二章經爲素問以十大弟子及衆沙門爲盧扁仲景不亦千百年來民無夭札物無疵厲也哉主僧即空名紹鍾善詩及書醫不在時師下所與遊多四方名士其重建斯刹夙興夜寐埏埴丹堊多取諸醫金所積累蓋幾經歲月日矣同治間僧善

緣應超修 今寺中有宋理宗御題曉菴及藥寶扁額

明來天球詩聞說竹林宜避暑與客登之眞可人一觴一詠動高興且眠且坐方怡神紫竹成林色弄晚黃楊蟠地應如春淵明不作虎溪笑千載蹤跡俱成塵 孫學古詩青山傍郭啓珠宮元巷衡橋瑣玉虹殿上欲巢雙白鶴竹間時過五花驄翻階仙藥香風遶入座天花法雨空憲使頻過揮翰墨少陵今復遇旻公

隆興寺在金泉井東 按乾隆府志引嘉泰會稽志在縣西一里 晉將軍隆吉建題曰隆興後名接待院宋乾道五年僧請於府乞以舊額歸焉元至正間燬明永樂初重建 康熙劉志及乾隆志引萬歷志 後廢

清康熙七年僧海明重建 康熙劉志

清丁克揚記西郊有澹園依山傍湖頗爲清雅向係伯父武夷公別業有明然師卓錫蕭然夙慕此園欲焚修其地伯父欣然許之暨伯兄大聲將此園周圍併後山一併捨之而明然得遂復建大剎之願其間改造佛殿前後三層而僧寮梵舍棟宇之資伯兄壻棘卿任待菴之捐助居多茲則儼然一大叢林矣欲勒石以垂不朽仲姪君常向予乞序予既喜隆興之復興又嘉仲姪能繼武於前人也故樂而爲之序 毛奇齡重建隆興寺碑記自漢明於東都門外剏精舍以摩騰而世之爲伽藍因之顧開山卓錫多據勝地而其後歷劫不毀至有毀而旋興者豈亦有神物持其間與之隆興寺在金泉井東去城西一里負蕭山之麓而前撫支渠舊傳晉隆吉將軍所建歷唐宋而元而明興廢互矣然嘗考將軍無隆吉銜而南陽隆姓至今不絕則意將軍本隆氏而以表寺者乃其後更名接待募田飯衆而在宋乾道且有力請於朝使仍還舊額則夫初事之難沬豈待問哉特寺廢於元復興於明其自至正以逮永樂中間年歲相距不遠而永樂以後不知又廢於何時而遂巡變易漸至經數主而不之正也德師明然從婺州來由西吳渡江處於湘溪者數十年既已修復淨土西方諸院巾幢相鐘映

鼓遞答乃復慨然以隆興再興爲念會其地爲丁氏別業丁君大聲者夙嗜苾蒭且與師爲方外交因師請隆次遂盡捐故址半爲信施而師亦稍償以募金之半順治十六年預訂信約至康熙建元有六度地立程簡材陶辟凡舊時亭檻細桼纖杙翳於荒埒者概從徙置而近城居獻力薦貨稍稍應募遂於無射之月陳梁立棟爰豎空坊自從院始工由漸而前衞之廊廡且甓且沐以濆於成然後丁君手勒捨牘付嬗不朽大抵繚垣中外圃場竹木皆爲寺有丁君履道之施固不可忘而師以繼蹟爲開山之業非玄度再來未能肩也師初過別業夜夢五丈夫者冑而前交以所住曰爲汝守若干年矣師猶豫五丈夫曰此本公故居而寧忘之耶後果如其言師東陽人八歲薙染既長歷參知識文句蟬脫自處尊勝或欲授信拂而師不受其所度弟子多披伽黎湘溪蛤庵其一也記曰蕭山之麓湘湖之濱舊有招提奕葉以湮考其攸始晉之將軍紺城初建蓮峯肇新既更接待漸就荊榛何幸大師重開祇園因方丈地豎不二門青山白社中還璇宮雖其所守不無鬼神亦緣長者有如珣琨黃金布地白象承輪凡所繼蹟等諸開山歷刬有盡弘功難泯後嗣興者視此碑存旋圮道光五年湯金釗丁昌運等集資修葺咸豐十一年燬同治初僧法定長慶募建觀音殿庫房光緒七年僧蓮溪建禪堂八年建眠雲堂丈室十年建大殿山門齋堂客堂丙戌落成十七年詣京請經建閣貯之清湯紀尙隆興寺新造經藏碑記度漸江而東二十里羣峯左轉或宮或霍嶒嶸乎東南班氏書所謂蕭山也因山爲縣又逌山爲城城之西不掩乎八家其盡處賭於湖未至湖三百武一寺葺其下曰隆興地最幽湖山之美專於寺矣寺故晉刹於邑寺爲尊歷世不常其興壞自道光重建訖咸豐兵火復廢有僧蓮溪儒家子持律精苦由杭靈峯住此奮募金錢夷蕪剬奧以恢厥舊規己又爲閣走京師謁王公貴人求得衆經歸而匭庋之梵書指閣林藪有耀吾固無所持以張之也自隋開皇

詔天下出民錢營造經像京師及并州相州洛州諸大都邑並寫經置寺民間佛書多於六經一時習尚流爲政俗唐有官譯紙尾署官揲其世近可徵者明永樂詔刊全藏依千文臚次頒天下諸寺今在江南者爲南藏在京師者爲北藏萬歷中浙之徑山易梵夾爲册卷别刻經論其出資之家盡科目選也世宗朝海內翔實以其間留意內學發帑絜經幷古德語錄頒之且以雍和宮奉佛而領以大臣高廟益置內府匠月塑象三百尊賜京城各寺事閱百年今已稍稍倦矣而江浙寺僧尚喜以經藏壯其浮屠不憚煩費而爲之其願力誠足多者予亦樂得而進之也寺故與吾家園接又大父所嘗營度也溪壑之嘉雖異地吾悅矣矧吾父母之邦又去吾廬之近耶今蓮溪獨能鼓舞其財用以有所建立於以見風習之所趨不以閱世成虧而遽易故備甄故事以訊知言且旌其藏焉光緒十七年秋八月記

明來泰燭詩小橋水流曲禪房幽以深對此清泠淵堪與悟夙心孰爲忘機者鷗鷺雙浮沈湘湖望湘水幾度騷客臨竹影涵清芬悠然懷知音知音不復知聊爾撫斷琴方外有逸叟結交空黃金將軍去不返咄咄動微吟色相三十二杳然不可尋

清丁克振隆興寺落成登樓漫賦詩接天樓閣碧山隈曲沼當窗蔭繡苔人就麓眠清夢穩魚恆水戲綠波開眉軒吳越巑岏勢神豁江湖曠蕩來老去莫辭頻倚杖望穿落日未須回

王人麒宿隆興寺詩紺殿崢嶸接大衡野雲天矯出奇峯烹泉光動杯中茗枕石涼生月下松北幹風迴千疊嶂西陵帆渡五更鐘神清雅與塵囂隔一夢翛然睡思濃

淨土寺在淨土山 按乾隆府志引嘉泰會稽志在縣西一里 宋開寶五年 乾隆府志原注按嘉泰志作唐開寶五年萬歷府志及縣志俱仍其誤宋太祖乾德六年改元開寶太宗即位改元太平興國此寺實始於宋今改正 按唐無開寶年號 即善明寺 康乾二志俱作善名今依乾隆府志 遺址建名彌陀宋太平興國七年改號淨土寺後山有塔每夜令行者募油錢燃燈至

曉不滅江海道途之人望以爲號乾隆志引萬歷府志原注按志有陣亡卒乞油傳創事見雜誌明永樂初寺塔俱廢節乾隆府志引萬歷志天啓間邑鄉賓蔡三樂捐建湫口閘即於山麓創屋六楹仍曰淨土寺按康熙劉志謂在萬歷間而不載建者姓名募僧居之以司啓閉門聯曰千家郭外西天竺萬頃湖邊小普陀徐渭作祁豸佳書乾隆志別本後燬清光緒初重建大殿山門各三楹清毛奇齡蓮公還住淨土寺詩飛錫還歸湘水東丹崖翠壁舊龍宮早開鐘磬浮雲外不盡山河寶鏡中珠樹臨壇垂雨綠金泉洗鉢落花紅高峯萬仞前朝塔誰道重來有誌公單隆周題宗蓮上人淨土菴詩名山游歷興蒼茫獲盡驪珠返故鄉道左草封玄度石秋深雲滿贊公房悠然亭午鐘初歇不斷湖隄雁幾行風俗祇今殘歃甚花香盈鉢是資糧何之杰詩古木陰陰竹繞牆茶煙一縷出僧房湖光冷浸衣裳碧不信人間有戰場

廣法寺在西興鎮按乾隆府志引嘉泰會稽志在縣西一十二里後唐天成元年建號六通救苦禪院宋祥符元年改賜今額乾隆志引萬歷志今無考

資福寺在西興鎮按乾隆府志引嘉泰會稽志在縣西一十二里周廣順元年建名妙福院宋祥符元年改今額康熙劉志及乾隆志引萬歷志清咸豐間燬同光間重建觀音殿韋馱殿各三楹

明化寺在西興鎮按乾隆府志引嘉泰會稽志在縣西一十二里後唐長興三年吳越文穆王建名化度院按寺

有吳越長興四年陀羅尼經幢二今尚存宋景德三年改賜今額康熙劉志及乾隆志引嘉泰萬歷府志旋燬乾道三年僧德休建復嘉定十四年僧宗明修史彌遠助之成宋陳益公重建接待院記本院迺唐安國禪師道場隸越之蕭山西興鎮據錢塘要衝實兩浙往來一都會迅風駕濤日夕澎湃阻未得渡者於茲憩焉接待之名遂防於此中更兵焰化爲埃塵乾道三年僧德休相廢基而興之寺得不滅淳熙實老聿來斯宇經久是圖揮衣鉢募衆緣獲田七百餘畝以供齋粥然土壤窪瘠水潦頻仍每歲所入僅了科役繼者交病相率逃去堂寮鞠草香積無烟僧不遑安於人奚望故幢幢之徒風帆浪汩倏不相值則相顧失色無所寄足是名爲接待實安在哉寺之廢興利害所關抑可知已逮我寧肇新大化君權明良蠹弊俱飭百司庶府與緇黃之宮在在處處易舊而新矧毓德鄰水朝覲所從寺之親寰繡蒙光輝者再世顧瞻夙之址恢拓經營詎容以汗漫視之嘉定十四年慈覺大師宗明來自劍津遊會稽探禹穴偶經斯寺訊崇興之巔末慨廢墜之繇元發慈悲心作根固力罄已囊橐爲治棟梁增至高田餘六百畝越二年今丞相魯國公聞之曰嘻吾志也爾能探吾賾良足嘉尚爾其爲山主人因大出餘金俾竟其事宗明奉命惟謹善念孚感八競樂輸度土裁基鳩工伐木門廊廡觀不日而成獨正殿擇方亙棟尚缺其二凡材莫有工師旁午茫然無措忽寺傍渾水閘現起廣寸視之則木引而裁之二棟天成經圜有尺度不爽毫末自非陰畀神授奚以獲此吁亦大異矣殿既崇成復建坊於寺前扁曰施水供行客以湯茗祁寒盛暑勞者獲息渴者獲飲大慈道場善事具焉宗明諗於衆曰斯寺創於唐煨燼於兵革興於休與實中又衰絕及是復新撥厥所元皆今大丞相圓成之力也曩寺之廢實敝於征斂之繁宗明因聞諸府而部自部而省朝旨既頒州家奉行每歲徵稅所輸絹一十二疋二丈五尺二寸綢二尺五寸綿一十二兩二錢苗米六十石五斗六升其諸科役折變敷借夫脚僧正司差撥非時騷擾及過往官吏需索一切禁止寺成而人安法具而弊絕居者行

者各適其欲又今大丞相外獲之賜也此恩此德宜如何報晨香夕燈惟祝壽祺與國同休吾徒職也衆曰善請以寺爲史魯國公府功德寺接待十方雲遊僧宗正得以董正而主張之願不偉歟求志其實余謂佛以濟人利物爲念雖投身割肉以餧饑餓猶所不靳矧興廢植僵開方便門使人天境界莊嚴振起獨非國王大臣所以爲動心者乎今丞相現宰官身正法眼藏分粟布金了此一大因緣宗明心領意會慨然承當振頹綱作佛寺踵遺規而增大植勝果於將來寺成之後遂舉明化付越僧淨連略無顧惜如孤雲出岫來非有意去亦何心善始善終可書也已案據此則當時又名接待院明季僧最圓天柱會如宗林重修清初圯僧鶴亭新之乾隆二十一年僧大濟燦然惠航敏揆懷蓮等改建並增置寺田（據碑記）咸豐十一年又燬同治十年僧眞依重建大殿三楹觀音殿三楹旋爲蟻蝕光緒二十二年僧性道重修（光緒三十三年西興士紳稟准充作新民學堂校舍）

萬壽寺在縣西五里運河北岸未詳創始清咸豐辛酉燬僅存後殿三楹亦頹廢

城山寺（乾隆藝文志有城山寺詩而寺觀志不載）一名越王城寺在縣西城山巔明代建石磴五百級自山下直達寺門清乾嘉間寺極興盛道光初湯元裕修咸豐辛酉寺燬今僅存破屋數間（寺舊有楹聯云沼吳業廢錦衣化滿殿鷓鴣璧壘銷沈始知卓錫拈花法緣無量選佛場開香鉢貯雨湖烟月人天歡喜翻覺臥薪嘗膽煩惱何爲見清王端履重論文齋筆錄）

清張遠登城山寺詩一上城山寺胸寬天一區亂山青靄入絕壑碧流趨星近諸天接秋高雙樹枯松陰看虎跡木杪聽猿呼磴險時貪憩篁深屢借扶疎林飛貝影方沼落荷拊珠苑馴玄鹿璇題晃赤烏天花雲外落忍草雨中敷舊果傳三昧新衣挂六銖南宗法正闢西候日將晡慧可緣初結何顒興不孤醍醐聊一飲脫解此生無毛萬齡城山寺詩山殿何年絕頂開人傳曾駐越王來越王不比湘湖水日上寒光竹裏臺

冠山寺在冠山下宋咸淳中建康熙劉志及乾隆志引萬歷志清來禹克冠山志冠山寺舊名雲巖寺又名西隱菴寺西有西方殿今名送子殿祈嗣甚靈其前爲雪心池舊有雪心亭三友軒今廢明來汝賢冠山寺詩龍影方塘日正中友人高興偶相同酒生綠鬢頻看井茶映青松合坐風禹穴自來留絕巘堯天何用問冥鴻放開湖海收詩袋明日潮頭勢逼空來端八冠山寺詩秋來山氣轉清幽極目千林氣欲流巖頂埋雲高漢接曾前落日大江浮心清仍得香泉滌地迥何妨野鹿遊世事悠悠眞夢覺蒼烟白髮對虛舟來日升遊冠山寺詩嵐翠千峯合泉聲萬壑分樹籠巖下雨花落洞中雲山杳迷鳥影溪清淨鶴羣禪牀僧覺夢松籟隔窗聞來三聘冠山西隱菴詩西隱聞高士禪宮是舊游池寒千古月松老百年秋人去山空好時移江自流登臨宜越日初海隔瀛洲

淨惠寺在長興鄉湘湖濱案乾隆府志引嘉泰會稽志在縣南三十五里晉案石晉天福八年建號妙緣院宋祥符元年改賜今額康熙劉志及乾隆志引萬歷志

延慶寺在長興鄉宋淳祐元年建康熙劉志及乾隆志引萬歷志

貞濟寺在縣南三十八里長興鄉唐武德七年建會昌間廢晉天福六年重建吳越文穆王給與禪院額案乾隆府志引嘉泰會稽志作給予興國禪院額宋太平興國七年改賜貞濟院元至正間燬乾隆志引萬曆志其址爲民田明天啓四年耆民來孔約買復前址重建邑令陳振豪立今扁額乾隆志引康熙府志

後黃寺在長興鄉青山之麓明來勵游後黃寺詩芒鞋款欵步蒼苔無限塵襟一笑開雲氣千峯迷梵苑雨華雙樹落經臺鶴馴自識巢邊樹僧老渾忘世上埃徙倚闌干詩興遠不須巖雨更頻催

崇福寺在孝義鄉宋嘉定二年改賜今額康熙劉志及乾隆志引萬曆志

楊寺在楊岐山原注單隆周蔡仲光詩皆作楊蘄岐字誤乾隆志清毛奇齡蕭山縣志刊誤嘗游湘湖最深處曰楊寺以楊冀王會捨宅作寺故名予時爲詩有龍堂瀨淺楊王宅鳥道雲盤句踐祠句蓋偶以所見入詩也特楊冀王在蕭山無據縣志但載楊齊王楊冀王二墓在蕭亦不可考嘗疑齊王者金人賜劉豫之號楊后既立理宗曾封皇子竑爲齊王豈可又以封外戚及考宋史則知楊次山者初封永陽郡王繼改封會稽郡王死後封冀王並無封齊王之封其子名谷者封永寧郡王名石者封魏郡王楊后傳云封永安郡王又並無齊王之封乃僞造一王號於冀王之前不知所爲齊王者次山耶谷耶石耶駱家沙朝政無一當者若次山本開封八祖父皆捍城死事以世蔭起家而楊后以會稽人而認之爲兄明云家越之上虞非蕭山人也其宅與墳則置之勿問可耳舊有大悲閣及妙

高樓 據明朱玉貞清單隆周詩 **清咸豐末燬同治間楊華捐資重建** 案相傳楊寺一名崇福寺乾隆藝文志有明來集之過楊岐山崇福寺詩是其證也而寺觀志則別載崇福寺今仍之以俟考

明來集之過楊岐山崇福寺詩村村桑柘起炊烟纔到山門萬慮捐澗水遠通春茗好竹萌齊出晚蔬鮮侯王昔日空餘塚魚鳥緣來盡解禪僧說昔年江上事山間儘有未耕田何必江南盡可哀山中尚有好禪臺安橋渡水魚同活編竹遮人花自栽塔榜半題古客字佛光僧現夜鐙來晚雲慣向門前鎖不許人間忙者開

又過楊岐山寺詩楊岐寺裏又重來俗慮浮情兩盡灰溪水不將漁父引山風專與素心開日中僧進伊蒲供半夜風生萬壑雷舊日題詩今日讀自知饒舌自疑猜遠泛扁舟到上方塵心半掃道心長影來石上搖松樹紅綴階前綻海棠古佛一燈參活句前朝舊事拜岐王欲隨漁子滄浪去萬里天風看渺茫

又九月朔再過楊岐寺詩又近重陽風雨天重來蕭寺一宵眠黃花滿地誰擎酒翠竹當空好悟禪擬把一竿江海上却乘小艇荻蘆邊雲烟滅沒峯巒隱一幅高懸小米顛

又到楊寺詩扁舟如雀渡湘湖小憩菴中午夢餘試展斗方尋好句一天松韻落清虛不到楊岐寺有年此來好雨送輕船妙高樓上閒閒坐看見山前起翠烟

清毛奇齡寄湘湖楊岐寺僧詩闊別楊岐二十年高吟每憶舊時禪傍巖樓閣饒風雨隔水杉松自管絃邀我無勞支遁馬懷君堪泛子猷船何當三過湖山院細憶清明夢裏泉

朱玉貞贈楊寺僧詩楊岐山前溪水流楊岐山上妙高樓曉雲暮雲自來去松聲竹聲山氣秋買山支遁王孫客三十年來惟面壁篋中粲粲饒琅玕圖書滿架青緗色我來山中開桂花高談相對寒日斜坐聽啼鳥解禪意悠然世外眞烟霞

清陳至言春晚過楊寺夜宿歠月有感詩柳王寺前春樹綠修竹深楊滿山麓雲歸遠浦晚山清鳥啼夕照重欄曲上湖下湖三月天鳴榔盪槳開春船春船慢發春波漲夜渡珠宮新月上金輪彩散水晶毬蓮臺明徹琉璨障我聞當年歌舞人錦袍玉勒椒房親祕閣瓊樓

見朱門見綠羅只今惟有湖邊月年年夜照優曇缽優曇花發白毫光青山涼浸冰夜合歡珠鈿翠帳朝迎春迎春合歡曾幾何多少桑田變白波昔日繁華復何處不

壺雪清單隆周元夜宿楊寺詩久憶茲山勝睽違忽數春喜看今夜月重話舊時人清磬香臺上幽花澗水濱見聞多不厭餘興自逡巡景物眞如昨疎櫺俯石流翦

燈銷夕漏把酒敵春愁樹散銀花影歌移子夜舟何如向寥廓一上妙高樓（原注寺左新創妙高樓）又登楊靳寺大悲閣詩慈航來古渡畫水架層樓藩國楊靳

舊旃檀法相幽汪洋天唄近瀲灧化城浮江幻飄檣影湖喧菱芡舟林塘橫曲鮸鷗鷺落寒洲戎馬連三粤棲遲愛一邱花飛金磬溼露下石幢秋頓失紅塵事疑從白

社遊翻經窺客義辨鐸悉冥搜暮靄依簷盡星河帶檻流摩尼如可借離垢是良謀又九月望日至楊寺詩楊靳臺殿傍青松故國碑題盡蘚封幽檻花開風鳥鳥空

堂雲盡月溶溶霞明湘晚橫秋黛浪白錢江隱暮峯清磬音稀仙梵靜滿塘寒露落芙蓉蒼巒疎樹遶禪壇回首紅塵息意難劇亂寺中遊亦好高秋燭下醉能寒阮瞻

琴入金繩調慧遠溪傳白社歡却憶朱門森棨戟嬌歌艷舞夜漫漫毛遠公楊寺詩珠宮渺渺擁江村獨上香臺對酒樽碧樹兩峯開石鏡澄湖萬頃到山門垂簾花

雨深春色布地金光射夕昏不道舊時歌舞地空餘芳草憶王孫

顯教寺在文筆峯下宋乾德二年建號崇福院案乾隆府志引嘉泰會稽志在縣南十五里舊有閣面衆山曰環翠爲士夫登覽之所寺僧厭庸鄙客數至乃易爲諸天閣與山相背無復舊規治平三年改賜今額元至元間燬明洪武間重修

康熙劉志及乾隆志引萬歷志後更名百步寺案乾隆志別載百步寺在埭上蓋誤爲二今更正清毛奇齡百步寺募齋板引埭之南有山曰筆峯其椒之陰有紺宮隧從曰百步寺寺所始不可按也僧曰舊藏寺谷間而其後中廢而遷道左去故址焉鼎革以後復建其寺故處而聚其徒以居云云案百步寺即顯

敎寺奇齡乃云寺所始不可按殆偶未詳考耳清道光間里人黃春賞重修同治間僧惠靈募建齋堂五楹

光緒間黃柏卿重建山門仍顏舊額

先照寺案乾隆以前各志皆稱菴今改寺先照乾隆志作光照在石巖山上案乾隆志誤作石巖山下宋紹興中建康熙劉志及乾隆府志志引萬歷志又名石巖寺據明來日升詩清光緒間僧福雲修元樓立可詩峭壁高攀象緯躋遙岑叠叠浪痕齊一杯俯挹江湖窄雙彈旁挑日月低烏背蒼烟時拂袖羊腸曲磴每交藜此來已出巖崖上直到雲間別有梯明魏驥詩蘭若巖石巔凌虛倚寥泬陽烏忽東昇流光每先得孰知照無私須臾徧寰極陳敬宗詩扶光出海底山寺先得之處高地極崇草木被恩輝八座居樂邱危然與之齊來日升九日登石巖寺詩象緯孤峯逼攀躋九日游湖光天鏡曉山色樹幃秋翠靄流衣桁黃花泛酒甌開襟俯雲鳥塵世一浮漚

湘雲寺在湘湖壓烏山麓未詳創始清咸豐辛酉燬同治間重建清嘉慶間湯元裕等於寺右楹設龕祀有功湘湖諸人楊文靖以下栗主咸在名湖賢會

菩提寺在縣西南五里

蜀山寺在縣南十里西蜀山麓清道光間僧待修募建

雲門寺在來蘇鄉相傳爲荷擔僧宅乾隆志引康熙聶志清毛奇齡九懷詞之一荷仙詞序荷仙者俗云卽荷擔僧相傳來蘇十八都

有雲門寺即僧宅僧每出入問曰念佛何用曰成仙耳因亦名荷擔仙今神巫讚年祠終亦讚僧如曰昔日有個荷擔僧前頭擔母後擔經是也但僧與俗何涉安得祠僧且僧安有宅即荷擔僧亦安見爲蕭山人舊以問之先檢討先檢討曰此賀監也監吾邑人少名知彰取知微知彰義也字瘴生瘴者彰之反取彰善瘴惡義也舊居來蘇鄉有周官湖嘗請唐宗乞周官湖而宗以鑑湖與之今周官湖俗稱周家湖正在來蘇鄉與雲門寺相近則荷是賀之誤擔是瘴生之誤荷擔僧宅是賀瘴生宅之誤其曰仙者知章爲飲中八仙之一名酒八仙又爲道士俗所稱仙官者也且夫知章唐學士一旦高蹈遠引却其官歸里拔乎世俗之浮游者則亦仙矣　案知章少名知彰唐書不載不知奇齡何據

覺海寺在苧蘿鄉浦陽江濱唐會昌元年建名正信寺案乾隆府志引嘉泰會稽志作政信五年廢晉天福四年重建宋祥符元年賜今額康熙劉志及乾隆志引萬歷志明季圮旋建復今寺在覺海山麓距城三十里浦陽江在其前西江塘在其右相傳舊址在今寺之東明季圮後邑人尚書張嶺葬焉遂徙建今址清咸豐十一年燬光緒十一年僧德範募建

廣化寺在新義鄉浦陽江濱案乾隆府志引嘉泰會稽志在縣南四十里梁大通二年建名法興寺唐會昌間燬咸通十二年案乾隆府志引嘉泰會稽志作十三年重建宋治平三年賜今額康熙劉志及乾隆志引萬歷志

慈雲寺在許賢鄉案乾隆府志引嘉泰會稽志在縣西南四十里梁天監十二年僧寶志於許元度宅基上建

案此說及下重興寺許詢建皆本嘉泰會稽志而乾隆志以爲相傳之誤名開善資寶寺唐會昌間廢晉天福三年重建宋祥符元年改賜今額康熙劉志

六和寺在雲峯山下案乾隆府志引嘉泰會稽志在縣南六十五里漢乾祐元年建號六通興福院宋治平三年改賜今額康熙劉志及乾隆府志引萬歷志

和慶寺在許賢鄉大洪山下案乾隆府志引嘉泰會稽志在縣南六十五里今在許賢七都謝塢山後唐天祐十六年丁文靖公璞案璞爲唐淮南節度使名龍門院宋祥符中改賜今額建炎間燬元至正間重建康熙劉志及乾隆志引萬歷志清乾隆間修

崇因寺在許賢鄉案乾隆府志引嘉泰會稽志在縣南六十里漢乾祐二年建名崇明院宋治平三年改賜今額康熙劉志及乾隆志引萬歷志案寺在十都長山鄉澤塢寺山之麓康乾二志謂在許賢鄉者誤山有澗相傳乾祐間所建崇明院在澗南雞籠尖下自祖師猷歷開山數傳至法印乃徙建於澗北即治平賜名崇因院者是也當時棟宇恢麗比邱百餘人梵誦之聲達於四野稱極盛焉清雍正間圮

興教寺在佳山案乾隆府志引嘉泰會稽志在縣南一百里唐天祐二年建名靈峯寺宋祥符元年改賜今額乾隆志引萬歷志

聖果寺在靈峯山案乾隆府志引嘉泰會稽志在縣西南四十五里唐咸通九年建名靈峯萬壽院宋治平三年賜今額明洪武二十八年燬永樂元年重建

萬鈞寺在雲峯山有上下二院宋蕭記室鍊丹處也舊有遺址明萬歷十年邑人丁元慶捨田并竹山建崇禎六年元慶子師虞同僧成亮勒石乾隆志

明來曾奕詩翠蒼屏列萬山中隱隱禪房曲徑通陰翳晴崖疑作雨響傳清磬不因風曇花色色留春麗丹竈年年落照紅跨鶴人遙白石在聞於何處補天空

廣惠寺在孝悌鄉玉峯山下案乾隆府志引嘉泰會稽志在縣南七十里梁大同三年建號安禪寺隋大業三年廢晉天福七年重建吳越改保安禪院宋景德二年改廣惠禪院康熙劉志及乾隆志引萬歷府志案宋王象之輿地紀勝作廣慈院寺多勝槪范希文葉道卿元厚之沈存中施正臣唐彥猷晁美叔吳伯固皆留題其中又有柳郎中永題會景亭原注按在寺西有分得天一角織成山四圍之句乾隆府志引嘉泰會稽志元末明初久圮清康熙二年僧燦雄重建康熙劉志

宋范仲淹詩越中山水絕纖塵溪口風光步步新求取會稽藏拙去白雲深處亦行春葉清臣詩雲中老樹冷蕭蕭溪上僧歸倚畫橈誰爲秋風乘興去松窗先聽富陽潮元釋詩雲外軒窗切斗牛倏然山路亦生秋青山屈曲無重數拘束溪光款款流錢彥達詩寺跨長溪山四圍松杉微徑盡霞苔門前潮上不須看嘗恐塵埃

（隨水來清唐詢題廣慈躬上人房詩溪口相傳地最靈其間風物與人清鐘聲夜到江頭盡雲氣朝從檻外生幾幅輕綃供畫筆一林秀竹寄閒情閉門終日無塵事臥看南山日晦明）

白墅寺在許孝鄉（案孝悌八都康熙四年丈冊作許孝見乾隆坊里志乾隆府志引嘉泰會稽志在縣南八十里今寺在八都瓜瀆之東）梁大同二年白敏將軍捨宅建名淨土院唐會昌間毀咸通九年重建宋祥符元年改賜今額（乾隆志引萬歷志案乾隆府志據嘉泰會稽志謂初名白墅寺祥符間改淨土院與萬歷志異又一說謂梁平北將軍白敏石峽村人曾建別墅於此其子中書郎珩奏以墅爲淨土院而祀父於別宮後人改爲白墅寺未知孰是）

靈山寺在孝悌鄉（案乾隆府志引嘉泰會稽志在縣南八十里）周顯德六年建名郭峯院宋治平三年改賜今額外有塔一座（康熙劉志及乾隆志引萬歷志）清道光二十三年里人瞿啓華僧戒忒同修

雲門寺在孝悌鄉雲門山頂（案與前名同而地異據西河之說則荷擔僧舊宅當在來蘇鄉之雲門寺）

咸慶寺在孝悌鄉八都

法印寺在桃源鄉峽山（案乾隆府志引嘉泰會稽志在縣南七十里今名峽山寺距城四十五里耳）周顯德二年建號法華院宋治平三年改賜今額（康熙劉志及乾隆志引萬歷志）

棲眞寺在鹿山案乾隆府志引嘉泰會稽志在縣南七十里今寺在桃源鄉下曹塢距城五十里耳漢乾祐二年建名福安院宋治平三年改賜今額元末毁明洪武初重建康熙志及乾隆志引萬歷志

普惠寺在桃源鄉案乾隆府志引嘉泰會稽志在縣南八十里唐天祐二年建名華嚴院宋祥符元年改賜今額康熙劉志及乾隆志引萬歷志

廣福寺在龍門山案乾隆府志引嘉泰會稽志在縣西南七十里今寺在裏謝村距龍門四里後唐同光元年建曰龍門護國院宋祥符元年改賜廣福院建炎間毁紹興二十九年僧妙通重建康熙劉志及乾隆志引萬歷志輦大監湘爲記紹興府志引嘉泰會稽志清咸豐間前殿圮光緒二十九年募資重建

重興寺在鏡臺山下案乾隆府志引嘉泰會稽志在縣西九十里晉許詢建名巖下寺唐會昌間毁咸通十四年重建改今額康熙劉志乾隆原注萬歷志云許詢建此即西河刊誤所謂許詢所在遍縣皆是也獨怪以玄度之人而永興幽穴受諸侯之遺徒爲佛宇取給全失晉人風味世俗傳會其舛如此案相傳幽穴在寺西元至順二年僧道澄修元僧道澄紹興路蕭山縣咸通重興之院記咸通重興之院者許徵君故宅也徵君諱詢字玄度會稽太守旻之子夙探聖道徇法休名改其故宅爲蘭若焉唐咸通十四年賜額曰重興意其中廢而復興也靈悟禪師開山妙通律師結界大佛殿光祿徐公所建三聖像里人樓氏所造四大部經夢庵記幷所置也山門法堂鐘樓藏殿光明觀音二大寶閣廊廡庖湢衆屋悉完

象設端嚴天龍森列每遇夏旱一方人士隨禱輙應徵君在晉時與支遁輩爲方外交講經接席風流千古其地號許賢里厥後名僧相踵振興祖道傳三世凡十數人文物盛矣寺在鏡臺峯口幽穴巖上有古浮圖大溪横前左有仙人石傍有仙人洞每以雲氣出入驗晴雨穹屏叠嶂壁立千仞境趣奇矣昔王勃題詩於其上云巍巍怪石立溪心曾隱徵君下釣綸東有祠堂西有寺清風巖下百花春然則入境之勝自唐則然迄今屋凋人謝澗慚林愧所不改者獨溪山而已余受經茲山出住壽昌每一回首未嘗不慨然興感故惟古殿頹敝首出囊金率衆興葺募郡城檀越造立靈山一會聖像安鎭道場以元日至人日建觀音期懺悔法惟斯寺之建古無記載後世無所稽考因叙其始末刻之堅珉嗟夫寺之重興豈特一土木之工哉將見其秀毓僧英宏揚教觀以續道響有以壽吾佛之慧命而不負捨宅者之初心則區區之願也清咸豐間燬同治間里人建復其半

兜率禪寺在長山鄉道林山明崇禎十四年僧離愚鏡愚創建居士俞聖芳徐振聲捨基乾隆志引康熙聶志今僅存正殿將圮

乾坑寺在河上鎭明嘉靖十九年僧憲亮建額曰循遠古刹寺前一溪環抱惟春漲時山泉出焉餘時常涸土人呼曰乾坑因以名寺清順治庚子重修咸同以來漸就頽廢方謀興復

楞嚴寺在長山鄉江家橋董姓建

淨寺在長山鄉州口溪北

新寺在長山鄉州口溪北

資敎寺在螺山（案乾隆府志引嘉泰會稽志在縣南一十四里）晉開運三年建號崇眞院宋祥符元年改賜今額（康熙劉志及乾隆志引萬歷志）明天啓元年三月及光緒三十年二次重建（今俗稱螺山寺）

清張子俊詩樹暗春歸後鳥嗁山自幽溪風清洗耳林靄翠凝裘僧刼乾坤老人非歲月流平生霄漢志翻惜利名浮錢玹詩東風吹騎入禪關坐擁毘盧訪大還謾有新詩留古壁何須玉帶鎭金山漁舟款乃蒼茫外僧磬悠揚紫翠間杯酒坐高溪上月滿庭風露竹珊珊

永新寺（案康乾兩志均作菴今改寺）在里仁鄉新林運河上捨茶湯并接衆明崇禎二年募建清光緒乙巳僧月陞募資重建

興法寺在航塢山（案乾隆府志引嘉泰會稽志在縣東四十里）梁大同三年建號大翔寺隋大業十二年廢晉天福八年重建吳越改寶乘院宋祥符元年賜今額（康熙劉志及乾隆志引萬歷志）

明周郁詩巘路盤盤出紫霞石林深隱梵王家樓臺勢逼層霄近鐘鼓聲催落日斜靈氣繞牀龍在鉢天香滿室雨飛花松窗夜宿難成寐明月團圓照海涯

開善寺在航塢山（案乾隆府志引嘉泰會稽志在縣東四十里）晉天福元年建號資化院宋祥符元年改賜今額元末兵燬明永樂初重建（康熙劉志及乾隆志引萬歷志）

眞如寺在航塢山宋靖康元年建康熙劉志及乾隆志引萬歷志久圮元薩都剌詩絲蘿巖下叩禪扉一路盤盤繞翠微空際瀑流如電急山頭雪擁似雲歸松風灑面來終日花雨無聲點客衣一老雙瞳秋水碧坐來談笑總忘機　明來三聘眞如寺對雪詩小樓擁褐倚闌干山色偏宜雪後看萬樹風翻珠影亂千峯晴照玉光寒坐圍松火延僧話手拂冰蔬作曉餐竟日禪關人跡斷不妨高臥學袁安

資利寺在龕山案乾隆府志引嘉泰會稽志在縣東三十里舊名白鶴接待院宋紹興十五年改今額康熙劉志及乾隆志引萬歷志　乾隆府志引嘉泰會稽志僧詣於府乞以囘向資利寺舊額歸焉清嘉慶十四年僧敬三與徒應律募修清湯金釗重建資利寺碑記蕭山治東三十里鳳凰山麓有寺焉建自宋紹興十五年名曰資利因在白鶴浦亦稱白鶴寺歲月既深棟宇遂圮寺僧雲散寶相山頹龕山鶴浦兩鎮紳耆集課興復嘉慶十四年秋公請高僧敬三與其徒應律來住茲寺仔肩修葺先發已貲後行叩募虔心整飭重建大殿方丈及兩廡禪寮雲堂香積美奐美輪蓮座金身莊嚴具備鑄洪鐘冒法鼓山門徑路煥然一新於以祈禠禳災年豐人樂修復之功不可沒也爰記顚末壽諸貞珉

觀音寺在縣東西小江沿岸會緣橋側清同治五年余渚人建

如意寺在錢清北五里許清光緒間建

智慧禪寺在錢清明朱雲谷捨基出貲建清咸豐辛酉燬遺址猶存

復杏寺在靖雷鄉杏花橋清道光間寺改爲殿寺梁移作赭山淨信寺西殿梁

淨信寺在赭山文堂山北麓宋代建明永樂八年燬旋即建復崇禎八年復燬清順治
康熙間漸次重建
龍華寺在赭山東北麓
安甯寺在沙地蜀山
以上寺
小止觀在祗園寺西
元眞觀在城內夢筆橋北清同治間楊華捨宅建
以上觀
興善院在錢清江晉天福三年建名新興院宋治平三年改興善院元大德間廢弛至
正二十四年易置搬運米倉今改造錢清鹽課司乾隆志引萬歷志
憐生院在縣南十里金西橋東今廢康熙劉志及乾隆志案今院址實在橋西相傳明初有女子遇人不淑投水於此鄉人救之遂卜居焉自號憐生長齋奉佛歿後鄉人名曰憐生院後改爲白玉樓

（及乾隆志）

慧濟禪院即西興茶亭在沙岸鋪（案在江公祠東）明嘉靖年間僧道能建冬夏施茶不絕（康熙劉志）崇禎六年邑令劉一滙詳請垂免飯僧田徭來方煒爲之記（今碑存大殿後）清咸豐辛酉燬光緒二十八年僧鶴皋修慧重建（舊有田三百餘畝以其歲入爲行脚休宿茶飯之資洪楊難後廢止不行矣）

明王世顯西興茶亭碑記西興浙東首地寧紹台之襟喉東南一都會也士民絡繹舟車輻輳無虛日及其涉顛險歷風波觸炎蒸而病暍冒嚴寒而阻饑喘息須臾幾塡溝壑者衆前此未有濟之者嘉靖甲辰天目僧道能至自杭目擊其患而悲之計施以茶湯患不得其所邑民毛玠等議以沙岸鋪隙地可止且便也具情請于郡侯蘇公而築之委耆民吳謐韓承文傅良董厥役僧乃捐衣鉢力營建不越月而落成公喜題曰茶亭自是往來獲濟僧以苟濟弗給事必中廢復出贏貲于鋪之西南里許置田三十畝每計所入以充費又思雲遊廱常冀有所託知靈峯院僧德愷雅有戒行倩爲住持使主其事閱四載而又其來未艾也八月之吉余偕沙源戴公諦視公曰事則美矣所少者井耳乃戒僮僕具畚鍤助僧穿其地而甃焉井成水易汲而濟益廣矣噫無住相而好施固士君子之所願聞使吾民皆若道能推其慈愛之心則于人何所不濟爲民父母皆若蘇公之作興鄉士夫皆若戴公之左右且觀義興起又皆若諸耆民則志士孰不敏于爲善乎夫慈愛者仁也作興者義也觀感者化也余于斯亭斯井之舉深有所感焉因給券以鐫僧田產之役且勒石以垂世守云

明來集之坐西陵茶亭詩西陵關外舊沙場營壘烟沉野草荒折戟未銷光怪出古碑雖斷姓名香客談往事西風慘潮捲征帆落日忙坐對長江看未足山僧半壁有繩牀幾過野寺便成間臥聽潮聲坐看山經卷暫開終費解性情曠極反同頑浮雲稍向清秋靜倦鳥猶從隔岸還媿我廚飱無一事蒲團學坐叩禪關結草爲菴僧隱

名養魚種菊寄幽情蘆花客夢秋俱冷·鴻雁滄江影一聲釣艇隨潮簑半濕吳山隔岸面如迎與君高坐三生石悟得無生了此生　又詩　古寺禪燈驛路邊秋花作意動人憐一杯茶裏言成悟半炷香中坐亦緣帶葉爨柴留過客糊窗剩隙看魚船晚來大有悠然趣剛送殘陽月滿川

興勝禪院在夏孝鄉院東有興勝塔凡九級明萬曆丁丑來端操建案院在文昌祠東舊相連屬故乾隆志載塔不載院　明張瀚興勝塔記羅刹故洪流惡道自鴟夷革浮而怒濤益洶湧自武肅奮臨安強弩而潮日徙而南薄于西陵西陵舊有鎮海樓厭潮水衝頹得消颶浪鯨波之警顧樓址不固積圮成墟萬歷初水益南奔爲祟田廬民畜漂溺萬千一時無可如何而興勝浮屠肇自署丞來君焉來君故江南右族鄉父老方擬募材鳩工君夢鉅錐神授之視其錐修廣類浮屠君喜甚旦起悉謝羣力獨應其篋緒千金當樓址之墟扼江湍之要高舍利之表備七級之形挾形家之奇擅厭勝之秘自丁丑夏五迄秋季塔成塔初以樓故名鎮海繼以上官旌異更名興勝云復于塔下立護塔祠舍若干楹文昌書院若干楹　明吳兌興勝塔記萬歷丁丑余舅氏龍巖來君端操議瓶鎮海塔謀于余時余奉命總師上谷雲中無暇悉其議迨癸未南還舟渡西陵偕來君攬湖山之勝見長江繞山驚濤拍岸浪花隱隱作輕雲中插鰲山高凌霄漢儼若應龍之欲吞噬蛟鼉然者則興勝塔也問其制曰高以七十尺有奇以象七十二候廣三之一以象二十四氣築基則下布松椿上施鉅石厚十有二尺以象四時基之廣竟一畝有奇基之方以象地而其圓以象天而其最高一級冠以承露石盤以象天一生水下連六級亦傍水涯則地六成之也問其所以作之利害自鎮海樓傾圮江流東徙萬姓之居幾于淪沒建塔將以鎮海而衞民社也問其所給則石以萬計工三年而成亦萬計費溢千緡皆來君一身任之問其謀始則父老上其事于邑邑上其事於監司監司酌定其議而下之邑邑侯諏日躬祭告以興事事成則監司嘉其義隆之以禮命其名曰興勝余因爲之說曰古今人瓶造始患其難

成而終防其易毀賢智之士每爲民捍災興利乃遺跡多無存富厚之家爲穹臺廣廈以貽後而子孫或不能守豈以存心非厚而上天難孚用意非公則人心難協無惑乎慶始之難而慮終之不易也今來君起大衆而捍民之災動大事而興民之利費不仰給于公家值必溥酬於衆力備此四善以經營當世之務舉艱大裕如矣詎一塔之慶始慮終云乎哉 案此塔尙有明令陸承憲劉會兩記以無關掌故不錄

法華禪院在孔家坟

元興禪院在新義鄉未詳創始僧覺元募資重建

玉峯禪院在孝悌鄉清康熙二年僧燦雄募建乾隆十一年僧弘亮雲程募修并造前殿里人瞿斌瞿廷秀瞿廷望督建 乾隆志

道源禪院在大通橋舊爲菴基清同治壬申年韓雲祿等建

南昌道院在許寺鐘樓之東南房 案南房者祇園之別派 之北舊爲寺僧宗水靜室康熙四十九年邑人單存三蔡又逸史亦仁周曾勇單禹錫買舊房并園地建造內供文昌呂祖像西開洞門北砌曲徑四時花草羅植園中顏其院曰南昌蓋取文運光昌之意 原注 邑令呂廷銓題聯於柱云曾過岳陽猶是玉樓十二現臨蕭渚莫非弱水三千併爲詩咏之 乾隆志 今廢

清陳臬詩金風颯颯動秋聲秋水城西一帶清結契屢尋方外友談玄欲破世中情最憐瑞草供心賞更愛幽花照眼明作吏未歸慚五柳丹邱有地且行行

北山道院在由化鄉背北城駕山麓繞清流其地最勝舊號桂花園清乾隆八年邑人蔡涵等建爲道院供文武二帝暨呂祖像改今名乾隆志又顏曰留眞閣道光間修

清湯金釗重修留直閣記北山之麓有道院焉窅寥清幽松桂竹石蔚然深秀邑人蔡君涵等築閣以奉呂祖顏曰留眞同道諸友踵事增修並建文昌閣于其東奐輪烏碩以余頗好道乞記其事余請爲諸君闡明留眞之誼夫道家所謂眞即儒家所謂誠也原夫太始之初溟濛芒芴胚胎元穆有一無二易曰天下雷行物與无妄成之者性渾然至善暢于四支發於事業仁義禮智忠孝廉節緝熙惟純纖私不新至誠之至性眞虛妙實人欲間之二三其德譬如精金和以鉛錫是假非眞易混難別於假求眞假去眞出克己復禮求仁之術思誠留眞夫道則一精通於天天神降格眷篤不去若膠投漆不此之務而以穢心垢意希攀金仙乃曰留眞眞其留乎哉諸君然吾言乎請書以奉質

咸豐辛酉燬光緒初王樹槐募資重建繆錦川增建東西屋及庖湢之屬

清姚仁昌詩何處仙源近城山看白雲臨門澗水遶砌石野花分碧落當星斗丹房奉老君月中桂已謝香氣尚氤氳

冠山道院在冠山近年來惠春集資於雪心亭舊址改建有三友軒二龍泉天然巖諸勝

廣濟道院在縣南鳳儀橋畔（距義橋里許）清光緒間以文昌閣故址改建

仙桃山道院在十四都桃源鄉離城五十里明崇禎二年邑人蔡繼曾捐山三十六畝建有八仙殿文昌閣清康熙間增築三清殿邑人來泰三道號出塵攝靜居此讀黃老書已下世有遺像爲仙桃山道祖（乾隆志　按今爲桃源鄉第二初等小學校舍）

崇眞道院一在錢清（乾隆志引萬歷志原注案萬歷志誤入祀典今移此又案志云一在則所在不一可知然無考姑依原本存之案清毛奇齡募裝北嶺王天君滅像序北嶺崇眞道院爲吾邑福地之一以其地在北故祠玄武協方神也云云然則吾蕭舊有崇眞道院二故萬歷志云一在錢清耳）

濱浦道院在一都韓（疑卽乾隆志濱浦菴）

乾清道院在塘裏陳

螺山道院在葉家橋

五峯道院在一都韓

東初道院在童家橋

珠山道院在許賢鄉沈村

以上院

流光蘭若即流光堂乾隆志入古蹟今移此在覺苑寺西宋張即之建

清風蘭若在孝悌鄉八都朗河明萬歷間建清同治甲戌孫成樂重建光緒甲申韓孫蘭修

以上蘭若

護生菴在崇儒坊任四郡捨基菴僧智悅募建康熙劉志及乾隆志

白傘菴在治東一里邑貢生蔡忠思建牖下嘗產白芝康熙劉志及乾隆志

法興菴在城中堰下清乾隆乙卯陸頴南建陸振風同母趙氏捨田二十九畝有奇

永興菴在城中堰下

便飲菴在東門外任長者裔孫佐乾欒外有亭爲行人憩所今重造扁曰千里停驂康熙劉志及乾隆志清康熙間改名東來禪院清毛奇齡新建東來禪院碑記城東便飲菴不知創于何時相傳明萬歷間結圜瓢路旁覆以茨而施飲其中其後稍門焉而爲之堂易茨用瓦作亭桓三間內祠武安今俗稱關王廟蓋其舊也桑門慈公自六歲薙染即已隨其度師蓮臺住持此菴暨天啓乙丑創

建觀音大殿於故祠之後公實首募建崇禎建元之一十有三而武安祠圮則公改建之公之繼蹟亦勞矣乃祠本北嚮臨渠而衝鼎革以後官兵征海者絡繹蹤踏梵井不潔公乃溯祠亭堵以甃甃轉觀音大殿使負祠別爲三重南其門由門而入而地藏而大雄其一即觀音也堂殿清肅法衆映曜佐以廊廡寮舍井廚樊圃之屬自順治乙未爲大雄至康熙癸卯而地藏殿成猶憶創斯殿時先君子太君早爲信施而其後始合募也乃落成之後更名禪院顏以東來按初祖以東入中國稱西來矣今院創於東而其來有自彼以西而來則其所來者不在東歟且夫往來安有定也公名某字慈光郡之餘姚人精嚴戒行嘗從法師受諸法高坐演說且勤於院事自創建外歷置常住田若干畝鐙油田若干畝桑園靜室各一其徒衆林立皆有名號是可銘銘曰惟師繼蹟實惟蓮臺乃以東土紹彼西來祇園既啓寶坊以開開山者誰尚其傳之今仍稱便飲菴

清修菴同名者一在城南

清淨菴在城中西河沿

梳妝菴在城中城隍廟西

淨心菴在祇園寺東

大菴在城中東倉衖

小菴同名者一在城中西倉衖

壽慶菴在城中北街衖

啓龍菴在城中橫河

觀音菴同名者一在城中西橋南

澄菴在城中太平衖

恆慧菴在西門外二都清康熙五十年僧慧澄建道宣重修乾隆志

梅隱菴在西門外乾隆志今廢

清張文瑞過梅隱菴詩梅隱菴中浴佛金雞橋北迴舟略似山陰道上綠槐烏桕如油水鳥也能說偈山龍早會聽經一別已公茅屋今來兩度秋螢

西方菴在西門外

心慧菴在西門外

滿月菴在西門外

寶玉菴在西門外

正宗菴在崇化鄉元至元中建康熙劉志戊巳志稿一名鐵佛寺乾隆志

圓通菴在西山下宋紹定中建康熙劉志及乾隆志引萬歷志

陸墳菴在西山宋紹興中建康熙劉志及乾隆志引萬歷志

明沈環詩鵁鶄互喚楊柳垂海棠競吐紅蓼差白頭老翁學年少爲花來赴花朝期琵琶新翻玉連鎖醾酴滿斟金屈卮安得長繩繫西日盡歡盡醉歸遲遲

清香菴在西山下清州司馬丁士俊創建乾隆志

中隱菴在西興鎮案在板橋北岸宋至寶中建康熙劉志及乾隆志引萬歷志按劉宋趙宋均無至寶年號此或至道至和或開寶及寶元寶慶之誤未敢臆斷清光緒己丑里人楊姓募修

普福菴在西興鎮宋寶慶中建原注今廢康熙劉志及乾隆志引萬歷志

施水菴在西興鎮宋寶慶中史惠王建康熙劉志及乾隆志引萬歷志今廢案宋史彌遠追封衞王惠字誤

明姚廣孝詩築廬臨古渡結社擬東林花雨飄閑徑香雲被遠岑蘭燃秋烱烱蓮漏夜沉沉集衆人如玉經行地布金長齋神自衞深定怪難侵願我精三業從師淨一心　僧圮大璞詩上八佳處足幽尋精舍近開湘浦潯花落晚風苔徑滑綠肥春雨藕池深影堂無路求遺跡淨社何人解正音握手過溪成笑倒東林風致古猶今

復興菴在縣西七里至湖嶺明嘉靖間孫學思建同治己巳修光緒乙亥僧覺亮重修

曹林菴在湘湖南宋咸淳中建康熙劉志及乾隆志引萬歷府志清咸豐末燬同治間僧南瑰戒蓮重

建額題古曹林菴在西門外南岸乃湘湖之北與舊志不符

明洪鍾詩逶迤小徑入林間野寺蕭蕭枕碧山與客登臨且乘興浮生能得幾時閒　徐洪詩住近清湘咫尺間半生今日始登山夕陽野寺題詩去未識何時得再閒

王守仁詩好山兼在水雲間如此湖須　如此山贍有卜居陽羨興此身爭是未能閒　案以上三詩同韻殆當時倡和之作　清徐子熙詩自種長廊松老獨坐閑房草深幾點白雲幽夢一池明月禪心　又因向山中行偶與山　僧識相緣入精舍爲我供香積談玄日未覺虛室漸生白池　月與天雲往來無遺跡　陳臬詩尋幽湖上叩禪扃路繞青山入畫屏騷客有詩多刻竹老僧無事只看經青榕翠落香薪簞綠樹陰冷越瓶賴有支郎能愛客坐談不覺日西明

淨圓菴在夏孝鄉湘湖濱宋寶慶中建康熙劉志及乾隆志引萬歷志

慧照菴在頭湖明嘉靖三十七年邑人任何二家建康熙劉志及乾隆志

廣福菴同名者一在沈家塢清乾隆間沈國政建

夢覺菴在前章村

古柳塘菴在夏孝鄉明萬歷間魯府長史黃九皋建

清福菴在夏孝鄉許家里

止水菴在夏孝鄉龜山之麓清康熙間建咸豐間燬近年朱姓重建

慈濟菴在長興鄉宋咸淳中建康熙劉志及乾隆志引萬歷志案今在縣西三十里雞鳴山下亦稱慈濟寺又名大菴菴後新建文昌閣

黄山菴在長興鄉元至元中建康熙劉志乾隆志引萬歷志今無考

靜密菴在長興鄉明禪僧靜得密機募建邑進士來集之即採二僧名題此菴康熙劉志及乾隆志

石壁菴在長興鄉邑人來集之建康熙劉志及乾隆志

古竺菴今所稱延慶寺乃古延慶寺之鐘樓基也菴正當延慶寺址柱礎大石尚存清康熙十年僧人募邑人來集之捐資助建在長興鄉康熙劉志及乾隆志

曇華菴安管班創建又捨田六畝在長興鄉康熙劉志及乾隆志

迴龍菴虞姓捨菴基菴中接待往來僧人在長興鄉乾隆志案在迴龍山下相傳明崇禎間建

閘上菴在長興鄉黄山閘上康熙劉志及乾隆志明萬歷間建今廢

鎮潮菴在西江塘外康熙劉志及乾隆志案在縣西三十里半爿山之南清咸豐間燬同治九年里人華慶嵩倡捐重建

明丁詩虞詩并序曾記壯時閱潮江渚噴雲奔濤駭人心目今僅暗長須臾問之里老咸謂自建叢林江潮絕響云名山廻抱大江流佳景參差接十州翠竹吟風石壁靜薔薇礙日矮籬稠田壟青入鮫人淚海月涼生鶴夢幽最是一般奇絕處叢林鎖處怒濤收曾記當年載酒來長江百里練光開犀軍半散閶門雨介馬猶驅般若臺一自菴成潮退舍到今汎發水低回奇聞此日應留記把筆慚非作賦才

太平菴案同名者四在長興鄉康熙劉志及乾隆志在半爿山北西江塘外案

靈瑞菴在長興鄉康熙劉志及乾隆志在半爿山北西江塘外案今廢

誠心菴在河兒清康熙初來驤妻王氏建

紫雲菴在山南趙

靜心菴在賢宇南

易敬菴在月灣

耕雲菴在長興鄉半爿山北今廢

隆興菴在長興鄉閘上橋

道心菴在長興鄉河環莊清咸豐間燬

大悲菴（同名者三）在長興鄉廟下里

永豐菴（同名者一）在長興鄉塘里虞村後

永平菴在長興鄉西江塘外

天樹菴在長興鄉西江塘外

心菴在安養鄉歷山東清乾隆初吳姓捨基建咸豐壬戌燬光緒癸卯張吳氏募資重建

永福菴在縣西南十三里

古直福菴在縣南七里十塢尖山之麓未詳創始清乾隆丙午張廷美重建

接引菴在縣西南十二里明崇禎間建初係團茅清康熙四十九年黃章甫重建改今額

忠義菴在縣西南三里清乾隆二十六年建

巨川菴在苧蘿鄉元至正間燬（康熙劉志及乾隆志）

鐵佛菴在白露塘北苧十八都明崇禎元年僧會心興復康熙劉志及乾隆志

萬聖菴在治南三十里爲臨江鎮民祀高王土地香火祠明季建乾隆志案菴在臨浦承智橋側清咸豐辛酉燬光緒乙巳就菴址改建臨浦小學校

德隆菴在苧蘿鄉浦陽江濱

華嚴菴在苧蘿鄉烏石橋

西林菴在苧蘿鄉鴨子嶺清康熙十六年葛心吾建

萬象菴在苧蘿鄉西葛村

政東菴在苧蘿鄉西葛村俗名西葛菴

鑑心菴在苧蘿鄉周家湖清乾隆六年重修

天昌菴在苧蘿鄉清乾隆二十二年建

善化菴在新義鄉案在黃洞嶺相傳以姚姓別墅改建元至正中建康熙劉志及乾隆志引萬歷志

永德菴在新義鄉現爲永祥小學校舍

祥雲菴在新義鄉清道光間陳樹全建以上二菴共有田三十餘畝均撥充永祥小學經費

鳳林菴在新義鄉

聽月菴在新義鄉月湖北初名聽月樓周姓改建爲菴

明唐寅聽月樓詩聽月樓高接太清樓高聽月最分明忽然一陣天風起吹落嫦娥笑語聲

鎮龍菴在新義鄉郁家山

塔菴在許賢鄉洪村未詳創始清光緒末洪嶽朱愼全等募修

泗洲菴在許賢鄉狼嶺

古白雲菴在許賢鄉狼嶺山麓

白雲菴在許賢鄉筱篁嶺

玄聞菴在許賢鄉上董

大覺菴在許賢鄉楊家濱塘外

藥師菴在許賢鄉蛟山南清光緒甲申孫黃氏募資重建

龍華菴在許賢鄉方家塘西清初丁遇春姜和敏顧一旦等捨基建道光間圮丁元輅修今毀

回龍菴在許賢鄉何家橋

廣勝菴在許賢鄉尖山下清初姜和敏等建

太平菴在許賢鄉沈村

福壽菴在許賢鄉顧家溪楊樹灣山清初顧一旦建咸豐間顧祖川修

响水菴在許賢鄉顧家溪

永豐菴在許賢鄉石溪

萬茹廬在孝悌鄉炭竈塢去縣五十里康熙劉志及乾隆志

竹林菴在孝悌鄉元至正中建康熙劉志及乾隆志引萬歷志

竹隱菴在許賢鄉狼嶺宋紹興三年建久廢明萬歷五年僧成慧重建康熙劉志及乾隆志

織履菴在孝悌鄉九都東山清康熙五年僧道源建康熙劉志及乾隆志菴基菴產皆捨自瞿姓

法華菴同名者一在孝悌鄉明季邵孟剛建並於菴前築隄里許以護村落名法華菴塘

長生菴同名者一在孝悌鄉八都清乾隆三十年丁世迅捨基建

長生菴在九都郭毋山下徐甫捨基周維乾捐資生員何之法捨田二十畝僧妙湛建乾隆志

松隱菴同名者二在孝悌鄉八都上河莊李姓捨建清道光間李鼎茂修咸豐辛酉燬亂後李上珍重建

靜修菴在孝悌八都清光緒乙亥僧柳溪重建菴前舊有茶亭柳溪捐田十一畝爲施茶之費

定心菴在孝悌鄉八都

桃隱菴在桃源鄉舜湖

善芳菴在桃源鄉羊婆山麓

梅竹菴在桃源鄉石山房村口明代建

慶遠菴在龍門山宋乾道中建康熙劉志引萬歷志及乾隆志

旋菴在長山鄉十二都巖上乾隆志清順治五年僧塹鎮建

雙林菴在長山十二都巖上康熙劉志及乾隆志

龍巖菴在長山十一都道林山半康熙劉志及乾隆志

松隱菴在長山十二都巖上康熙劉志及乾隆志

法華菴在河上鎮

觀音菴在長山鄉高都村

雪城菴在長山鄉和尚塢

興隆菴在北門外因地屬興隆坂故名明萬歷間建崇禎末毁清順治三年節婦張氏徽士訓女士何執憲妻懌儒捐貲贖地重建并捨園地二畝供僧令收葬城下暴骨康熙劉志及乾隆志

松隱菴在北山麓僧大津自置日字號地一畝五分建屋苦志焚修又置田十畝零永爲菴產乾隆志清咸豐辛酉燬同治戊辰僧圓鑑悟靜次第重修並擴而大之

長豐菴在塘灣乾隆志

延壽菴一名保育菴在朱家潭村南

大悲菴在板陸村清嘉慶間僧楞木建

清修菴在童家橋

瑞峯菴在北幹山東近虎山嶺僧如本眞忠康熙劉志作眞息建乾隆志引萬歷志清乾隆間修

景福菴在由化鄉元大德中建康熙劉志及乾隆志引萬歷志

濱浦菴在由化鄉元至正中建康熙劉志及乾隆志引萬歷志

霪頭菴在霪頭村

妙基菴在瑞蓮橋

塘河菴在塘裏陳

護止菴在東莊王

樂善菴在螺山乾隆志案在葉家埭

萬壽菴同名者一在朱家潭土名雄雞菴

太平菴在莫家港

大悲菴在莫家港

長山心菴在茬山淸康熙甲寅僧凡白慧彰建淸毛奇齡長山心菴自置食田碑記長山心菴者新建之菴也其義以新舊得名而住持者曰吾將以求吾心焉顧地近海塘前此山界于海潮汐抵山麓桑田萬頃在洪波中而今則延袤百里皆良園美蕩菱葦之外間產竹木故傍塘而居好善者歸之乃住僧凡白嘗爲我言開山者非他予法弟慧彰師也彰與白皆長山人且同師落染而彰長於白徒以桑門次第先入爲兄故白弟彰視師而實則開山大事皆彰主而白輔之乃彰本氏富白本氏金彰俗猶子有兄弟三人實捨得分地以爲菴基因於康熙甲寅冬十一月彰與白同創此菴閱今二十有四年而彰已逝矣特菴有食產皆二人自置不佈施不經儭各據其力積銖粒而買買之播植藝穫量所入以給僧衆終歲之用皆於兩族無與焉夫捐金布地不還所捐募錢以造像不復剪蓮片以作錢用況釋已捨姓一切身受非本姓所有豈有給孤餘地自耕自食而人猶得覬覦之者夫茫茫滄海已爲桑田而欲其遽就劫灰有不得也夫心菴者心不可壞也凡白名某自置沙田如干畝沙地如干畝後有再置者列此末

福慶菴在茬山北

翠薇菴在茬山北

長樂菴在澇湖
瓜瀝菴在航塢山宋靖康中建康熙劉志及乾隆志引萬曆志
小菴在龕山市後一里
廣福菴在龕山市西
潭玉菴在龕山市西
東著草菴在龕山市西
西著草菴在龕山市西
廣興菴在盛圍
普寗菴同名者一在盈中圍
永寗菴在盈中圍
甘露菴在赭山東麓
禪機菴在禪機山山陽馮姓建

清淨菴在赭山金砂嶺南麓
地藏菴在赭山金砂嶺
普甯菴在赭山文堂山之陽
雨華菴在河莊山
鎮海菴在沙地李字號清光緒甲午建
福田菴在沙地老字號後界清光緒壬寅建
大悲菴在沙地老字號清道光二十八年建咸豐六年重建
太平菴在沙地正字號太平橋西清嘉慶十五年建
定江菴在沙地培字號
稱心菴在沙地龍字號
臨濟菴在沙地任家漊灣
萬壽菴在沙地塘下高灣

太平菴在沙地民字號西北

釋老二氏之教之在中國淵源甚古神道設教原所以濟國家政刑之窮琳宮梵宇遍於宇內所謂道並行而不相悖所從來遠矣蕭之釋老並有廟祀而釋氏爲尤盛國步屢更宗風不變古蹟名勝往往賴之以顯人世滄桑之迹有助於文獻者尤多志寺觀亦此物此志也

蕭山縣志稿卷九

古蹟

固陵城（即西陵城又名敦兵城）　吳越春秋越王勾踐與大夫種范蠡入臣於吳羣臣皆送之浙江之上臨水祖道軍固陵越絕浙江南路西城者范蠡敦兵城也其陵固可守故謂之固陵水經注浙江又逕固陵城北寶泰會稽續志西陵城在蕭山縣西十二里五代末吳越武肅王以陵非吉語改曰西興（互見山川及市鎭乾隆志）

越王城（舊志云在城山）　明一統志蕭山縣九里有越王城來集之樵書越王城其山中卑四高城堞尙存（乾隆志）

越王臺（舊志云在城山）　名勝志蕭山西亦有越王臺李白詩西陵拱越臺（康熙志拱作繞）宋之問詩江上越王臺登高望幾囘按越王城越王臺舊志云在城山引夏侯曾先地志云吳王伐越次查浦越立城以守查吳作城於浦東以守越今城山是也不知查浦並非蕭地水經注浦陽江東北逕剡縣江邊有查浦山陰縣志云在山陰縣西一百里句

踐陳兵處通志載查浦有二一在定海縣境內引嘉靖寧波府志及夏侯曾先語作證一在新昌縣北引嘉泰會稽志及水經注作證大抵在寧紹兩府接界方輿水經注脗合縣志刊誤必欲强查浦入蕭山卽以查瀆當之且云蕭山戰蹟多在西陵查浦二處皆屬臆斷無確據也乾隆志

翫江樓　萬歷府志在縣西十里西興鎭久廢弘治十年知縣鄒魯重建名鎭海樓康熙志隆慶中又圮萬歷十五年知縣劉會築石塘成以金重搆臺增四尺高架樓三楹廊柱皆石顏其前曰浙東第一臺門曰望京後曰鎭海樓門曰永興道樓之中顏曰浩然樓樓之左十步許架小樓三楹大門三間碑亭二黃僉事猶吉者有浩然樓記今樓久圮惟石臺尙存光緒間里人就石臺上建奎星閣其南偏爲江公祠左廊壁間石刻取石二字卽取石亭遺址也梁會稽郡丞江革除都官尙書將還民皆戀惜之贈遺無所受送故依舊訂舫革並不納惟乘臺所給一舸舸艚偏欹不得安臥或謂革曰船既不平濟江甚險當移徙重物以迮輕艚革既無物乃於西陵岸取石

十餘片以實之後人因搆亭於江岸名取石亭田藝蘅留青日札曰漢陸績載鬱林石梁江會稽革載西陵石皆因船輕此古人仕路清風也乾隆志

古樟亭　遺址即今西興郵亭多見於唐人詩歌乾隆志

江聲草堂　紹興府志在西興鎮元薩天錫江聲草堂詩卜居西陵下門臨大江皐乾隆志

朱子視事處　碑在西興市中潮神廟南清道光辛丑陸成本立乾隆志

一錢亭　兩浙鹽志錢清鎮有劉太守祠祀漢劉寵臨江有一錢亭今廢乾隆志

錢清城　元末張士誠將呂珍築城江上跨江南北於東西兩頭作栅爲浮城於江上以通舟楫謂之錢清城尋廢乾隆志

高遷亭又名高遷屯即高遷橋　吳志董襲傳孫策入郡襲迎於高遷亭資治通鑑策分軍投查瀆道襲高遷屯後漢書蔡邕傳注張隲文士傳云邕告人曰昔經會稽高遷亭見屋椽竹東間第十六可爲笛取用果有異聲資治通鑑注沈約曰永興本漢餘曁縣吳

更名蔡邕嘗經會稽高遷亭取竹以爲笛卽其處也乾隆志

吳越兩山亭　名勝志蕭山北幹山其頂曰玉項峯有吳越兩山亭萬歷志宋景德四年知縣杜守一建題知稼亭元縣尹尹性修之改今名國子助教貝廷臣記嘉靖十七年知縣蕭敬德重建十八年郡判周表踵成之又廢爲四望臺淸雍正十年邑人王寧時陳應泰等重建堂五間知稼亭一間詳見藝文門楊維楨徐一夔貝瓊田惟祜俱有記乾隆志

西陵館　輿地紀勝唐周匡物龍溪人家貧應賢能之書徒步西上道經錢塘江久不得濟乃於西陵館題詩云萬里茫茫天塹遙秦王底事不安橋錢塘江口無錢渡又阻西陵兩信潮通志云或作施肩吾乾隆志

臨江亭　萬歷志在西興鎭久廢正德末知縣伍希周就稅課局故址改建河陽館乾隆志

按康熙志宮室門載河陽館在城西門外五十步官廳三間大門三間周垣門外

石級呼爲西馬埠往來官長於此泊舟嘉靖間令施堯臣建是又一河陽館矣所據同是舊志康熙乾隆兩志所載各異姑並存之

交輝樓　在北幹山任長者舊宅永嘉高明寓此編琵琶記夜闌至賞夏齣燭輝兩合如虹橋因名交輝樓劉伯溫記山上有石伯溫題曰邀月康熙志

按乾隆志載交輝樓簡而不明康熙志較詳故從康熙志永嘉高明寓此乾隆志則作高誠未知孰是舊志已無可攷證但康熙志在乾隆志之前應依康熙志聊以存疑

北幹園　嘉泰會稽志在蕭山縣北幹山下圖經云許詢家此山之陽故其詩曰蕭條北幹園也太平寰宇記許詢嘗登蕭山憑林搆室又縣西南八十里有許詢幽居之所乾隆志

按縣志刋誤云詢無北幹園詩即蕭條北幹園一句絕無可攷證而乾隆志未削之者所以傳疑也故亦仍之

西施宅　後漢書註越絶曰蕭山西施之所出萬歷志縣南苧蘿山屬苧蘿鄉山下有西施宅上有紅粉石按輿地廣記云西施出蕭山縣太平寰宇記云諸暨縣巫里句踐得西施之所陶朱新錄云蕭山諸暨之間有東施西施二村西子生於西村唐宋之間浣紗篇有一朝還舊都靚妝尋若耶句則又在會稽之若耶祇一西施而地不一今以後漢書注實有蕭山之名姑附於後乾隆志

孔靈符別墅　南史孔靈符於永興立墅周迴三十三里水陸地二百六十五頃含帶二山又有果園九處今莫知所在然所謂含帶二山則惟今湘湖有之及運山之陰冠山白馬湖一帶耳康熙志

按乾隆志不載孔靈符立墅事以莫知所在耳然事見南史史籍失詳不得遂謂非古蹟也乾隆志削之非是今仍依康熙志以上據康乾兩志補纂

許孝鄉今許賢七都許賢里今長山十都　縣志刊誤鄉名許孝里名許賢皆指唐時許伯會非許詢也按坊志崇化鄉有許君里舊志云晉許詢所居亦應作許伯會非許詢也乾隆

志

夏孝鄉　舊志以吳夏方名乾隆志

孝行里即獨楓里郭世通所居里今在孝悌八九都　南史郭世通傳元嘉四年敕表門閭改所居獨楓里爲孝行里世通宋書作世道詳人物志乾隆志

秦君宅　萬歷志唐詩人秦系所寓舊志由化一都有秦君里乾隆志

麗句亭　名勝志唐詩人秦系所居在蕭山縣之秦君里唐戴叔倫題秦隱君麗句亭詩北人歸欲盡猶是住蕭山閉戶不曾出詩名滿世間乾隆志

江令宅即江寺　嘉泰會稽志宅在招賢坊蕭山縣東北一百三十步今爲覺苑寺縣志刋誤江總字總持濟陽考城人梁司徒左長史蒨之孫仕梁爲太子中舍人兼太常卿侯景寇建鄴臺城陷總避難至會稽郡嘗憩龍華寺作修心賦會其舅蕭勃先據廣州總往依焉前此總父紑以父蒨眼病嘗捨同夏寺今江寧上元縣界牛屯里宅改爲寺名慧眼寺鑿井洗眼而父病遂瘳總追念父孝因以會稽之永興所寓捐爲寺云舊

志中有云子承父志捨宅爲寺者以此今作江淹誤按總以避難來蕭特僑寓耳未幾即去似不必置宅於此或因總居此寺遂以江寺名之是未可知若以紀之捨寺例之恐不免傅會也乾隆志

按宋天聖二年蕭山昭慶寺夢筆橋碑記有齊建元中左衛江公歸依法乘脱略塵境捨所居宅爲大福田之語是明明指爲江文通北宋時已有此語後人以夢筆名橋筆花名書院非盡無稽今乾隆志采縣志刊誤之説謂爲江總持然考其所依據亦自疑其不免傅會康熙志沿舊説則仍謂江文通并引明江應軫詩云濱江十里文通宅江上潮聲日夜哀彩筆已隨春蝶化遺文空對野花開山川秀色應誰主宇宙閑身我亦來莫怪風流憐宋玉夕陽千古一荒臺與北宋碑記亦相合蓋文通之説由來已久古人軼事史籍失載者甚多正不必强爲立異别事牽合存疑可矣

流光堂　萬歷志在江寺張卽之題乾隆志

畫水壁　輿地紀勝蕭山覺苑寺後壁有吳舜臣畫水通志注畫水元銓云舜臣與張著俱學郭熙山水宋宣和畫院待詔乾隆志

靈泉　舊志主簿廨内有靈泉駱賓王爲頌縣志刋誤此唐主簿宋思禮孝感泉也思禮母羸疾以大旱水涸渴思泉水甫祝而泉出於地其尉柳晃爲題名勒之事見舊唐書及駱丞集靈泉頌中按宋思禮作縣簿在唐開元以前永興舊縣治舊志相沿俱失其所乃妄引小説開元時有韋知微之事謂當在蕭然北幹之間毛檢討已亟詆之康熙癸亥聶志因毛説附入云在今縣廨西唐天寶前縣治疑在長興鄉不知何據乾隆志

會景亭　弘治紹興府志在蕭山廣慈院後有范希文葉道卿元厚之沈存中題詠萬歷志在溪口寺吳處厚詩會景亭高石作層乾隆志

省軒　浙江通志元尉王麟伯官蕭山所居戴表元記乾隆志

市隱齋　劉誠意文集元賈性之舊宅有記互見人物乾隆志

棣蕚軒　舊志在招賢坊包家巷包大同所居劉誠意有記乾隆志

怡怡山堂　舊志又名蕭然山堂在北幹山爲任長者别墅劉誠意有記乾隆志

許詢宅　萬歷志在城内清風坊輿地紀勝舊宅在山陰今爲能仁寺新宅在永興嘉泰會稽志詢父旼從元帝過江遷會稽内史因居焉詢隱居不仕東晉咸和六年捨山陰永興二宅爲寺穆帝時名山陰舊宅曰祇園今爲能仁寺永興新宅曰崇化縣西南四十里有慈雲寺縣西九十里有重興院皆詢所嘗居也浙江通志皇甫冉詩云昔聞元度宅門對會稽峯者謂山陰宅也王勃山亭序云永興新郊許元度之風月者謂永興宅也縣志刋誤按晉書孫綽傳但云與詢居於會稽而世說所載則並在山陰剡川之間惟陶潛作孟府君傳有云詢客永興縣此即流寓吾邑之所據然第云縣界而誌所記地則遍縣俱是誤矣按嘉泰會稽志云詢父旼從元帝渡江遷會稽内史因居焉而明時作志者竟於冢墓内載許旼墓縣志刋誤云詢父不可考而世説所載詢在初年猶住丹陽都下其既出都徙居會稽是未出都前非家越者

誌所載皆妄也乾隆志

荷擔僧宅　萬歷志在來蘇鄉今雲門寺乾隆志

厲大資宅　萬歷志在許賢鄉乾隆志

張復初宅　萬歷志宋理宗勅建駙馬張復初第俗稱張家府乾隆志

御書樓　舊志在通闠坊御史何善建善當正統時受命淸理鹽鈔陛見辭以本省上

乃賜省親二字命兼理事善歸因建樓供二字於上名御書樓康熙志

桂香書屋　舊志縣張幹山宅明狀元費宏有記後幹山孫誼試皆登進士明經文學

奕世尙盛康熙志

按御書樓桂香書屋乾隆志脫略之甚且訛桂香爲桂花尤多失考今仍依康熙

志而將費宏記桂香書屋文補載藝文

雙童卽白鶴橋　唐宋之問詩溪邊逢五老橋下覓雙童李紳詩未見雙童白鶴橋吳越備

史錢爽守雙童明高啓有早過蕭山歷白鶴諸郵詩乾隆志

陳習園　在盛家港何孝子復讐處（乾隆志）

裕軒　舊志王國言所築在白鹿山下（乾隆志）

聽潮樓　浙江通志據客越志在蕭山縣（乾隆志）

莊亭　萬歷志今改爲西興驛樵書初編嘉靖間知縣鄒魯題西興驛綽楔上爲莊亭古蹟四字謂西施至此梳妝渡江也（乾隆志）

貞節里　清毛奇齡徐節婦貞節里碑記蕭山貞節里明旌表徐節婦所居里也里在儒學左而北旋戶沿流居爲縣西舊名西河里曩時稱甲科家里相望節婦居其中傳節婦者曰節婦故李姓閩縣儒學教諭徐公黼繼妻也公筮仕泉州晉江縣訓導故有妻氏周死晉江弘治元年（月日無考）再娶泉州永寧衛李指揮女則節婦也節婦年十八逮明年公遷閩縣諭領符忽遘重疾傳志稱二年六月時距娶節婦時尚未及期也公先有一子係周出非節婦生者至是指其子謂節婦曰蕭山去泉州三千里吾即不還者如是何矣節婦曰事君未及期然事君矣其不即先君死者爲三千里

君與是也何不還者矣公時已疾亟乃復强起拜節婦蓐間節婦坐饗之先是節婦父母之許節婦時逆公必家閩故以許至是忽失望迨公卒節婦慮父母不聽歸也先公訃一日潛遣齋生長丁儀者告之縣封識其篋笥歸縣以鑰而後訃父母父母既偵節婦意大恨計誘之復不可奪乃置酒集宗黨給節婦別而錮諸室節婦起自絞父母不得已始聽之乃復集宗黨姑姊妹數十人送之上道故爲放聲哭牽衣而行如是者十餘里欲動節婦節婦稍服臆縈淚於眏不少動既而舟抵暮各泊以處節婦乃始仰天連呼曰天乎吾豈不知父母別我悲耶獨念則行阻耳且不可使他日得憶我矣於是遽犒操舟者乘夜潛發不令送者覺遂扶二櫬攜一孤歸蕭時兵部尚書錢塘洪君爲閩布政使廉其事移檄蕭山令恤之節婦乃營壙掩公及周葺故廬自寒食省墓外足不躐畿木日治紡績比篝燈績罷甚始就寢覺卽遽起篝燈績如故或問之曰勞則寡所思也盛夏不單衣衣必重紝所居置一閣比浴必攜盤內閣閒登閣去其階階兩竿級也後所撫子亡遺二孫在襁褓撫之既而孫婦亡遺

曾孫襁褓又撫之正德丙子知縣伍希周上其事監司奬其門嘉靖庚寅郡司馬孔君攝縣事上諸臺時節婦年六十嘉靖十年辛卯知縣張選踵前事請於臺使者於是臺使者請於朝命下詔旌其門會張以遷去知縣蕭敬德踵而奉行之給禮部勘合世復其家勅縣礱石立碑又倣魏孝烈勘合優子孫免人田四丁後大司馬趙君故爲侍御史按浙飭有司月給米冬夏布帛各有差終身至嘉靖四十三年年八十八距公死六十九年卒邑御史翁君五倫爲誌銘山陰工部郎黃君猶吉傳之自浙江通志以下至郡縣學志皆有載至崇正二年知縣陳振豪始名其里爲貞節里豎碑於儒學左三元樓側時節婦五世孫晉台公明徵舉於鄉又十五年而邑人毛甡與節婦六世孫芳聲芳烈友善乃爲之記毛甡曰吾見邑之遊於學者衆矣讀孔氏之書修明堯湯伊呂之道教以百行而不能以一行名且夫里居者皆曩時甲科家也門閥相望致足伐施其鄉人逮死而不能稱於巷里口草陳根歲爲衰菀呼其里者無變也嗟乎可以興矣或曰周書云表厥宅里旌其門而綽楔之表其宅也碑而

名其鄉表里也三代後無表里例且其事亦偶不多見漢時稱鄭公鄉非典例也然亦且私不得濫其爲時慎重如此　邑令黄鉦貞節里碑記貞節里者明天啓初邑令無錫陳君表閭縣教諭徐黼繼妻李氏所居里也戊辰嘉平朔予釋菜學宫泮水傍有斷碣沉翳土壤僅露髣髴亟令洗拭抉剔始辨其全於戲婦之貞志苦節昔已旌於朝載之邑乘久且彌著何俟予言惟其石湮晦百有餘載今得樹於古處豈偶然哉且歲月經久而不爲他事所毁滅塊然隱處乎禮樂嚴肅之地疑婦之靈若有式憑於茲石茲地者是不可以無記也乾隆志

瓜瀆　在孝悌鄉南史郭原平以種瓜爲業大明七年大旱瓜瀆不復通船縣令劉僧秀愍其窮老下瀆水與之原平曰普天大旱百姓俱困豈可減溉田之水以通運瓜之船乃步從他道往錢塘貨賣乾隆志

郭鳳埭　南世通常於縣南郭鳳埭助人引船乾隆志

百尺樓　在常源衕後明光禄寺丞何汝敷别業與樓遥對有西河沿迴垣倒景凌虚

四字後改祠宇今圮新增

梅花樓　在東門外里許亦何汝敷別業繞屋樹梅三十本今屋易姓梅無存新增

鄭駙馬花園　在東門外久廢明永樂間有金紹德者自越徙蕭山卜居於其故址今東門外村莊有花園金之名始此新增

金泉井　舊志在淨土山麓嘉靖間郡守洪珠題今廢乾隆志按金泉井乾隆志雖云今廢然至今尚在井口方丈遇旱不竭遠近爭汲途爲之塞甘冽不亞虎跑西山連綿十里故泉源甚遠淨土乃其最小支脈以山麓有淨土寺得名

一覽亭　在石巖山嘉靖十年郡守洪珠建並題乾隆志

按一覽亭高數百級近挹湘湖遠眺錢江風景幽絕湯文端曾讀書於此王宗炎題聯云立定脚跟不怕石頭路滑放開眼界飽看江上峯青

井亭　明來端蒙建乾隆志

浮湘閣　在西門外金泉井西唐九經書額邑人單其昌張文瑞有詩乾隆志　按此閣今不可考

怡園　在城東陳汾字墨泉所闢今已廢
承園　在長河鄉堰西地約數十畝爲來而烈所闢其裔孫來珩改名西堰園又名堰西別業陸埜有詩見藝文
義井　明張幹山維翰造六井一在太平衖倪姓家井旁有石題曰壽源泉井弘治某年張維翰誕辰題又東門城脚有古義井碑井爲城掩當非幹山六井之一也以上新增
嗟夫古人軼事史籍失載者多矣更閱百十年吾安知事過情遷邈焉莫識所在者何限此有心人俯仰今昔流連慨慕於無窮者也方志不廢古蹟有以哉顧書缺有間傳會聚訟亦所難免傳疑傳信姑並存之以俟來哲地以人重適茲土者其亦可以望古遙集發思古之幽情乎

冢墓

漢

大司農朱儁案康熙劉志作雋誤墓案浙江通志題漢驃騎將軍錢塘侯墓康熙志則曰會稽太守乾隆志沿之今依乾隆府志在洛思山郡國志云儁葬於此洛人送葬登山望洛一歎而絕也孔靈符記案孔靈符會稽記見藝文類聚而通志作孔曄記又稱儁爲光祿大夫時遭母喪將洛下冢師歸登山相望冢師去鄉既遠目極千里北望京洛遂縈咽而死因葬山頂然則洛思山者又爲冢師墓也今兩存之浙江通志乾隆府志引嘉泰會稽志乾隆志原注案後漢書本傳儁上虞人卜葬鄉邑事或有之然據通志所引嘉泰會稽志及郡國志孔曄記今其書皆不存無從校對且各執一說彼此互異致儁以大司農終則墓當稱大司農通志曰驃騎將軍曰錢塘侯皆其舊銜不應去彼以就此若會稽太守則儁幷未爲此官其曰爲光祿大夫時遭母喪似與本傳合矣既稱光祿大夫更封錢塘侯加特進則又不當止言光祿大夫也且既以一望而絕爲送葬者縈咽而死爲冢師太平御覽又言爲母卜葬則儁母之外尚有三墓何獨載儁墓而不及其餘況儁葬於此之說據云本之郡國志而郡國志並無此說豈正史之外又別有所謂郡國志耶

唐衡墓在鳳儀鄉乾隆志引康熙孫志乾隆志原注以下各墓皆明是縣志所載而郡省各志仍其訛者今略加參考如漢唐衡晉曹亮夏靖六朝陳休勞流唐徐鴻等不知爲何許人至許販據志云許詢父

又誤販作畋朱僞山遐羊玄保史皆有傳無葬餘暨及永興語至郭璞羅隱舊志亦混載尤爲可笑蓋越俗健訟因爭山花遂遠祖先賢捏造冢墓爲奸控張本若照錄舊志不爲申辯將來獄訟繁興動以志書爲口實所關匪細故摘其謬於此

晉

曹亮墓在昭名鄉乾隆志引康熙聶志

司徒掾許販原注舊志販訛作畋案康乾二志不稱銜今依乾隆府志墓在鳳儀鄉乾隆志引康熙聶志清毛奇齡蕭山縣志刊誤陵墓志有許畋墓在鳳儀鄉相傳許詢之父爲會稽內史後家於此地遂葬焉案詢祖父不可考惟續晉陽秋謂詢是魏中領軍將軍許允之玄孫見世說註然不及其父祖假使其父家此則其子必少居此地有蹤跡矣況墳墓所在乎乃考晉書孫綽傳但稱綽與詢同居會稽不云隨父居而世說有載詢未出都時與簡文劉尹輩談議往來則詢在初年猶自住丹陽都下而其既始出都而徙居會稽是未出都前全非家越者誌所載皆妄也若誌於詢傳又云其終入剡山則葬父於此而是少住都下老居剡山無一可者乾隆志原注案新唐書宰相世系表許允字士崇魏中領軍鎮北將軍允孫式式二子販邁販字仲仁晉司徒椽子詢字玄度則詢父本名販縣志訛販爲畋難免草率傳會之誚至販之葬此與否原不可攷毛西河但據續晉陽秋及世說註遂謂詢父亦不可考則考據亦疎矣

會稽內史夏靖墓在螺山乾隆志引康熙聶志

東陽太守山遐墓在由化鄉山簡之父濤之孫也乾隆府志引名勝志及乾隆志引康熙聶志乾隆志原注案濤傳本河

內懷人遐初爲餘姚令後爲東陽太守皆與邑無涉不知何以葬此存以備考

六朝

宋郭母墓在孝悌鄉宋書郭世道案南史作世通傳有母亡負土成墳事乾隆志原注案萬歷志云郭璞墓在孝悌鄉或云郭母縣志刊誤云郭璞山西聞喜人過江後居於暨陽後擇地營葬去水百步其事載本傳自無學者誤以諸暨爲暨陽因以江陰之郭璞墓移入諸暨而蕭邑作志者又誤以餘暨爲諸暨之餘因以諸暨冒認之郭墓編入蕭山此眞展轉瞎誤之可笑者今考世道所居稱孝悌鄉則葬母當在其地璞母音近故後人訛母爲璞而萬歷志反稱或云郭母何倒置若此刊誤既知世道葬母見於本傳復以此墓爲平原所營是一是二並不辨析則此中仍未了了也

宋舉孝廉孝子郭世道前志不繫衘今據本傳補墓在郭墓山宋書郭原平傳父世道死原平念凶功不可以假人訪邑中營凶者助之運力經時展勤遂大閑練一切甓𡪶之事因心而當禮乾隆志原注此墓舊志亦失載案此與郭母墓乃郭氏兩世之墓當爲二塚

宋給事著作郎桂陽太守許珪墓在鳳儀鄉乾隆志原注案唐書宰相世系表許詢四子元之仲之季之珪珪宋給事著作郎桂陽太守蓋劉宋時人後人或訛爲趙宋耳特存以備考其墓在此與否不敢妄斷也案康熙志此墓列趙宋今依乾隆志

宋陳休墓在鳳儀鄉乾隆志引康熙聶志

宋會稽太守羊玄保墓在長興鄉乾隆志引於越新編原注案宋書本傳玄保南城人少帝時爲會稽太守又徙吳郡太守世祖時屢遷散騎常侍特進卒年九十四其去會稽任遠矣不當葬此

齊高平太守謚壯侯戴僧靜墓在昭名鄉墳里王乾隆志引康熙聶志

勞流墓在鳳儀鄉乾隆志引康熙劉志

梁白敏將軍墓在許孝鄉大同間人捨宅爲白墅寺因葬其側乾隆志引乾隆聶志原注案大同係梁武帝建元不應列之吳越後案康乾各志列張亮墓後今依乾隆府志移此

唐

衡陽博士許伯會父墓新唐書孝友傳伯會遭父喪負土成墳野火將逮塋樹悲號於天俄而雨火滅歲旱泉湧廬前靈芝生乾隆志原注案此墓舊志失載墓在何地亦無從稽考縣志刊誤云鄉名許孝里名許賢皆指唐時許伯會非許詢也今考萬歷以來舊志冢墓内第載詢父之墓而不及伯會先塋鄉里之名可以同姓易主則伯會父墓安知不誤作詢父耶

戴母墓唐書孝友傳敘蕭山戴恭居喪著行乾隆志廬墓十年芝草嘉禾生其側乾隆志引嘉泰會稽志

兵尚部書鎮遏使徐鴻墓在長興鄉乾隆志引康熙聶志原注徐鴻不知何許人舊志冢墓注云兵部尚書鎮遏使如果以大司馬統師出鎮應見史傳今考史並無其人則所稱官階不過徐姓夸大之詞並墓之有無或在子虛烏有之列矣案通志及康熙劉志在長山鄉

淮南節度使謚文靖丁璞墓在孝悌鄉烏石磡

吳越刑部尚書張亮墓在北幹山下乾隆志引康熙聶志原注案新唐書張亮傳亮鄭州人與房杜同時歷官刑部尚書以謀逆伏誅不應有墓在此據萬歷祠祀志越張氏先塋碑記亮蓋海神英濟侯之先吳越王時爲刑部尚書非唐書之張亮也通志於刑部上增一唐字亦不考年次之誤也

宋

職方郎中沈衡墓在鳳儀鄉乾隆志引康熙聶志

侍郎王弗墓在長山鄉乾隆志引康熙聶志廣福寺旁乾隆府志引嘉泰會稽志

武德大夫魏常墓在鳳凰山乾隆志引康熙聶志

顧大中墓在崇化鄉乾隆志引康熙聶志

厲大資墓在郭母山石獸俱存乾隆志引康熙聶志

永國公張復初復初爲叔椿子稱父見乾隆人物志孫墓在夏孝鄉大黃塢山麓

寶章閣待制張稱孫墓在湘湖龜山石獸俱存乾隆志引舊府志及康熙聶志

洪駙馬墓康熙劉志及乾隆志

駙馬鄭珪墓在皇御墩乾隆志引康熙聶志

乾隆志原注案宋史自秦國大長公主至周漢國公主凡八十有九駙馬凡三十餘人絕無洪鄭其人者又舊志古蹟有張家府謂宋理宗敕建駙馬張復初第後人因而傅會之然據宋史理宗止一女初嫁周雲炎再適李鎮若云長公主則甯宗一女早夭則尤之不足據也此或係掠影之說或諸王之壻僭稱駙馬俱未可知然其爲假借可知舊志豈可信哉

華郡王墓在長興鄉乾隆志引康熙劉志

王恩墓在崇化鄉乾隆志引康熙劉志

權三司鹽鐵判官王絲墓在碑牌嶺乾隆志引康熙劉志 原注舊志云絲兵部侍郎浙江通志云兵部員外郎今考范文正公墓表載絲官階頗詳由大理寺丞改太常博士後拜殿中侍御史尋知通州權三司鹽鐵判官卒舊志通志所稱兵部侍郎及員外皆誤也 案今庠裏王村人爲王絲後裔其族譜稱絲墓在皇隖山范仲淹表其墓碑碣元季爲單敬所碎其孫名多吉者訟於官得復樹至明成化間爲冰雪所損其孫名宗治者重立之天啓四年又爲樵牧者角力而碎之族人再建清康熙時碑尚在惟文漫漶不可認皆指在皇塢山明魏驥有公祭王絲文亦稱皇塢皇塢一作皇甫一作航塢竊謂碑牌嶺在西山本以此墓得

名見乾隆山川志而航塢相則去四十里

楊冀王墓在楊岐山西塢乾隆志引康熙劉志

楊齊王墓在楊岐山東塢乾隆志引康熙劉志

案以上二墓毛奇齡縣志刊誤辨之頗詳已錄寺觀志楊寺條下

敷文閣學士錢沖墓在夏架山原注舊志俱作錢冲之或云當作錢沖乾隆志

追封靜安公兵部郎中張夏墓在去虎山之陽乾隆志　案墓入阮元兩浙防護錄

龍圖閣直學士紹興太守來廷紹墓在湘湖南山之陽爲來氏始祖乾隆志　案廷紹墓今在蜈蚣山乃湘湖之東墓道神道碑均在地與乾隆志不合相傳墓地久失鄉人於湖中得石刻龍圖遺蛻四字遂築亭於得石處云

宣義郎徐端臣墓在螺山乾隆志引康熙劉志

通判紹興軍府事留夢炎墓在黃龕乾隆志引康熙劉志

顏駙馬墓在文筆峯東南麓碑華表尚存宋史公主傳亦無姓顏駙馬

奉議大夫僉判荊州事韓穆墓在治西南二十三里姜家里梅壟

國子司業丁上珪字廷獻墓在孝悌鄉馬谷

丁紳墓在孝悌鄉淩溪紳字仲龍宋亡號哭祖廟自溺於淩溪今石碣尚存

丁戴墓在孝悌鄉張村山戴字仁夫宋亡屢徵不起

元

縣尹於善墓在長山鄉乾隆志毛奇齡湘湖水利志至正八年於善由杭州推官改任縣尹到任後大興水利後以兵燹故不得還里家於邑之長山鄉相傳長山有於司判墓今不存︵原注元制以縣尹爲司判正官︶案於善墓至今無恙在長山之陽後俞村之南

主簿案乾隆志及乾隆府志皆誤作縣丞趙誠墓在北幹山之陽乾隆志引康熙劉志

文林郎兩淮眞州批驗鹽引所提領張興甫尚書張嶺之始祖墓在西城外乾隆志引康熙聶志今案興甫事蹟見乾隆志流寓傳元大定間官提領至正十二年由杭遷蕭而乾隆志誤以其墓入明代今移此

任榮墓在北城內乾隆志引康熙聶志案榮字子仁乾隆人物志有傳任氏族譜作嗣榮墓在去虎山其在北城內者乃嗣榮祖寶之墓寶性好施與賜號長者而嗣榮與弟嗣華亦並有長者之稱舊志或因此致訛耳

烈婦王夫人里正楊伯遠妻墓在西門外徐家塢墓入阮元兩浙防護錄

丁京妻吳氏及女仁姑雙烈墓在許賢鄉兔沙嶺舊在桃源鄉水埠大水清乾隆五年族人徙葬今址乾隆志僅稱在某鄉乾隆府志入明代誤

明

山西布政使華克勤墓在湘湖青山之西華氏族譜克勤字無逸元末隱居湘湖延慶寺明洪武十年舉賢良方正任山西布政使　案乾隆志引康熙聶志題華布政墓注云名諱失考今依族譜補之

河南按察使朱仲安墓在鳳儀鄉乾隆志引康熙聶志洛思山麓有墓表國子監祭酒慈谿陳敬宗撰文大理寺卿右副都御史錢塘陳珂書丹南京工部尚書邑人張嵿篆額　案表稱仲安諱磐以字行

副都御史葉林墓在西山下申明亭前見明郭諫選皇明蕭山詩集

太常寺卿姚友直墓在桃源鄉乾隆志引康熙聶志原注案舊志作姚太卿未妥

處士單道墓在西山後邑令劉會題曰皇明創造四柱黃册式運水牛車法施天下功傳萬世處士單俊良墓

贈交趾道監察御史何景源案何善之父墓在文筆峯乾隆志引康熙聶志案在文筆峯之孟家塢

交趾道監察御史何善墓在文筆峯孟家塢翰林院侍講學士長洲劉鉉志銘墓基曾被黄姓侵佔萬歷間邑令陸承憲斷令改正並撰有恢復墳園記

南京吏部尚書謚文靖魏驥墓原注賜祭葬在湘湖徐家塢案土名老鴉窠公存日自營名曰樂邱乾隆志引康熙志案墓入阮元兩浙防護錄

御史鄭堅墓在東門外去虎山景泰四年葬南京吏部尚書魏驥撰碑乾隆府志案康乾兩志均不載

董昭憲案康熙劉志稱曰高士墓在孔湖乾隆志引康熙聶志

南京湖廣道監察御史何舜賓墓在西門外二都高田園常熟王鼎誌銘此墓與孝子墓毗連不知各舊志何以失載

孝子何競墓在二都高田乾隆志引康熙聶志案墓址係日字五百六十七八兩號共地一畝六分又池三分五釐八毫

南京工部尚書張嵿墓在覺海山乾隆志引康熙聶志案墓入兩浙防護錄今華表已圮石獸尚存子孫守墓者已成村落村名張都堂

孝子來衡墓在湘湖大石塢有手植雙桂迄今猶存故名桂花墳

陜西按察使來天球墓在冠山下詹家湖
禮部精膳司主事來汝賢墓在長河沈家山
魯府長史黄九皋墓在湘湖柳塘菴側禮尚部書潘晟誌銘
常州府丞何世學墓在湘湖大黄塢
太常寺丞何汝敷墓在湘湖獅子山
江西右布政使來三聘墓在湘湖青山後黄寺左
侍郎王三才墓案賜祭葬在溪頭塢乾隆志引康熙聶志
太傅來宗道墓在湘湖井山乾隆志引康熙聶志
福建右布政使來斯行墓在湘湖蛇山
詔舉學行俱優授儒官單無咎字補齋爲道遠孫見乾隆人物志道傳墓在石巖山史家塢
贈昭武將軍道州守備沈至緒墓在衙前水獺山水獺山乃航塢支山
游擊將軍沈雲英墓在父至緒墓側

太常寺卿來集之墓在石蕩山前孔墩

狼山總兵乾隆選舉志作灃州參將今從墓碣陳有遴墓在東門外榮山下

贈都指揮僉事傅沛傅百年父子墓在東門外北岸

邑令賈爾壽墓在崇化鄉屠家橋之西申明亭基乾隆志引康熙聶志

方駙馬墓在鳳儀鄉西小江北岸高田案明史駙馬無姓方者

象山烈女墓乾隆志原注詳烈女舊志失載案乾隆志不載墓在何地乾隆府志亦然而府志別載清象山烈婦墓在山陰錢清江畔環翠寺右蓋纂修府志時轉錄各縣舊志未加深攷以致復出今考此墓實在錢清南岸爲舊山陰轄境徒以舊志既載姑仍之

清

通政使周之麟墓在來蘇鄉原注賜祭葬乾隆志引康熙聶志　案墓入阮元兩浙防護錄

都司蔡佳墓在西山馬頭山雍正六年特旨旌卹賜祭一壇乾隆志

蔡仲光墓在西山梁塢乾隆志

翰林院檢討毛奇齡墓在北幹後山浦灘案在浦灘徐西麓土名牛脚灣

來鴻雯墓在至湖嶺乾隆志至誤作梓

直隸永平府知府張朝琮墓在利市湖乾隆志

給事中任辰旦墓在東門外搖家潭搖俗作姚誤清單隆周希姓補搖姓南越王句踐之後今蕭邑有此姓又元鮮于樞書蕭山大成殿碑陰輸材人姓名中有搖夢月乾隆烈女志有搖金哥附誌於此

沈功宗墓在苧蘿鄉貞山

來蕃墓在張家村

福建巡撫署閩浙總督王紹蘭墓在南門外河南王坂

進士王宗炎墓在南門外淩家里

湖北巡撫謚文節陶恩培墓在小朱家潭

雲南巡撫何煊墓在湘湖閔家塢

工部尚書兼管順天府尹事務謚文恭陸以莊墓在西門外華表翁仲石獸均完

太常寺卿湯修墓在孔湖之濱

陝西城固縣知縣諡剛毅施作霖墓在航塢山北麓

廣西隆安縣知縣諡壯節高延祉墓在文明門外黃閣河左近梁塢

前山烈女墓原注見列女志乾隆志在孝悌鄉前山村乾隆列女志在十四都九都之界

節婦沃氏胡先春妻墓在湘湖青山乾隆志引徐倬孤墳圖記

烈女陳六姑陳顯揚之女墓在苧蘿鄉嶼黿村寶筏菴側

烈女錢大姑墓在新義鄉傅家山下

別錄邑名人墓在他縣者

清湖南寧遠縣知縣汪輝祖墓在紹興縣坳上沈黃盛塢

清吏部尚書協辦大學士諡文端湯金釗墓在紹興縣東山夏之黃虎山

清體仁閣大學士諡文端朱鳳標墓在紹興縣山棲圈山裏沈

清郵傳部侍郎胡燏棻墓在紹興縣夏履橋

舊志多統言陵墓然大禹窆石及南宋諸帝陵均在紹興蕭無古帝王陵也故今不曰

陵墓而曰冢墓以正名實前代名賢與夫士女有卓行者例必詳其所在以資後人憑弔景慕第年湮代遠沿訛襲誤亦往往有之今覈以考證傳疑傳信庶幾無乖於史實歟

蕭山縣志稿卷十上

學校

蕭山儒學宋初在治東南里許曰雷壤今芹沂橋存焉紹興二十六年知縣陳南徙學於城南卽今所宋敷踵成之莫濟有記

宋莫濟蕭山縣重建儒學記浙河以東郡縣連城數十獨蕭山去郡爲近人徙之衆甍宇之壯舟車之雜集大矣哉縣也近而且大宜有卓異秀穎之民出乎其間而未之三載應令不越二十餘輩紹興二十有六年夏四月丹陽陳南來宰是邑告至於先聖顧瞻釁宇陋其制之卑下與其地之囂塵也用震憚於厥心已而屬其民而告之曰天子恢崇儒教四方萬里莫不飭學校而輿弦歌吾邑乃因陋而弗圖豈惟在位者之羞爾民得無恧乎吾觀南門之外地廣以平環羣山而帶流水其定遷焉聞者咸無異言乃以冬十有一月令役於邑中明年秋移病以歸常山宋敷實嗣之嘉陳之爲惜其不就請於郡守趙公令趙公曰民不可勞也學不可廢也出公帑錢八十萬以佐其役冬十有一月文學於是始成前伉重門廣殿有橫經之堂有肄業之齋既用幣於先聖先師以濟之分敎是郡也使來請記濟謂俗無美惡而敎有興廢厥今文風之盛稱閩蜀其初實皆僻陋乃賢郡首倡其敎至追齊魯而與之侔矧今明天子在上敎自近始郡守縣宰相與奉承而宣布之編民爭遣子弟列諸生惟恐居後今之蕭山安知其不變而至道也且是縣江山之勝名天下吾意夫橘柚羅綺之美不能獨當奇也踵而在人者特鬱而未發耳守宰三君子則既發之矣被其賜者宜若之何毋怠荒暴棄毋惑於異端毋蹈於匪彝不惟以對三君子庶無負天子樂育之盛化哉　凡乾隆十六年以前之學記黃志不全錄今從康熙劉志及魯燮光儒學志增入

嘉定中知縣姚元哲修寶祐丙辰邑人太守張穪孫重修又

捐地以廣之築崇岡於後馮平國有記

宋馮平國重修蕭山縣學碑記六飛南渡吾邑密拱京畿首善風化斯文需治異於他邦龜山楊先生嘗尹斯邑今祠之於學學之舊基在需壤東偏紹興間令尹陳公南卜遷於茲碧流帶環來自龍角面峯文筆地靈人傑相爲符印寶慶丙戌郡帥汪公綱關治之餘歲月逾久垣堧日寖頹圮廩入寡贏僅能葺漏大成有殿乃奠謁嚴祀之地棟撓支傾久圖葺治費浩莫舉寶祐丙辰新安太守扈卿秋巖張君稱孫時適錦居力任鼎新季春壬寅卜云其臧鳩工雲集太師嗣榮王轎車經邑捐金以相其事越帥殿撰厚齋李公鏞時建庚臺亦爲斂助計使端明存齋王公克仁自邑令俱爲局給在學執事駿奔效勞訖役於夏季之庚申廟貌翼翼妥靈揭虔慶成而讌於堂右司雲湘趙公希總時在賓席揚觶而言曰輪奐乎大成殿之告成也非慶秋巖張公倡其始王公大夫致其助疇克底績盍勸堅珉以示方來扈卿歲舉鄉飲酒禮古儀豐資相小山厲公文翁亦致餽焉衿佩鏘鏘文容濟濟觀鄉者莫不美而誦之既又築崇岡於學宮之後以壯形勢悉張公美意也邇者聖天子日新文化增置縣博士官以淑秀乂月書季考視儀上庠鋪張揚厲詎可缺諸僕鄉閭晚學嘗聞諸先君武博昔日鄉校汨於潦像設湮晦扈卿大父府博時皆肄業相與慕以新之既而踵游辟雍登進士第今張君克紹祖芳文闈榮雋卿月輝煌蘭砌詵詵聯鑣薦鶚爲襲世科儒效於此可見矣學之諸賢雋曰樂石已備請書其事墨徑雖荒何敢以寡陋辭披文相質愧不能工若夫朝夕游焉潛心道闡慕智聖條理之科中金石聲振之節德成應聘席珍則庠序諸君事也相與勉旃以副成人造之意

有元大德初縣尉王振教諭陳處久陳適修張伯淳有記

張伯淳重建大成殿碑記縣有學學有大成殿凡皆然不特蕭山也蕭山爲邑西瞰錢唐東接千巖萬壑之秀宋紹興間建學文筆峯前拓地恢規自昔爲諸邑最弦誦聲日相聞名公鉅卿彬彬輩出皇元混一以來士由學者咸給復部使者往往能以宣明勉勵爲己任以故飭歛植僨視前弗替當至元壬辰歲廉訪副使東平王侯既宏闢郡學行有餘力重建斯學時教諭山陰王酉叒

亦能營治如家不日而成當有紀其事者惟殿之成欲速不遑擇木曾未十稔廢而弗克支大德戊戌縣尉大名王振麟伯敎諭天台陳處久德可四明陳適文卿首議撤而新之既而尹燕山王琛君寶來上慨然謂宜主簿太原王泰亨仲通與達魯花赤可馬刺丁咸是其議顧力有不逮會是秋副使拜降公簽司事王公奐循行至邑奠謁已諸君闔詞進曰殿不稱學不急圖之將壓焉戾止藻芹顧瞻若是爲士者獨無內愧乎二使者作而言曰是余心也若所言犂然有當謀既僉同於是邑令提其綱縣尉相其役敎諭傾廩以經其始諸生莫不輸材薦力起己亥歲夏四月至秋八月告成易腐木而堅改舊觀而新民不知役士無異論奐然翼然過者駭目洞心於乎盛哉竊謂士君子之於學患不固耳思必精辨必明行必力然後見諸日用而不悖猶之農鹵莽滅裂而稱其報亦將鹵莽滅裂向使當時工善度材官不計速效殿雖歷千載猶一日也欽惟制誥屢頒崇尚孔子之道有地治者罔敢行其胸臆以塈皇澤士何如幸然士所以學何事如徒切切然求以復其身而其所以自立則惟苟且自務殆與前所謂腐木者奚以異可不懼哉德可於伯淳爲中表道其修建顚末爲詳惟麟伯儒而通見義勇爲是役宜力靡不至文卿名家子敏而好修心維身任蚤夜弗少懈令佐皆知所本故能底於成然則豈偶然哉衿佩來游知其成之不易而責效之不可以速則在我者必將求爲可久之道是豈施於繕修一事而已邑之官若士謂伯淳曾職太史氏言或可信後求文以垂不朽因述所見聞云然尙相勉旃德可於昔嘗有位於朝不特可稱云

大德三年邑人張孫聖繼成之胡長孺有記金華胡長孺修學碑記大德三年八月辛亥哉生明越五日廟成翌日丁巳釋奠於廟用幣縣長貳師弟子咸在既受福東序還位揖於庭曰美哉廟厥亦勤恤匪易皆敦讓言罔敢以爲功亦既伐石門外右盡載輸材氏名實諸石陰適來請記故廟在雷壤東偏庫下陋險賢令陳公南相方度宜以徙置於茲土後百廿年張公稱孫貴盛爲山疏滯復作廟又後三十有七年當至元廿九年廉訪使者行縣戒學官作廟堂門廡始訖丹漆黝堊事蠹蝕材且盡處久適懼弗卽就請用良易蠹尉奮然曰厥初擇材弗於其良今

弗良圖疇克久語合尹意長官主簿暨典史陳英咸贊尹自調工材所出營度略定卽日撤去故材蠹中罔有膚寸完張公孫建先輸其良以勸羣士伐木薦材以後爲恥復合師弟子月入粟布用佐餘費範金斵木與日出入尉日至臨視適陳督益虔靡間暑雨成廟之改月處郡洪天澤代處久任猶未塗墍茨天澤緒成諸廡基匪堅埴又將摧方議葺廡外內且完尉亦歲滿受代去長孺曰作新廟用材暨工有弗獲罔克臻厥成勿錄何勸爰作記以貽後廟記翰林直學士張君伯淳所作是爲處久弗私親昆弟厥事核故不復書

甲戌大雨雹學圮至正戊寅知縣崔嘉訥重修倪淵有記

吳興倪淵重修儒學記人才風俗天下國家之元氣古之聖人君師億兆莫不以育人材正風俗爲先故司徒典樂之官設學校庠序之制立人之生斯時仁漸義摩禮融樂化在位者無未成之材在野者無不敎之民卒能陶成虞夏商周泰和之治世至春秋僖公修泮宮子產不毀鄉校論者美之戰國之際談說紛紜矣干戈擾攘矣而慈母遷居深以近學宮習俎豆揖讓爲喜學之有益於人如此漢唐以來非不聞置博士弟子若干員增廣學舍若干區顧其爲敎不本諸德行道藝而惟訓詁詞章是務人才風俗之不古是亦奚咎皇元啓運文敎誕敷市廛閭閻窮山深谷遐荒遠徼學院濫於郡縣常制不可勝數綸音頒布必命風憲勉勵之守令敦勸之諄諄諄然不少貸德意至矣紹興路蕭山縣當元統甲戌之春天大雨雹壞官廨民廬十八九幸學之大成殿巋然獨存四三年來勿克葺治日以摧敗後至元戊寅雲內崔侯嘉訥來令茲邑慨念先聖綱常之主朝廷敎化之宮崇奉勿嚴何以示民所趨向於是計學廩之舊儲節浮費收宿逋掄材度庸不貲於士不役於民敎諭天台趙公孟善暨邑耆士董之始作於是年之春畢工於明年之冬禮殿翼翼倫堂耽耽靈星嚴棟泮水潔清從祀之像冕韍鮮華肆業之齋窗几靜好垣墉丹雘倉庾庖湢莫不完正侯之爲是豈直以觀美哉誠以爲令者之宜上德化莫此爲急而獄訟賦租簿書期會特餘事耳蕭山西瞰浙江潮汐之雄放東攬會稽巖壑之奇秀英才雅德前後相望昔者龜山先生楊文靖公嘗宰於茲其爲程門主敬窮理修己治人之學先輩當有

得其傳者矧今科舉之制復行後生子弟必能翕然興起以應賢令作新之意雖然先生之言曰舜蹠之分善利而已使世無科舉而不學如是而不爲蹠之徒也幾希斯言深有警於吾黨士之爲善固不特科舉之復第講之未熟鮮有不以利爲善者今而後學之博問之審思之愼辨之詳而善無不明意之誠心之正身之修家之齊而善無不得一鄉皆善士矣以至於一邑皆善士焉人才之多風俗之美不期於治而自治矣邑士重一侯之嘉惠於我求文以記之余謝不敏而請之不已惟崔侯可以爲凡縣令者法不固以鄙陋辭邑之士當知侯之修學不區區望於歸美其功所望者亦猶先生之明意欲邑之士皆爲舜之徒也倘有以勉之若學之創始遷易顛末前記已悉茲不贅

永樂間知縣張崇曾永聰復新之正統二年知縣李琪重建大成殿成化間知縣陳璐設號舍吳淑建明倫堂朱栻置射圃弘治十四年明倫堂圮知縣楊鐸修十七年知縣朱儼重輯正德間知縣吳瓚拓其地重修未竣八年知縣王瑋成之邵寶有記無錫邵寶重修

儒學記正德癸酉秋七月蕭山新修儒學成學故在縣之庠沂橋宋紹興間始建今凡若干年撓敝傾圮殆不可居先是辛未春監察御史海陵張君元德以巡按至與參政吳君汝和相顧以歎議圖新焉爲其南偪於民田位置弗稱亟令買而拓之時知縣事休甯吳侯瓚實始興役未幾吳擢知州以去而江浦王侯瑋以進士來繼會今提學憲副海陵徐君宣之至而飭修之政行焉侯乃慨然以爲己任二尹阮君璉協力以襄厥事爰命義民邵戩買瓚督工越明年壬申殿禮甫搆秋七月颶風大作繼以甚雨殿與聖像皆毁侯於是加意圖之繼旬月舉材復具且節蓄以共至是以告成癸酉秋八月旣望徐君觀而嘉之屬楊教諭武余訓導蘊高訓導遣門生韓蓬來請序記惟道術裂而學無恆宗於是乎有諸師人才口而仕無一恆途於是乎有諸科庠序廢而士無恆居於是乎有諸院舍慨自周衰至於宋其變不一大較可知也明之興鑒於前代而先王

時若學必本諸經說經者必本諸程朱氏而道術之裂者合士游庠序比年有貢三年有舉而人材之進者專自郡邑命官簡徒宮居廩食山林湖海罔有逸遊而庠序之廢者興大哉聖謨實參天運道久化成蓋有出於司成之外者若其屋廬之敝則新圖焉非良有司其誰任之非賢典樂其誰倡之今夫學必有堂堂之榜皆曰明倫蓋取諸孟子而孟子則聞之舜之命契蓋萬世教學之道莫大於是先聖先師盡以是則祠而奠焉而經訓典籍載以是傳則閣而尊焉師以是授弟子以是受體是為德貌是為文缺是為病惟德輔世於學成矣而文盧病一廢雖學焉而君子謂非學今是學也基缺於南衆以為病也則圖而方之必截然畫一而後為稱朅吾所謂倫者而或缺焉可謂之學乎此教焉者與學焉者事也非有司所與力也雖然此猶其常耳若夫時有升降世有隆汚窮居達用我秉吾倫危險薦臨厥或病之則固有若彼風雨振陵我殿宇敗壞我像設焉者徹焉而支之勉焉而復之以無改厥常比之致力於物者其艱為甚此固學者之事也又非教者所與力也而奉詔作人者固有厚望焉徐君學政最諸藩其屬斯記也豈徒欲成功之書哉實不敏蓋亦嘗聞是者請以是為諸生告廟前堂後學有常制而門廡齋舍各奠厥所其事實作而以修書有故故也其費白金八百兩有奇蓋會程有方故其用約其所出曰公楮之直參政公所檄致實是焉先曰廢寺之租曰徵告之牘則所謂節盡者也古重民力而是役無專斂焉其聖賢貌像又教諭武之所區處者也故附書之嘉靖九年改大成殿為先師殿今仍稱大成殿不從明制嘉靖十二年建啓聖祠十八年

江水溢學圮知縣林策重修建訓導廨於明倫堂東即今所增設會講會饌二堂祭宗兗有記山陰蔡宗兗蕭山縣重修儒學記白鹿山人曰子夏有云百工居肆以成其事君子學以致其道余嘗合而言之多士學校之地猶百工之肆也多士以晉修之道猶百工之規矩也學校而廢其地則萃聚無朋講習無所何以育英才於不世昔修而昧其道則成已無規新民無矩何以啓碩德於有常故君子任育士之職必先飭學

校以敞其宮恆敦敎訓以明其道自古及今未有釋茲二者而能成就賢才樹名循吏者也蕭山越之巨邑嘉靖庚子春漳南林公策由戊戌進士筮尹茲邑其地瀕大江上接歙睦衢婺萬山之水秋霖彌月大江灌入平陸水溢丈許學宮正迎瀕洞捲波濤而混泥沙者塌如矣公之節縮浮費通融羨餘具存監司王公紳臬司張公鋻蕭山公一中鳩集木石簡飭工役愼選監督而身先勞之工力有不及者間出俸餘助之經始於庚子孟冬落成於辛丑春莫塌如之境垣如甃如巋如崋如黝如堊如翬如翼如殿堂廡宇橋門綽楔鉅細之宜立者無不立矣今年春林公過訪山人於鏡水告山人曰敝邑學宮幸復完立有司之常職不足言也當道作興曷敢忘之願先生記諸石以勸來者并求務學之道以世勵我諸士山人曰吾聞能樹學者必能敎士幾及三年願善言無隱公曰眇學無他道能惟不忘大學之敎耳山人喜其言之有本深得致道之旨也遂從而闡明之曰大學之有所謂明明德者總言之也下分格物致知正心誠意修身五者缺一皆不足以明明德也有所謂新民者合言之也下分齊家治國平天下三者缺一皆未盡乎新民也明德止於至善則新民自止於至善矣明德外五者而爲學皆無益之學未有能明其德者也明德之事皆新民之事新民外明德而有事皆無本之政未有能新其民者也故修已惟在於明德新民必本於明德聖賢之所學者學此而已帝王之所敎者敎此而已天子恭已於上者此也大臣盡忠於下者此也勳烈之所以光大文章之所以烜赫者此也至簡至易千載相傳之心法萬世不易之王道士友每以爲常談服膺而身踐之斯不負令尹之遠意當道作興之盛心而自視亦不爲小矣有不遠到者乎蕭人世仰乎龜山敢致龜山之懇祝龜山之心卽林公今日之心也之

三十六年知縣魏堂重輯增築露臺建祗候廳

訓導廳金璐有記

錢唐金璐蕭山縣儒學重修記蕭山縣之有儒學舊矣昔嘗改建今址於宋紹興間迨今正德癸酉嘉靖庚子載行葺治事具邵公寶蔡公宗堯記中亦甚詳矣嗣後歲侵風雨洊潦衝嚙完者圮新者敝棄而弗治此固有司之責也甲寅春魏侯至首謁學宮仰瞻儀位會諸生於講堂喟然興歎曰茲學之修越

茲幾載今復若此何以妥神靈宣敎化會計飭復我不敢後乃以倭寇犯順擾我江防軍興未逮而侯之心則常汲汲焉者今茲邊隅警息財力可資殫厥心思用申前議鳩工於丁巳孟夏甫三越月而告成焉上自先師廟庭下至門廡堂室齋祠廨宇咸葺而圖新之丹堊重輝臺階峻潔遠近博觀爭傳盛事夫自聖天子視學育才聿修文敎乃用輔臣議以主易象亦以吾夫子春秋之義去其王號尊爲帝師追復三代禮樂之嚴一洗先朝非分之陋則固無間矣而宮牆之穢蕪見者興歎亦何以承仰德意大抵爲主司者來去靡常率多引嫌委之未暇或視官府爲傳舍計日待遷於士於學弗少經意亦或委任非人怠於稽察隨補隨敝殊罔顧惜其弊若此不但一方爾士也侯乃不然力興茲事用才若干緡日加省視第其功力勤惰而上下之餼廩稱能百工胥勸民不告勞成此偉烈維時縣博林君則時徐君演既相厥事爰命徐生大夏鳳來輩乞言史氏立石記之璐嘗有聞先王建學將以明倫敎化儲養人才資世用也故爲政之要莫切於此侯能於瘖痍甫定之初節用撫綏不傷民力而知人此振揚風敎之舉自非學有定力而知所先務者念不及此也豈不足以爲諸郡諸邑之勸哉自今以往尙冀我諸士體侯修治之意修身以崇德修辭以廣業交相砥礪以昭國家文明之盛茲固報德崇功之典其有利於天下後世遠矣因著於篇以告後人之從政者使有所考焉侯名堂字汝高湖廣承天人登嘉靖癸酉進士博學有文善於立政此特其一也

三十

九年知縣歐陽一敬疏鑿月池建雲龍橋萬歷三年知縣王一乾敎諭黃時濟重修陳善有記

錢塘陳善重修蕭山縣儒學記蕭山自建學以來代有興舉宋以前無論已明興二百餘年文敎洽隆治政聿興而蕭山之學所爲飭治更新者凡六七作永樂間一修宏治間再修至正德癸酉乃拓地廣墉規恢前制嘉靖癸卯戊寅重加繕治前令則休寧吳君瓚江浦王君瑋繼則漳浦林君策承天魏君堂後先建興有勞斯學蓋未五十年間得四令尹焉學官亦令有遺矣萬歷甲戌邑侯泰和王君一乾崇意右文留意敎化顧視學宮日就圯壞乃白於當路鳩工修葺巡海西蜀劉公樂茲美舉捐

貧助役而三尹六安朱君煥章力董成之始事於仲秋之朔竣於孟冬之望由是圯者振額斂者完汗漫而剝落者煥然改觀宮墻若益峻泮水若益澄庭樹多澤芹隱隱生色而弦歌講誦之士有所托處焉邑博豐城黃君時濟來請余言以爲記余惟今之作室者內施堂棟外列藩垣限以堦序繙以軒楹品式周詳器物完具而後衣冠揖讓錯綜交布於其間苟棟折宇傾階序蕪穢藩垣崩弛卽使峨冠博帶戴纓衽衿之士日濟濟於庭亦無以備禮容而告成事矣學校者士人之家室也聲名文物於此焉出道義名節於此焉生夏弦春誦於此焉寄而饔宇齋序時過勿修使俎豆委之草莽而敬業樂羣者無所棲托卽國家造士育才之意安在哉此縣大夫所憂也聞侯之治邑也清訟獄平賦徭節財省力去奢崇儉而獨於學校修葺以時可謂知所務者是宜邑博諸士子感君作人之盛而樂觀其成也雖然禮義者世之棟幹也敎化者俗之堤防也廉節者士之藩翰也今學宮之棟幹直矣堤防嚴矣藩翰固矣諸士弦於是講於是出入敬業於是將必有觀輪奐之美瞻堂塡之固勉思自植圖與維新者斯誠縣大夫邑博士所爲惓惓屬望於諸士者也若弁髦禮器芻狗絲簀潴爾澤宮蕪爾齋舍以自毁傷其薪木撤去其藩垣將使吾身之堂棟蓋就圯焉豈惟司敎者之羞抑亦諸士子之憂魯燮光儒學志

萬歷三年知縣王一乾復建雲龍閣於雲龍橋之東王國楨有記山陰王國楨蕭山儒學建雲龍閣記

蕭山儒學爲浙東首區自宋歷元元勳碩輔後先相望至國朝以來其領鄉會魁選者彬彬文盛至如吏部尚書文靖魏公工部尚書楓邱張公皆發身茲庠爲一代名臣特其間嘉靖甲子秋狀元南明諸公會元星橋金公道蕭謁先師大相饗宇以爲天非人不成苟起峯於巽艮以鎭東臂則文人大興稽堪輿之說少補偏缺闢小南門以開離象建奎星亭以奠元居穿左膊水建石橋以旋繞巽巳肇有雲龍橋戊辰春榜一科而登第者二三人卽其一驗然西山虎踞而龍疲於東震方之氣竟未足也萬歷甲戌秋一吾王先生來序蕭庠兼通九流閱是基信孕秀色而蒼龍之首大宜建植樓閣以爲東鎭兩公之見誠然於是集議司訓雲池呂先生參松李先生欲建樓於左

畔諸鄉士大夫欣欣然咸樂義助稟命於養初王公公聞慨然以一身而任其事不吝重舉以易民地以廣其址鳩工聚材經始於乙亥冬落成於丙子之夏扁曰雲龍閣樓高四丈有奇榱桷翬飛丹楹煥彩巍然大觀爲東方左臂一盤踞之勢斯無偏峙矣未幾雲池先生擢將司訓懷陵羅先生新任繼至聿觀厥成而吾先生於冬朔偕計北上參松先生視教事偕懷陵先生求記於余余聞之易曰雲從龍夫龍之爲物至神也而雲則從之亦以見龍之飛見皆以類相應利見於大人文明天下之象也士之龍德變化出潛離隱乘雲而興者何以異於是是閣之建所以廣南明星橋兩公之意其命名則期蕭之士膺雲龍之會快物覩之期以輔君德濟民生名顯當世休光后世耳豈特狀元及第射策掇科而已哉雖然地靈則人傑造化之妙理也盡人而合天者士子之實功也諸士尚勉其在我者以任其在天者本文章道德之實發文明嘉會之祥如雲龍之乘雲變化普德施以際國家之盛斯可無負三先生之意矣是役也計費二百金乃養初公捐俸二尹謙所三尹敏齋協成其事師生亦以多寡出貲及鄉士夫春元上舍所樂助分毫不取於民爰錄其名於碑之右云

五年知縣陸承憲再修王畿有記

山陰王畿蕭山縣重修儒學碑記萬曆戊寅歲十月

蕭山縣重修儒學告成邑侯陸君承憲將勒石以紀其事緘辭與幣遺价申請於余曰學絕道喪士習卑下爲有司者不知所以教又從而陵櫟之自詭名高乃若宮牆鞠爲蔬圃文廟久圮至不可以祀鷹憚於興役坐視其頹廢而不加之意承憲待罪茲土心竊病焉以故亟進諸生而教之暇則相與談道講藝二三同志烝烝然亦嫺於文學矣復亟請於部院諸司斥金而新之廟宇煥然飾也諸生雖日從事於舉子業其口所教尚未得其肯竅向固告懇於師顧之蒙俞允惟師學有淵源身任師道之重幸發明正學開示羣蒙俾學人之所向往由鄉邦以及天下則承憲此舉信非好興作而飾觀美其有裨於士習豈淺鮮哉噫若侯可謂加意於學校得爲政之本矣余不文聊述所聞與二三同志籌之粵自哲人云萎道術爲天下裂所謂不可傳者與其人俱往矣即其遺教其所服膺而躬踐者其要在學庸二書先正謂大學戶庭中庸閫奧原其所述而要

其所歸亦大概言之耳夫道一而已矣學一而已知行動靜合一之旨自吾陽明先師始發之夫心之明覺爲致意之感應爲物致知格物者正心誠意之功知行一也說者以格致爲知誠正爲行則析而支矣戒愼恐懼修道之功不覩不聞道之本體非以時言也愼獨云者申言不可不戒懼之意動靜一也說者分已所不知爲靜知所獨知爲動則二而離矣合一者聖學之宗支離者俗家之弊也先師爲子思子括大學一書爲中庸首章學與庸一也推之語孟六經莫不皆然其肯綮尤在良知兩字虛寂者良知之本體也大學謂之虛靈之德中庸謂之於穆之命可以默契不可以言傳千聖之秘傳也本虛所以適變寂所以通感有典要則非虛有思爲則非寂變動感通之用所由以亡也世之學者執於典要泥於思爲習俗已久有以虛寂之說招之反閧然指爲異學而非之此之謂失其本心其亦可哀也已夫學在得之於心舉業不出於四書六經四書六經吾心之詮也苟有見於虛寂之體則其用無窮聰明睿知皆由此出舉業特其餘緒也倘不得其本而滯其言詮六經亦糟粕耳此古今學術毫釐之辨亦侯興學貞教之本意也徵侯之請無由發余之狂言因次第其語爲修學記以貽之侯治蕭多惠政及民茲不書重修學記也　按陸承憲任蕭山知縣自萬歷五年丁丑始大約八年庚辰止學宮修成在六年故王畿記稱戊寅云

十四年西江水溢學圮知縣劉會三次葺之應楠有記 應楠

蕭山縣劉公重修儒學記學故勝而隰乙酉夏江溢輒及宮宇多圮公嗟之亟捐俸鍰周門垣飭殿堂房廡齋祠三元閣經與衙廨已更聚奎星亭亭一敬箴正制也噫公有道長者雅重學故諸生樂學且修頌而公固以敦樸先學諭應楠謹以歲月識不敢爲公支辭云公名會惠安人癸未進士王丞箕徐尉閔贊焉而訓導楊季同記公者也

二十年知縣秦明再修來經濟有記 無考

三十一年知縣程再伊修王三才有記 邑人府尹王三才

蕭山縣程公重修儒學記夫士宗道道宗儒宗孔聖之外無道焉由則其正路也居則其安宅也出入則其禮門也進而升堂深而入室卽欲頃刻離之不可則吾徒之仰視聖

宮不曾宗祠堂宇然顧可視其傾圮而恬不知怪乎自世道喪而邪害正習染智昏學士編氓往往弁髦禮義究析虛無故望而連甍畫棟堊壁丹垣赫然輝人耳目必緇林梵宇也其頹於風雨鞠爲茂草而環堵蕭然不蔽必吾夫子之宮也入者宗之出者仇之以此較彼判若蒼素舍吾宗而仇是崇甚相軋而反不能相敵此無他故父兄之敎不先子弟之率不謹正學晦滅而人心莫知向方耳蕭之有學舊矣改修自正德癸酉迄今多歷年所舊貫相仍隨廢隨葺大都補苴罅漏粉飾觀美而止久之堅者瑕隆者撓正者欹不治將崩崩難圖也諸士子振懼相視而莫可誰何海陽程侯箎仕斯邑祛左道崇正學慨然以作新斯文爲已任周覽而太息曰此吾名敎之宗祠堂宇也何忍一圮至此且廟者貌也貌不肅則心玩學者肆也肆不局則心放玩而放安論敎化此非可苟且應故事已也遂與司諭鄭君司訓張君陳君謀鼎新之助其費且不貧而府藏又告匱則酌撥祭金若干不足因各捐俸金佐之鳩工聚材擇吉經始計且次第調停不給不欲妥有徵發而鄉之紳衿暨耆老之好義者靡不翕然嚮風爭效銖兩凡費四百餘金歷工半載而告成適余奉命回祇瞻廟宇煥然一新因有感焉夫吾夫子之道平平無奇耳非有三途四智之說鼓動人心也非有德水福田之徵忻豔人心也而以程侯之躬先若此都人士之響應若彼視若輩之捐宅沈寶修果人夫者大有逕庭不亦見善之敎入人深而正道之在良心者果未嘗一日泯耶試令諸士子仰視榜題俯視筵几燦而青黃穆而莊嚴煥然如接道德之容而聞金玉之聲前日之玩心得無而肅放心得無歛而戢乎即此心也可以證聖充此心也無難入聖矣君子以是知程侯之能爲父母也其崇正也善作人也博士之能爲師也其樹表也尊吾道也吾鄉人之能爲弟子也其不惑也知向方也今聖天子廣勵學宮申飭諸士異說有禁左道必誅欲揭聖學於中天而一軌乎正則是學也未必非風敎之一助云故爲之記

四十二年教諭何舜齡倡修聚奎亭自爲記無考

天啓二年知縣陳振豪捐俸大修建文昌閣土地祠以一間爲報功祠來宗道有記無考四年重

修邑人戴尚志修尊經閣來宗道建鄉賢祠崇禎間教諭屠肇芳重修朱兆柏有記朱兆柏蕭山屠師尊修改儒學碑記皇帝臨幸太學申布孝經小學之書崇普天下儒師章服使異於百有司服其服而自能異者蓋寥寥也予悼代若輩凜辜爲重負聖天子至意繡水屠君來教蕭山接其人抑抑溫溫不欲矯矯自爲異也蕭之縉紳大夫士則心口交異之異於瞶然賢不肖都無所擇而計襚殄瑣瑣與異於硯借徑一官而頹然不事所事者自好者皆能蕭之縉紳士大夫才行器識遠盛不爲是也君立教有三曰根本曰風節曰學問根本莫大乎孝弟風節莫高乎廉介學問莫正乎尊程朱而奉宣祖宗之制蕭士於父子益親兄弟益友朋友益信疎長令如澹臺却三公如柳下惠析四子五經如日皦海涵牛毛繭絲者皆君詔授董迪崇尚表揚之力也漢張禹桓榮升蒲輪坐玉几赫趒東面爲帝師然卒見笑天下萬世比於敝夫俗儒者無他其根本風節學問皆非也三者失則天下亂三者得則天下治由此觀之君於聖賢祖宗今皇帝功何如也御史持節爲聖天子考明幽故異君而薦於朝擢令文水余載筆而爲聖天子書美惡故異君而記於石垂將來以暢答縉紳士大夫之心與口君諱肇芳字培之舉丁卯有孝弟編訓語正文體說博採孝弟節諸傳存學修改儒廟廡樓閣垣道門屏極完麗其所優禮薦舉之士皆國士魯變光儒學志清順治四年知縣王吉人修來集之有記邑人來集之蕭山邑侯鳳雝王公捐俸修學碑記學宮者所以正人心而厲風俗自國學外凡郡縣皆有之顧其盛衰廢興之故則莫不由乎其人漢高祖過魯以太牢祀孔子綱目大書於冊於今爲烈夫以霸王之略屈師傅英分之主皆然而獨推美漢高者謂其推贏蹴項於干戈甫定之初既興禮義文章之化知所先務故終西京之世文學彬彬吏治循美也吾蕭江海匯靈湖山競秀爲之宰者自楊龜山先生開其道之源居是邦者則魏南齋先生振其學脈雖蕞爾荒陬而文物聲教雅與諸郡邑相望去歲江上環兵而介冑偏於閭里一時彥秀之士即不無山居而僻處而不免勢之所驅或挂小司馬之虛衙或就大將軍之揖客青青

者衿忘其步趨而明倫堂之鞠爲茂草矣口兵東渡與以更始而我邑父母王侯應運來宰是邑方侯下車之日則正烽火徹天戎馬四駐之日也城闉之内巷無居人死亡
載道殘燼騰烟侯眷焉四顧爲之招撫流移爲之收瘞胔骼萑苻之嘯聚者有勸而白丁之冒伍者有禁寬征額以釋無辜剔奸弊而藥有病吾聞楨尾之歌若如燬者樂孔
邇彼君子兮民之父母宜乎歸之若流水不數日而市墟如故巷轍相摩也爰念學宮既荒則學殖俱落如在其上如在其左右之謂何居其肆以成其事利其器以善其事
之謂何豈以至聖棲神之宇及帝王所立敎明倫之地而顧俾之庭廡莽塞俎豆塵封乎又曷怪乎士無恆居邦有奇袤之民哉侯首捐俸金爲之經始屬學博林柱天袁元
生兩先生董之率之命茂才蔡良鉞任騰蛟蔡成已蔡景魁等匡之翼之閱日而美哉輪美哉奐翬斯飛鳥斯革漢官威儀忽焉再覩蓋惟佚使而勞不怨故身先而成不日
耳余竊惟唐李華之言曰文敎失宜武臣用奇漢司馬相如之言曰父兄之敎不先子弟之率不謹則是兵革之與弦誦雖運數相爲循環而敎育之與誅督功效相去天壤
中工治病藥石針砭兼施並用而民之死者過半上工察於無形提其脈絡養其營衞而康寧無陰陽之毗故以刑戮化盜賊不死若銷刀劍以歸之牛犢也以令甲繩子弟不
若飭泮林而宗之以詩書也今而後蕭之庶士覲宮牆而知聖賢之路之有在即蕭之黔首習禮容而知格門馳騁之習不可一朝居矣潛移默奪非我侯其誰與歸夫斯民
何常之有方其羅水火也求脫水火已耳他復何求既脫水火矣俄而思衽席焉既登衽席矣俄而思揖讓文飾焉上焉者亦復施有次第寬以歲月漸且生之漸且安之養
之而又漸且敎之有如斯之甫脫水火即享衽席之安方給衣食又興揖讓文飾之美侯眞春風之吹萬彙元氣之行百昌乎由前言之蕭之遭禍害爲諸邑最由今言之蕭
之返治學爲諸邑先去其亂以抵於長治則又非我侯其誰與歸侯之治邑也視黃金白璧若將浼焉畏四知而其嚴一介侯之清其可及與侯之爲治也星而出星而入西江
之水恐其嚙堤而入湘湖之水恐其嚙堤而出皆冒風雨巡督修築俾勿壞四郊多事匹馬週行無間鐘漏侯之勤其可及與侯之爲治也聽斷片言吏胥莫敢上下其手多課

士殿最莫失銖兩邑當孔道痛定之餘驛郵鄰鄰不絕調而理之環而應之民若不知有過客也者侯之明而公其可及與至於繕修城堡防衛封疆其爲蕭民桑土綢繆之計衣袽復隍之戒又何識之卓而慮之殷與惟清故施之有緒惟勤故行之無倦惟明且公故應之曲當惟卓且殷故防之最豫美固不勝書而事莫大於興學也是以工成而爲之記十一年知縣韓昌先易殿楝十四年邑人朱懋文輯廟門康熙八年教諭俞穎湄邑人王伯璠張士鯤王壇沈煌等重修聚奎亭十一年教諭盛旦邑人周之冕重建明倫堂張文起建學門十六年邑人丁士俊嗚俊三俊建泮橋十八年教諭盧宜邑人吳希聖周生泰等重建崇聖祠二十一年邑人張士鋸修聚奎亭二十二年教諭張翀訓導姚德堅重建大成殿知縣劉儼相繼成之張翀復修文昌土地二祠姚德堅復建訓導廨廳屋門寢爲之一新二十四年御書萬世師表頒行州縣縣額廟中二十五年御書先師贊及四子贊幷序頒行州縣勒石於明倫堂三十年明倫堂毀於蟻知縣劉儼訓導姚德堅復新之教諭沈節增築後廳四十一年御製訓飭士子碑文頒行州縣勒石於明倫堂四十四年教諭徐瑞訓導謝嗣暉邑人毛奇齡等重修毛奇齡有記毛奇齡蕭山縣重修儒學碑記古與作必書春秋二百餘年間凡城郭宮廟門臺廐囿其或興或作無不歷書之於冊而獨不及於學校然且子衿一詩刺學校之廢以爲膠庠不修學

者所恥則是立學之重等於立國原不必以類書冊而一當有間則必飭化以莒之蓋作之有藉於修也明矣是以唐宋之記學記立學也以其一時里塾未定廟饗未合夫固有倡之者也今此之記學則記修學也以成廟而合成學但修之而事已畢也顧作易而修難作簡而修賾作在一日而修之者在百年古云學貴自修豈虛語與憶昔非庵姚君甫欲修學卜日鳩工適遷階州司馬賫志而去余自史館還里而文廟棂桷間有缺於蝕罶者兩廡且瓦豁仰見星日泮之環門者如田坊圜橋於陸已久矣邑侯鄭公以廉能調茲土振興學校適完石徐先生秉鐸之初與昌亭謝先生力能以文教啓迪才士一時才士爲都講者各發憤趨事以材以力稽器而考度任其物而就其功闕者補之仆者植之抑閼者疏而通之自殿而堂而廡而門而池而祔祠凡宦蹟邦賢與聖所自出皆一植一整理而各依於法會學使按部已歲除矣故事莫冬興役不妨農政而特以日逼短景由亥月以迄寅月謂之下功乃即此下功未旬甫班程薄而不日告成屆二月上丁而卽可祼瓚以從事自非兩師率敎作諸都講咸和以協勞不至此然則是修亦力矣第司事多人不能備載而較其尤著則吳子升金子書何子西堰王子錫晉來子賡虞趙子昂發孫子日發家珽孫端皆都講克任事者例得並書雍正九年欽奉上諭追封先師五代王爵五世祖爲肇聖王高祖爲裕聖王曾祖爲詒聖王祖爲昌聖王父爲啓聖王易啓聖祠爲崇聖祠增設神牌祭器二年知縣門鈺教諭沈漢生訓導嚴民雍鳩工大修工竣烈風壞殿照牆圮復修之改築照牆於學池之南文明門內三年御書生民未有頒行州縣懸額廟中十年邑人訓導金輅重建雲龍閣王洪澤踵成之十一年學政李清植頒發祭器十有六樂器凡二十乾隆三年御書與天

地參頒行州縣懸額廟中六年邑人陸巡捐金四百七十餘兩重修增設齋宿所知縣姚仁昌有記姚仁昌蕭山縣重修儒學碑記學校之設建之者天子修之者有司與縉紳多士之責也一成而不易修必以時補苴其間所以崇教化儲英才也國家承平百年自通都大邑以及山陬海澨莫不有學作人之化淪浹寰宇鐘鼓管絃之聲相聞也蕭當東南靈秀之區人文炳煥創學以來修者屢矣始紀其事於給諫來先生集之繼則檢討毛先生奇齡其或修而勿紀其文者蓋缺之耳歲己未學之戟門暴風雨壓門闑視其棟梁欂櫨間朽蠹如蘇絜前令上其事委員勘估頗難之久而不報庚申春余承乏茲土詣廟恭謁時學諭薛先生英孝廉吳君元禮與諸生數十輩交請審視余曰是宜速撤否則圮埴皆齏粉矣夫學校不修守土者之責余何能辭每朔望行禮顧之怵然心動而未逮也邑有陸君者勇於好義而獨肩之卜日庀材創戟門三楹簷牙洞豁式廓前制自兩廡以迄櫺星齋宿之所皆煥然更新上及聖座下及先賢栗主丹漆俱以法始於辛酉仲春成於初夏釋菜以落之共費若干緡陸君爲善於鄉嘗建茌山閘以紓水患掩骼埋胔德心不倦而是舉功在膠庠俾諸生以時習禮有於論鼓鐘之美無佻撻城闕之傷關係至鉅尤非一切里巷好施者所可同日語矣工竣紳士請記以示方來故爲序其梗概如此七年邑人蔡文岱凡學宮內外悉易青石八年櫺星門外石堤圮陸巡復拓舊址砌石磡及雲龍橋路蔡文岱相與成之教諭薛英訓導陸鴻記無考十年教諭薛英訓導王嶼築崇聖祠露臺以上據乾隆志二十八年文廟及兩廡暨諸祠宇率多損蠹明倫堂棟撓瓦撤幾於露處估費甚鉅邑人趙錕承先人遺志鬻產捐修教諭費孝暹有記魯燮光儒學志烏程費孝暹重修明倫堂記維癸未之二月余秉

鐸來視此邦周視先師廟廡暨諸祠宇率多損蠹而學之明倫堂棟橈瓦撤講學課業師生幾於露處爰集紳大夫若弟子而謀之則計厥費且甚鉅咸懼弗克勝逡巡莫措時有趙君者獨奮曰是之謂道謀憶余先人生有言邑之有是堂我子弟所以進其學而成其材者也苟有興作當惟力是視余謹誌之未敢忘力雖不勝請鬻產以成厥志退而遂飭材鳩工早夜率作爲費三百有奇越二月而告竣焉嗟乎世之膺膴仕擁厚貲而不稍損其毫髮以效厥功爲其父與兄卽有所事輙侮爲無聞知因以使其父與兄不獲行其志者比比也而趙君惟以先人之志故不量力而爲之以至鬻其產而不顧斯固其先人之志可尚抑亦趙君之能畢力以成之者尤可嘉也君以名錕候選縣丞余既告之邑長爲推其志而祀其先人於報功祠而紀其事如此若夫堂之廢興成毁與所以興材敎育之義前人之記備矣茲不復云

五十八年癸丑邑人陳銑出私錢葺學宮見紹興府志訪冊

嘉慶朝御書聖集大成頒行州縣懸額廟中訪冊

二十二三年間文廟頹圮邑侯李芬彭富枘相繼議修二十五年功竣湯金釗有記湯金釗蕭邑重建修學宮碑記吾邑文廟久未大修日就頹圮邑侯李公芬集僚紳議其事會奉差去彭公富枘繼之謀醵金焉有湯舜年者慨然獨任建修大成殿添築後垣增堂塗之石殿上神閣並齋宿所咸更新之有同時任建修者明倫堂則陳元驥陳文詔東西廡則陳師祜名宦鄉賢報功祠則陳師藺檽星門儀門泮池泮橋則陳來嘉枘來謙牧來泰交來樹芝崇聖祠則曹文琮文昌奎星閣則陸雄文昌祠後殿則曹學櫟經始於嘉慶二十二年九月至二十三年正月李公差還又九閱月落成洪惟我朝重道崇儒學校林立吾蕭文獻之邦仰止文廟堂楹桷朽敝非所以暢皇風而揚俗美也役繁費鉅慮始爲難茲得賢邑宰垂意斯文搢紳先生同心舉業一人倡而衆人和遹觀厥成吏治之良民風之厚蓋於斯得其概已抑聞之孟子曰謹庠序之敎申之以孝悌之義寧不嗣音子衿譏焉然則既作芹宮尤貴昌明術敎也是則願與從遹者共勉之也夫訪冊

道光朝御書聖協時中頒行州縣懸額廟中訪冊季年訓導鄒鵬集資重修魯燮光儒學志咸豐朝御書德齊幬載頒行州縣懸額廟中訪冊辛酉遭兵災蹂躪不堪朱相國鳳標致書大府以越中積有善後公款於同治九年訓導朱志成興工大修邑紳布理問銜許瑞趣工甚力次年落成未立碑記魯燮光儒學志同治朝御書聖神天縱頒行州縣懸額廟中光緒朝御書斯文在茲頒行州縣懸額廟中訪冊光緒十四年戊子大成殿滲漏邑人陳肇曦捐資重修二十六年大成殿前後簷傾圮知縣李棻瞿倬先後議修二十八年壬寅落成邑人湯鼎熹募修文廟序蓋聞武帝臨雍而漢學斯盛文翁建塾而蜀才以新伊古興賢必先尊聖我熙朝湞溶沆瀣合萬國而同文增槃嶸峨超百王而立敎吾邑靈炳東浙爽挹西山北連赭海鏗鏘皆絃誦之音南澈概江照燿盡縑緗之色文通以來筆花相望大可而後墨藻尤多莫不得力於心師成材於齒學乃者僉驚廟貌久失歲修來白螘之聚屯甚紅蟫之侵蝕桴棼陊剝杗廇摧殘望昌平而氣不昌明顧蕭然而神先蕭索春風芹泮吹殘刮面之風化雨杏壇灑徧打頭之雨釋菜者星披射瓠者露立梁陰載缺楹坐何安斯固都人士之羞而鄉先生之責也茲議拓新饗宇祓飾宮牆合潰慌陶旂以僝工庀椳闑欂櫨而蠲吉彼空空釋部尙競莊嚴豈赫赫儒宗竟忘瞻仰當使麟書虹紱紺宇照人毋令象塔龍龕緇流笑我賽祇園之金布助文囿之玉成所賴鉅公爲呼將伯徵特起人家科第固當飲水而思源即凡夙世宰官並可輪泉而稱福或運廣長舌以勸人或任重大肩以蒇事韓章具舉量鼓爭操庶幾月斧修成室皆生白雲甍構就路可梯青司命錄功虛皇降鑒落成有日將隱隱聞絲竹之聲食報無

涯定世世壯簪花之色

瞿倬重修蕭山縣學大成殿記

學校者造就人才之地也人才不能無純雜斯學校不能無盛衰當其盛士皆砥行立名服習聖訓弦歌之聲日洋洋焉及其衰明倫講學釋菜尊師徒習舊文視為虛器凡習考據矜呫畢硯然自命為士夷考其行要皆猥瑣齷齪無足比數致使相士者慨然太息曰天下無才嗚呼豈真無才也耶夫值國家需才之日不於造就人才之地而修之葺之甚非所以勵風俗正人心也蕭學故址在需壤偏東宋紹興間移文筆峯前左環流水右抱西山靈秀之氣鬱鬱葱葱然其間名公鉅卿由學興者項背相望地靈人傑不信然歟創學以來修者相繼同治辛未陽湖汪公學澄築而新之光緒戊子冬邑紳陳君丙烜副室胡氏慨助六百金由其嫡孫生員陳肇曦經理修葺此其近事也庚子春大成殿後簷傾圮夏又霖雨壞前簷前令李公棻以興修為已任事未就去辛丑春倬來權茲土以李公之有志未成也於是明告士庶使量力納錢是邦之人亦皆慷慨好義爭先恐後事漸以濟但思戊子胡氏之修距今僅十餘年何敗壞之速撤卸後棟桴棼橑盡白螘蠹蝕始歎天下事固有人不及知而陰為敗壞者即一蟻而已見矣謀所以避蟻不得其策獨其間最中一楹無剝蝕迹木工審視之僉曰梓也夫梓可避蟻而無救於大廈之傾豈非所謂一木難支歟今者寀廇橑桷悉易以梓梓可得而梓之大者不易得殿之梁有四梓得其三一則木工剞木周之與三者稱余見之曰是濫竽也何以示後僉曰求之徧不得已強就噎何剝蠹之物多而梁棟之材少也夫是梓也當其挺巖阿居深林溷迹淤泥與凡材何以異一旦當大任經磨折蒲柳樗櫟相率同腐彼殆抱其堅貞之性嶄然獨存夫子云歲寒知松柏若梓者其亦後彫之尤者哉至蟻之為物鑽營其技陰險其心聚黨而居自為得計人視之初以為無患不知剝削久元氣傷楹折棟撓無可挽救昧昧者真墮其計而不悟也吁可畏已爾乃學校重新奐輪增美藻芹生色組豆益馨肄業諸君子應亦知學貴自修不殖將落勿安小就勿盜虛聲天下治出其身以襄鴻業設有不幸尤當任艱鉅奮忠義六尺可託百里可寄而大節不可奪則棟梁之材於是乎在而剝蠹之物亦無足憂其庶幾區區修學校之苦心也夫工始於辛丑之秋

落成於壬寅之夏共費錢九千二百六十千文襄助勸募者爲署縣丞劉雲卿署教諭鄭炳垣選授教諭蔡松訓導陳錦榮董其事者爲邑紳湯鼎熹魯燮光林鳳岐陳光穎韓啓酉王熙亮黃中耀汪望庚陳祚昌孔憲型韓師洛韓第昌曹琢孫德銘任鈞並記之訪冊

宣統朝御書中和位育頒行州縣懸額廟中訪冊

聖廟之制大成殿五間在明倫堂之南嘉靖十年撤像易以主乾隆志 魯燮光儒學志大成殿右角有古柏一株參天特拔相傳宋建學時校官手植後則柯葉盛衰爲歷代科名之驗曾見明人題詠康熙志失載乾隆志在明倫堂甬道恐誤 東西兩廡各十二間崇祀先賢先儒乾隆志 戟門三間內外列碑記乾隆志 圜橋三座在戟門外跨泮池乾隆志作泮橋今從魯燮光儒學志改 欞星門三座在圜橋南乾隆志失載其圖沿康熙劉志之誤題戟門爲欞星今補正 宮牆一道在璧月池南指照牆言新增 齋宿所三間在戟門之左乾隆六年邑人陸巡建即舊祇候廳地乾隆志 崇聖祠三間在明倫堂訓導廨之東即舊射圃地嘉靖十二年建乾隆志 按雍正元年改崇聖殿爲崇聖祠乾隆志尙以殿名未核今正 明倫堂三間在學宮後堂之右有元趙孟頫書重修大成殿碑記其碑陰胡長孺記鮮于樞書堂之右立大清臥碑乾隆十四年知縣黃鈺敬摹勒石堂之右立訓飭士子碑文堂之左右懸鄉會文武中式題名匾及選貢

匾乾隆志　教諭廨在明倫堂後有書室有寢有廚乾隆志　訓導廨在明倫堂東制如教諭廨舊在堂之西各齋之後嘉靖十八年洪水圮徙今所乾隆志　射圃舊在號舍地今廢

成化間令朱栻置隆慶四年教諭雷沛議買賀登田五畝玖分爲射圃詳學志乾隆志　教諭荊州雷沛蕭山儒學買田飭基記蕭山浙東首邑學宮自宋紹興間徙奠茲里左大河右西山文峯拱前龜山峙後形勝得十九焉後造之舊項背相望名宦鄉賢代不乏人自嘉靖癸丑建城廢地薄於宮牆之陽前抗文明之路選舉遂減於昔舉議有歸時則江右柏庵歐陽令詢太史於南明諸公星橋金公相方經理建奎星亭以奠元居闢文明門以來旺氣浚月牙池以匯泮水甃雲龍橋以通流泉規制越於舊文風氣丕宣科名頓倍於昔惟池之上有田桑麻蔽翳田之旁有屋溷廁穢汚事屬相沿久矣余於隆慶戊辰冬來署教事舉目興思冀展一籌未及也庚午歲當大比諸士子告於邑令見魯許公欲宮前易田經理以開離象而適值大祲余簪諸士語曰時詘矣不可以舉贏累公惟各捐爾資減事可也二三子受命惟謹計所裒總八十餘金召田主賀登以易五十金有奇計田五畝九分餘伐桑去埂撤屋毀廁東西一十丈南北一十步曠然開朗襟抱疎闊昔之湫溢今始闢然矣余因命四週植桃李桂柏使春秋吐芳華隆冬不彫落表多士濟濟屬春官柱廟堂而秉節不可奪也中則儲桑射圃爲觀德之地以所餘金修尊經閣塡兩脇水改樹興賢坊濬雲龍橋之積土塡月牙池之左肩規制斬斬不勞官民而集事美哉斯舉人文之貴端有望矣僉隨立石請記余惟志在廣學不惜小費二三子激昂之氣也感發多士咸知向方邑大夫作新之化也贊襄終始用底乃績則順溪朱先生任齋竇先生寅恭相協在所當錄余僅圖惟明德竊附淳大之猷一裁諸義云爾爰不辭僭言而以諸生之捐資計多寡序後先題其姓名於左昭示將來以垂不朽若夫修舉廢墜以恢往

續於將來克協地靈以繼前修於弗替是所望於後之人也據康熙劉志補雲龍閣在儒學大門東萬歷四年令王一乾建十年馬朝錫改建八角樓名三元閣十一年郡佐吳茂桂攝縣篆築石欄名青雲樓又名八角亭雍正十年邑人訓導金輅改建石基週八面每闊一丈五尺高二丈上建樓二層高三丈設奎星像下作洞通往來額曰龍門歷五載工未竣邑人王洪澤踵成之乾隆十五年令黃鈺移文昌像於閣上設奎星像於樓乾隆志嘉慶間悉燬於火光緒十七年令朱榮璪議復未準舊制之高廣與邑人汪坤厚陳光頴等議蓋亭一層魯燮光儒學志雲龍橋在璧月池之東北隅與雲龍閣相聯嘉靖五十九年令歐陽一敬建乾隆八年陸巡重修乾隆志按雲龍橋官路左右舊有水閣今改樓屋重壓其上阻水來勢漸成淤塞當整理之璧月池即學池舊志廣拾畝許池之前貼小南門有小池舊與民家曹姓共曹居其一學居其三折而西爲池之右角至諸生任池而其近城連學河一小浜則民間徐業也浜內匯曲處爲徐浜外直流即學皆有舊界定業池之左角近雲龍閣上建雲龍橋池水通橋內匯爲小池達於西河乾隆志蕭山縣瑞示文據翰林院庶吉士王端履等呈稱竊蕭邑學池右環聖廟左達官河有關一縣

文風理宜清肅靜謐茲因漁利之徒養魚滋擾始則拋以穢物繼則浸以腐草甚至縱放鷗鷺散擲巴豆種植躑躅不勝枚舉蒙前縣主出示嚴禁在案茲聞不肖之徒復萌故智仍在學池畜養魚苗請即給示永禁以垂久遠等情到縣據此除批示幷移知儒學外合行出示嚴禁爲此示仰附近居民及地保人等知悉自示之後倘有不法之徒故違禁令仍蹈前轍許該紳士等及地總指名呈縣以憑提案枷示究懲決不姑寬該地保狗隱並究不貸各宜凜遵毋違特示道光二十六年十二月日立

蕭山縣儒學邵褚示文照得本學池東至龍門南至小南門內沿城走路西至田磡北至小橋環列於坐宮之外池面廣闊魚鱉頗多今據紳士貢生任丙炎生員楊功文等稟稱紳等糾集同志二十四人立有放生會每年春秋醵錢收買魚鱉龜鱔之類放於學池並非煦煦爲仁不過意在好生但查學池內每至冬季向有捕魚小舟放進任意捕捉若不先加禁止誠恐未盡周知請出示禁止幷准勒石並移縣立案以遂物性而順人心等情到學除移縣立案外合行出示禁爲此示仰闔邑人等知悉自禁之後如有捕捉小船放進以及夜間私行取網等人定即送縣究辦決不寬恕毋違特示光緒七年十二月日給　魯變光儒學志

璧月池之南爲文明門即小南門開於前明邑紳黃九臯創議主之者趙侯湛泉成之者代巡龐公惺菴也至今猶在人口當時歐陽侯柏菴有功學校擬復青雲樓於是黃紳九臯創議具稟爲闢賢路濬泮源以興學校以育眞才事竊照建學興賢必挹山川之秀人和地利恆資風水相生欲期科第之聯綿必藉神道以設教本縣儒學在城西南隅上背坐龍興山脉面朝文筆星峯左有縣西河爲青龍右有學西河爲癸澤前有方塘內有泮池上下源委脉絡分明學前陸路迂繞西南合邑往來朝揖城治源頭活水舟既晝夜不停入縣康衢文廟具瞻在望頗稱得地代不乏人邁迹賢科省試一經三解洊登崇秩達尊兩部孤卿首邑浙東馳名經學近因海警率爾

建城惟知保障爲急未暇於經畫之詳前臨石城似有面牆之歎西作城脚不通活水之來大路阻於外泮池塞於內人跡絕行舟航不涉何以宣山澤之氣而興文明之脉也緣是眞才罕出仕路未亨遂喧衆口似有可疑識者謂學後地脉自龍興來貴於龐皁豐起不宜有橋下塌滯未免泄氣縣之西河受高鄉之水縣之上游經拙政樓前乃縣之入懷水爲學青龍河不宜任人塡塞殊爲不便大文宗松坡畢公起尊經閣時欲塞橋下塌滯華江施侯造城時欲深濬縣西河而因地方多事而止事殊有待千載難逢幸遇執事先生加惠學校注意作興累領油燭之資光明普照大賚季考之賞優尙咸平勸駕賓興禮意殊優於往昔講校優行渥恩無間於寒暄亦心待入推食養士近聞將建青雲之樓預醵百金發學臯等具稟欲於學前城下開一旱門復往來稱便之大道學西城下穴一水門通舟楫不停之西河水門深廣僅可八尺迎乾山兌澤以入泮池仍濬泮池經縣西河以歸縣前以出南門是謂天門宜開地戶宜閉似於水法方爲有源旱門上不宜樓下設巡鋪路在學左門開學前對面文筆峯起於坤方秀於丁位陸路自西南而歸東北經行於文明之丁火歸向於中央之正位人情安而道理順大有益而無所妨更祈疏濬縣西河深廣務復古蹟則冬夏無慮其涸舟楫無患其阻仍將此土挪塡橋下塌滯庶乎新起之士有所歸而新塡之滯不加費來龍豐皁而脉有所承矣源頭清活而水有所聚矣賢路有闢得其正瞻仰廟貌者知所集矣青龍河通而民稱便高鄉之水入縣懷矣凡此盛舉必須財力伏望留心地方爲民造福區畫相度勞淸思於旬時措置經營役以工於秋暇更希移建樓之費以開城門役得秋之家以濬河流是謂佚道使民亮有子來之樂刻期舉事當圖不日而成臯等積念有年待時而愬理合連名上稟云

上於柏菴歐陽邑主當時僅修學前至趙邑主湛泉申請上司蒙代巡惺菴龐公批動支城垣銀兩開小南門始如所請而是役遂成按黃九臯稟核與現在形勢僅開文明門此外未竟所施因詳載之不沒

前人用意以告後之留心學校者　魯燮光儒學志

朱文公祠一間在崇聖殿之左土地祠三間在道義門外路東其門曰祐文祠中間舊設文昌像左一間爲土地祠右一間爲報功祠乾隆志文昌祠在儒學頭門內舊志載金軺王洪澤建八角亭青雲樓上供文昌同治年間由訓導朱志成移建名宧祠三間在戟門之左祀宋知縣楊時郭淵明縣尉游酢明知縣蘇琳朱栻王聘施堯臣趙睿許承周王一乾沈鳳翔陳如松主簿張選淸知縣韓昌先徐則敏賈國楨姚文熊趙善昌乾隆志鄉賢祠三間在戟門之右祀晉夏方南宋郭原平唐許伯會宋張叔椿張稱孫明顧觀朱仲安姚友直魏驥殷且單道張嶺來勵來天球盛瀧何瞻何競楊密張維翰翁文翁五倫戴尙志來三聘王三才陳伯龍來經邦來嘉謨倪朝賓來斯行來立模王思孝來繼韶韓振强蔡繼曾來方煒來立相何世科韓日將王命伊來集之吳士駿丁師孔丁應正蔡一信來日升淸周維屏王九思朱世學吳之楨蔡士駿吳維賢任振龍蔡宣之戴琮曾毛秉鏡陳新周之麟陳至言蔡仲光沈以庠張

宗周萬鐘陶師孟（乾隆志）來燕雯汪楷汪輝祖瞿廷望湯金釗（訪冊）忠義祠三間在祐文祠內土地祠之東雍正六年令門鈺建祀三國魏朱朗晉郭世道郭原平唐許伯會戴恭俞僅宋孫寶著於琳徐端臣元金松一明朱訓張袚任原禮張珏來衡來端蒙來汝賢韓惟論張德元張維垣王地徐明徵何汝敷卜仁盛徐世英葛盛德任元仕吳應耕任三宅徐今禧丁師虞徐正英來士宷王紹克張煃祥任元麟蔡士驊淸韓日昌張文遵陸承宏王宗茂張文起章文隆郭煌章九德陸守惠周嘉栻岳文龍蔡三樂蔡佳吳任聖蔡天球王章王懌先陳應龍吳文光孫龍池周一甲吳琰周宸趙啓琇蔡立國金雲蛟蔡啓元金玉鯨富全吉張應甲陳之驤單宏周吳旦陳丹陛黃之皋黃明發王守義林正萃吳觀陳焜蔡天球吳希聖吳宏遠周士豪王家標王鉽丁師孔丁師薦蔡行來鍔初徐一鳴周維高張迪祥（以上姓名俱照學冊按蔡天球有二其在後者字林玉乾隆志）瞿廷望施若霖（訪冊）節孝祠在明倫堂西初雍正二年詔天下郡縣建祠學宮春秋致祭未之建也乾隆七年邑人林霖請於縣令姚仁昌坼改天主堂爲節孝祠（本在西門）

附近年久傾圮同治九年陳氏建祠於明倫堂牆西隙地三楹至今入祀焉新增報功祠

一間在土地祠右天啓四年令陳振豪建康熙五十四年邑人來若齡重修原祀三

人來端蒙蔡應山丁元慶續祀八十四人教諭屠肇芳朱世英訓導周嗣愷教諭盛

旦張翀沈節訓導姚德堅錢琇邑人蔣鳳竹蔡季迪俞敬岳戴春垣張四荊周來儀

徐伯玉張子上周德宜何毓初樓文拱蔣瑞五張式木蔡貞復朱祥宇盛越湖汪耀

湖徐岐山王武喬張文宇陳振南沈揚卿蔡蘭孟丁會主陸奇峯蔡玉階蔡仰峯朱

時生吳惟生施茂卿陳愛泉蔡元芳王元昇孫得臣傅在廷施浩嚴伯紅徐子沛陳

啓凡蔡元芝湯奎瑜許爲善金玉龍傅廷施文軒蔡章甫何起傑楊天珍陳玉衡蔡

子敬曹奎英蔡禹斯陸宗英陳肅宇孫亦宣王靜齋朱康侯施文瑛何爾元王勤槐

金星安陳所倫蔡季逸朱貞侯許學昇金望雲錢爾由張文佐王思溪孫文龍孔仲

嘉來端操來君守蔡文元丁春門孫遇聖乾隆志後又續祀訓導朱志成邑人陳世宸

湯舜年陳元驥陳文詔陳師祜陳師藺來起峻來嘉柟來謙牧來泰交來樹芝曹文

琮陸雄曹學樑陸巡韓耀祖趙琨任蓮訪冊

學中建置舊有今廢者尊經閣在明倫堂北教諭廨後嘉靖三十七年令魏堂建闢遵道門路由敎忠齋廊下箴碑亭在今崇聖祠南聚奎亭在尊經閣後嘉靖四十年令歐陽一敬建祗候廳一間在戟門左今齋宿所神廚一間在戟門右宰牲廳在神廚西會講堂三間在明倫堂東嘉靖十八年令林策建會饌堂三間在明倫堂西令林策建敎忠齋三間在會講堂之南履信齋在會饌堂之南祗候廳在中門左舊土地祠在中門右號舍在中門之東樓屋上下各十間中爲麗澤堂成化間令陳瑤建崇正堂即川堂在明倫堂後觀德廳在射圃即今崇聖祠地興賢坊在學宮東育才坊在學宮西以上乾隆志

祭器舊存大銅爵八十六小銅爵四十二三脚銅燭臺一對嘉靖三十九年漁人得之海網令歐陽一敬送學收貯鑿年月以記之銅方爐一銅圓爐二銅獅頂爐一銅荷葉瓶二銅方瓶四銅圓瓶二銅大燭臺一對以上祭器學宮舊有磁杯一百錫登一錫鉶二十四錫簠一十六錫簋一十六錫籩八十四錫豆八十四牲俎大小二十四帛盞六即筐也祝版二錫雲雷罇一錫壺罇五錫中爐四錫中臺四錫小爐一十二錫小燭臺一十二外設祭器箱六以貯之以上祭器凡十有六雍正十一年學政李清植頒發載乾隆志按祭器向存儒學自教諭裁撤祭器遂交縣署儲藏

樂器舊存琴四瑟二鳳簫二簫四笛四笙四篪二塤二搏拊二編鐘一十六編磬一十六銅小鐘一銅人字磬一楹鼓一柷一敔一麾旛一篩二干二戚二十四學宮舊無樂器雍正十一年學政李

清植頒發載乾隆志今無存者

頒發書籍舊存

聖諭廣訓一部

御纂孝經

御纂周易折中十部

欽定書經傳說彙纂十部

欽定詩經傳說彙纂十部

欽定春秋傳說彙纂十部

御纂性理精義

御纂朱子全書十部

欽定四書文一部
御制盛京賦
欽定明史
欽定學政全書一部又新頒一部
朱子通鑑綱目
金履祥通鑑前編一部
按乾隆志舊存書籍咸豐辛酉燹後無存
學官教諭一員復設訓導一員大清會典儒學俸銀共八十兩文廟春秋釋奠共六十兩香燭一兩六錢崇聖祠共十二兩名宦祠八兩鄉賢祠八兩鄉飲酒八兩歲貢旂匾花紅酒銀縣三兩府七錢五分廩生膳銀四十兩加閏三兩三錢三分三釐三毫廩生糧銀六十四兩齋夫三名共三十六兩加閏三兩門子三名共二十一兩六錢加閏一兩八錢乾隆元年奉上諭舊例教職兩員共食一俸未免不敷養廉着從元年春

季爲始照各員品級給與全俸永著爲令魯燮光儒學志

蕭山學額縣學廩生二十名增生二十名二年一貢學政全書入學額數順治十六年定額十五名康熙十七年開儒童捐納例文生百兩武生五十兩二十一年捐停止二十九年聖駕南巡蕭山升大縣廣額五名此後定例二十名乾隆五年邑人徐一鳴王守義等援例增廣學額呈求浙撫盧焯題請大縣升加學額五名部費皆湯文端之先克敬獨任之咸豐五六年捐餉加三名嗣後連年大餉又加至七名以後定例三十五名府學五名魯燮光儒學志

學基地自舊聚奎亭後垣起至雲龍閣止計地二十七畝七分六毫舊志云東至顧家橋水閣店屋三間南至小南門外官河西至學池北至唐家衕乾隆志

衙門基地無不方正者而儒學多不然以法令無施而人易欺侵也蕭山儒學基地見侵於民者頗多嘉靖三十二年察院陳公嘗斷而罪之矣竟未復舊事屬相沿法難盡執爾夫民之所以敢侵者乘牆之傾圮也使時加修葺之欺侵其永絕矣乎時移世改或恐前弊復生爰書此以告後之尹蕭者明知縣魏

堂識語乾隆志沿康熙劉志之舊刻在儒學圖右方今移於學基後

宋乾興元年詔給兗州學田而州縣遂爲例熙寧四年詔給田十頃於五路大觀元年詔察絶產以贍學是爲學田之始魯燮光儒學志

明隆慶四年知縣許承周斷孫坤顧科等入官田二十畝縣冊核總多七釐 萬曆四年知縣王一乾斷張十九入官田七畝九分六釐縣冊核總少四分一釐一毫 萬曆九年知縣馬朝錫以隆慶三年倪世達所捐田價銀二十五兩復自捐俸六兩紙價四兩湊買張煒田九畝七分六釐三毫縣冊核總多五分八毫

號畝十四都五圖小湖莊 海字二百二十八號田九畝六分五釐三毫 五百七十一號田三分一釐 五百六十七號田三畝四分八釐七毫 五百六十八號田三畝七分五釐 五百七十一號田三分一釐七毫 五百七十二號田一畝三釐五毫 五百七十三號田八分七釐五毫 五百七十五號田六分四厘三毫 二十一都二圖挂甲天字一千十二號田五畝五分六厘 一千二十七號田四畝七分一厘一毫 二十都八圖越寨莊發字六百八十一號田六分九厘二毫 七百三十四號田一畝一分三厘 湯字一百六十五號田一畝一分五厘 般字二百八十二號田一畝三厘八毫 坐字八百二十六號田一畝九分四厘一毫 坐字八百一號田一畝五分九厘八毫

以上據縣册共田三十七畝八分九釐係縣徵解司督學掛戶田粮豁免乾隆志

萬歷十七年來端蒙來端操輸田五十畝爲學田教諭王學孝記代字號二坵計九畝六分三厘五毫羌字號三坵計十畝一分四厘爾字號八坵計十一畝八分二厘以上每畝租一石率字號二坵計十七畝三分五厘每畝租一石零五升共田十五坵計租米五十一石零八斗

號畝代字七百二十七號田四畝八分四厘二毫　七百二十八號田四畝七分九厘二毫羌字一百二十四號田四畝四分八厘七毫　一百二十八號田三畝八分一厘一毫　遐字一百九十八號田一畝六厘　二百五號田一畝八厘　一千九百五十八號田六分六厘三毫　一千九百七十二號田二畝二分六毫　二千三百三十八號田一畝二分八毫　率字九百七十一號田六分一厘九毫　一千一百一號田四畝九分四厘四毫　六百四十七號田七畝九厘九毫　六百五十號田十一畝六分三厘八毫　體字四百二十二號田一畝五分五厘

以上照例收米糧差俱於租內輸納米貯學歲終令通學公舉諸生中貧乏者酌量分給餘給諸生膏火除自行告濟者不准支本縣本學俱無別款支用之例乾隆志

萬歷二十年邑人蔡應山輸田十七畝一釐五毫爲學田

號畝皇字二千五十七號田二畝二分七厘六毫二千六十三號田一畝九分一厘九毫二千四百六十九號田二畝八分一厘六毫二千五百八十九號田一畝七分官字一千三號田八畝三分四毫

每年隨歲豐歉輸租於學以給諸生之不足者按舊志蔡應山輸田二十畝內除田三畝零原係生員傅承宣納銀十兩後修學用訖未曾續置以合二十之數不敢混載今據現在者錄入此外如嘉靖十九年令林策以山田二百五十五畝爲學田未幾還之民隆慶三年監生倪世達捐田五十畝係賠課之產後仍給還著世達另繳銀二十五兩此等皆懸虛不便臚列混載至隆慶四年教諭雷沛歛金五十買賀登田五畝九分議爲射圃則仍屬學內基地故亦不載乾隆志

萬歷二十四年知縣沈鳳翔斷張應尙入官田一十畝八分五厘二毫爲學田一段田四畝二分九厘六毫一段田三畝八分四厘六毫一段田二畝七分一厘俱坐二都倪家坂

號畝洪字一百五十五號田二畝六分五厘一毫一百五十六號田四畝二分一毫一百五十七號田四畝乾隆志

萬歷二十九年巡撫劉元霖發價買田一十二畝四分七厘一號九畝二分七厘該米一十二石七斗一號三畝二分該米四石六斗二升

號畝盈字四百六十九號田七畝八分九厘一毫寒字一百七十三號田一畝二分四厘湯字七十號田三畝三分三厘九毫乾隆志

萬歷三十三年推官何三畏斷曹十九入官田一十八畝一厘一毫低瘠薄收又山地五十畝量納花息

號畝　正字三千六號田六畝六分八厘　三千十九號田一畝四分一厘九毫　三千二十四號田二畝六分六厘二毫　三千二十七號田二畝一分四厘　三千五十號田三畝二分　六百二十六號田一畝九分一厘　乾隆志

萬歷四十三年知縣楊惟喬撥姚捨寧孔惟一絕甲田計三十三畝五分二釐六毫爲學田地一坵

號畝　鹹字六百二號田三畝一分八厘　六百六號田一畝六分二厘　六百十三號田一畝三分三厘一毫　六百二十六號田二畝二分二厘二毫　鱗字五十號田三分八厘七毫　五十八號田四分四厘四毫　五十九號田　三分一厘　六十號田五分九厘二毫　五百八十一號田二畝六分一厘八毫　一千三十五號田二畝三分三厘　一千四十三號田五分五厘五毫　一千四十四號田三分一厘六毫　一千八十一號田二畝二分五毫　六百十九號田二畝三分三厘　八百五十八號田一畝五厘二毫　一千四十五號田五分　一厘　畝八百三十六號田二畝一分七厘　八百三十七號田三畝六厘九毫　一千五十二號田二畝三分四厘二毫　五十一號田三分一厘六毫　五十九號田二分九厘八毫　六百二十八號田二畝七厘　五百五十二號田一畝二分六厘　鹹字二千三百五十六號地二分　厘

舊載鹹鱗二號共田三十畝零一分九釐地二分一厘每年收米給貧生膏火又鱗字號共田二畝三分撥與學書二名工食乾隆十五年九月查對縣冊魚鱗楊令所撥學田內鹹字六百二十六號田二畝二分二厘二毫鱗字五百五十二號田一畝二分六厘鹹字二千三百五十六號地二分一厘以上三號已爲學書門斗盜賣現在澈底清查時逢大差尙未追究乾隆志

康熙五年邑人曹奎英捐田二畝一分七毫

號畝正李字三千十八號田一畝一分六厘七毫二千五百三十八號田九分四厘

查對縣冊魚鱗曹奎英所捐田二號亦爲盜賣語詳上乾隆志

康熙三十年邑人朱必運捐田一畝九分五釐

號畝發字一百三十九號田一畝九分五釐乾隆志

乾隆十五年邑人戴嘉樂妻趙氏捐田九畝六分六厘三毫

號畝水字二百九十二號田一畝四分九毫六百四十五號田五畝四分八厘八百十號田二畝七分七厘四毫

以上爲奎星閣祭產又捐田九畝八分九釐二毫

號畝 水字八百四十四號田四畝五分三厘八毫　八百四十五號田二畝六分五厘四毫　九百十一號田二畝七分

以上租米歲終爲賙䘏學中諸生之貧者又捐田九畝八分六厘三毫

號畝 水字九百十一號田一畝三分　玉字五十二號田一畝一分七厘九毫　五十三號田一畝三分四厘六毫　五十四號田一畝四厘一毫　一百四號田二畝九分三厘二毫　一百三十三號田二畝六厘五毫

以上爲報功祠祭產 乾隆志

查縣署檔案据近今縣委所調查之學田其坐落土名及畝分詳述如下至若辦法隨時可由縣召佃佈種

土名畝分 傅家坂四畝九分　又二畝九分　又二畝九分　孫家頭九分四厘五毫　又二畝正　譚家里二畝七分　又二畝七分二厘七毫　又一畝八分　陳家塘三畝六分　又一畝九分八厘　獨山頭一畝八分　河南婁三畝一分　塘裏陳六畝四分　杜湖村一畝二分　蔣沈二畝八分　又三畝六分　趙家頭二畝七分　又一畝八分　張家頭一畝九分八厘　朱家潭三畝三分四厘　小洋星三畝一分三厘八毫　郁家山一畝八分　盛家塢二畝正　徐童山六畝三分　夏家橋五畝一分六厘　以上訪冊

學廛則城內賀景昌屋地一間 東西各三弓南北各一弓計地三厘八毫 賀又韓屋地二間 東西左三弓三尺右二弓二尺

南北左二弓右三弓二尺計地六厘二毫單永章單萬成屋地二間東西各四弓二尺南三弓三尺北二弓計地五厘賀德良屋地三間半東西各十五弓南北各四弓三尺計地二分八厘一毫賀有章屋地二間東西各四弓三尺南北各五弓計地九厘四毫又地東西各七弓南北各四弓計地一分一厘七毫朱時行屋地一間東西各二弓四尺南北各五弓計地五厘六毫祐文祠內平屋三間現在輛夫門役居住城外倪文標屋地四間東西各五弓南北各五弓五尺計地一分二厘二毫單天佑屋地一間東西各五弓南北各二弓計地四厘一毫蔡觀書屋地二間東西各五弓南北各四弓二尺計地九厘賀有章屋地二間半東西各六弓二尺南北各五弓四尺計地一分五厘賀聖玉屋地二間半東西各四弓南北各十弓計地一分六厘九毫按學志明時租屋與今不符世遠難稽今據現存者載入乾隆志

雍正九年學內植柏樹一百本學中隙地計桑樹七百餘本乾隆志按今已久遠存者無幾光緒十八年訓導陳錦榮補種桑樹五百本魯燮光儒學志

附鄉飲酒禮

明洪武五年令中書省詳定條式十六年禮部定例鄉飲酒圖式儀注令府縣里社一體行之每歲正月望日十月朔日舉行縣附於府學明倫堂序列行相見禮三揖

後至階三揖後至升堂府官爲主位於東南大賓位於西北饌位於東北介賓次位於東南九十者六豆八十者五豆七十者四豆六十者坐五十者立府佐與縣之令介學官之屬序爵坐皆西向耆老儒士序齒坐皆東向校官一人爲司正揚觶致辭恭維朝廷率由舊章敦崇禮教舉行鄉飲凡我長幼各相勸勉爲臣盡忠爲子盡孝長幼有序兄友弟恭內睦宗族外和鄉黨毋或廢墜以忝所生講讀律誥兼授爵贊生員四人例不許奉祀武生充頂童子六人歌詩擊鐘鼓爲節行酒五行至七行不過十行賓主拜揖乃退魯燮光儒學志

按古鄉飲酒之禮有四諸侯之鄉大夫三年大比獻賢者能者於其君以禮賓之與之飲酒謂之鄉飲酒一也六十者坐五十者立侍黨正飲酒於序以正齒位亦謂之鄉飲酒二也州長春秋習射于州序先行鄉飲酒三也鄉大夫飲國中賢者用鄉飲酒四也然三年大比賓賢之禮古以正月行之黨正齒位於季冬蜡祭行之鄉大夫飲國中賢者無常時今制鄉飲酒禮則行之以正月望暨十月朔郡縣遴舉以申

藩伯而請於憲長必愼必嚴式孚羣議行禮之日吏民畢會爭指目之以爲榮是故六十者坐五十者立侍所以明尊長也六十者三豆七十者四豆八十者五豆九十者六豆所以明養老也民知尊長養老而后能入孝弟教之以鄉飲酒之禮而孝弟之行立矣尚德引年而移風易俗之道存焉附諸學校以見設學明倫固百世所不能廢者矣

蕭山縣志稿卷十下

學校

書院

道南書院萬歷志在德惠祠右廳三間左右夾堂二間成化二年知縣竇昱建今夾堂久廢乾隆志

清惠書院舊志在西馬埠南蕭山之麓正廳三間大門三間康熙三十二年建知府李鐸生祠乾隆志

西山書院在城隍廟東偏正廳三間左右披屋各一間康熙五十年九月知縣呂廷銓建自爲記無考六十一年知縣鉉文成重葺乾隆十二年知縣王嘉會邑人陸巡重修十三年邑人又捐造大門三間修後軒三間處州同知署縣事楊治記乾隆志

筆花書院在縣北里許乾隆十三年八月知縣黃鈺議建義學邑人陸巡捐家塾筆花居改建書院復輸貲購吳姓園地以拓之構講堂三間書室七間奎星堂一間大門三

間經始於戊辰十二月次年六月工竣捐俸延師集生童肄業月課二課有飯試高等
者獎以紙筆貧者給月糧膏火顏曰筆花書院仍陸氏舊也乾隆志吳廷華筆花書院碑記會稽爲東晉人文
之藪及宋朱子以常平事蒞郡講學之風乃盛而道南之脈實肇始於蕭山蓋自游定
夫楊中立兩先生先後官此而羅從彥又從而學焉芳風之所播人飫道腴朱子特踵而
行之耳然郡城稽山書院上虞之月林書院學者至今猶得溯朱子之遺徽而游楊之
舊蹟無聞焉明成化間邑令寶昱始建道南書院以祀之尋廢嘉靖間邑令林策又建
社學國朝康熙五十年邑令呂廷銓又建西山書院乃其廢興不一都人士課誦無
所久矣南陽黃侯甫下車即議建義學以廣文教邑人陸巡因捐家塾筆花居爲改建
書院地復輸資購吳姓園地以拓之建講堂三間書樓三間書屋七間魁星堂一間大
門三間經始於乾隆十三年十二月次年六月落成侯乃捐俸延師集邑中生童肄業
其中朔望二課皆授之餐試高等者獎以紙筆貧者給月廩膏火以資之一時稱極盛
焉顏曰筆花書院蓋不欲沒陸氏之舊也以恭逢聖天子崇儒重學文命誕敷庠序師儒
之化洋溢海內今歲屆時巡遠蒞南鎮蕭邑爲輦道經由之地天光所照士氣聿騰侯
之捐清俸以爲弦誦地者已歷二載涵濡鼓舞具足以鳴國家之盛而仰副皇上南顧
之心仁風惠政此其一斑耳按宋嘉泰會稽志云民勤好學比戶弦歌今復古自侯始
不將接仁道南之緒而與稽山諸講堂永傳不朽哉侯姓黃氏名鉦字紫峯由選拔特簡
我浙筮仕括蒼之景寧後以撥煩調是邑云是爲記乾隆十五年十一月長至日
朱珪筆花書院記蕭山縣治之北有夢筆橋橋之北有江寺昔文通寓居永興其子昭
元捨宅爲寺故橋與寺皆以是得名寺之北有筆花書院者則乾隆十五年縣人陸巡
捨家塾爲之而沈鉉戴趙氏各輸田以佐膏火甚盛舉也歲久則荒圮四十五年遷書院
於東南隅而筆花之址蹟且以棲流聞就過者之慨焉歲己酉方君維翰來綰縣符下車親
問父老疾苦進諸生之彥者而禮之書院之墟也瞿然有復新志邑之搢紳衿士翕

然興誦曰：賢哉我侯，不愧言偃、文翁之美政矣。於是侯倡而羣和，次第修復，不日告成。蕭山為珪之祖籍，猶桑梓也。今年夏，余科試溫台，旋過蕭山，聞之，竊謂今之親民者奔走期會之不暇，語敎育則迂闊而訕笑之，烝我髦士之雅，闕焉不講矣。浙江之左，蕭山當潮汐之噏噓，而漁浦、湘湖環帶幹峽，故其文章蔚跂，兼越東西之勝。自楊游倡道以來，代有名賢，不獨矜齊梁之掞藻也。有賢明府獎蠡而振拭之，將士風醇而民氣厚，豈復盧城闕佻達之不丕變，而德行道藝之不古若哉。學者所以學為人也，以人倫為本，以義為質，以天命為昭明，而後根柢六經，而發攄為文詞，故言有物而茀祿從之，此余拳拳之是敬告吾士民也。抑令能先務乎此，則其忠信慈惠之實政，必有以福蕭山之人，而河潤百里，雨花之濡物以摯，亦豈獨蕭山人之福也歟。是樂為之記。

陶元藻代知縣方維翰重修筆花書院碑記

講業之興廢，士風隆替攸關，而斯文盛衰，吏治實互相表裏。故凡通都上郡，必創建廣廈，多者檐楹以百計，少或數十椽，尊禮師儒，網羅羣彥，月有課，日有程，下至一州一邑，亦設敎如其制。戊申冬，余始攝蕭篆，即有志於斯，以未得其地為憾。城東隅舊有筆花書院，棄置歲久，用遠其道，處非其人，藩拔級夷，叢莽寒榛，否塞庭路，過而感焉。爰進諸紳士告之曰：是可復也，第敗壞無所，擇必改弦更張之。僉曰諾。旬餘，輸刀貝者踵接，迺諏日吉，相度陰陽，鳩匠庀材，以板以築，肇造己酉春仲，迄庚戌孟秋工竣。臯比宅中，誦舍環列，瞻星有閣，滌硯有池，膳室茶寮，咸得其所。嵐光映帶，水木清華，絕無湫隘囂塵之氣。是役也，譬一閣黎為招提，唱導衆善信喜捨布金，雲委鱗沓然，以通邑人文之藪，固非琳宮梵宇無裨生民者比也，功為最。院有講堂三楹，羣弟子平居質疑問難，試屆期行文賦詩，畢集其處。余顏其堂曰居易。居易者，行其素也，安所遇斯蹈履醇，定厥心必涵養。邃古人立敎，莫不先品行後文章，以故兩漢、唐、宋之士，樹立宏遠，視近代為多。然則余之以居易最經生者，猶是先民遺意也。道雖大而說匪迂。去年秋，學使石君朱公既為之記，余徘徊庭廡，猶不能自已於言者，念諸紳集腋成裘，不類道旁之舍，振興培護，樂有同心，且使講堂棲桷常新，顧名思義，必有磨礱德業、軼絕羣倫以為光桑梓者。余於二十四鄉之負笈來游者有厚望焉。若夫院

之命名與始基爲誰前記言之詳矣

筆花書院地基號畝　荒字九百十一號地二畝二厘二毫　又池三分五厘六毫

乾隆十五年邑人沈鋐捐義學田二十畝四分四毫

號畝　霜字七百四十三號田七畝三分　七百二號田一畝三分　九百六十四號田一畝二分二厘五毫　四百八十號田二畝三分一厘四毫　八百五十九號田一畝九厘八毫　九百四號田一畝四分一厘七毫　一千六十四號田一畝一分三厘九毫　八百三十八號田七分九厘八毫　七百一號田二畝一分　六百九十六號田一畝七分一厘三毫

乾隆十五年邑人戴嘉樂妻趙氏又捐田二十九畝五分五厘一毫

號畝　冬字三百九十五號田一畝八分六厘六毫　四百六十九號田一畝四分二厘七毫　暑字一千一百三十號田一畝五分三厘二毫　一千一百十九號田三畝五分一厘六毫　取字一千一百七十六號田三畝八分七厘六毫　徐字一千二百九十五號田四畝　一千二百六十八號田二畝九分九厘七毫　秋字一千一百二十號田二畝四分七厘八毫　水字八百十五號田二畝二分三厘六毫　八百十六號田一畝一分九厘四毫　八百十七號田一畝二分一厘五毫　六百八十六號田一畝一分二厘八百十二號田二畝九厘四毫　乾隆志

按乾隆志沈鋐戴趙氏所捐者爲義學田而朱珪筆花書院記則引爲書院田或由

義學而撥歸書院乃知縣王福祥正性義塾記則謂義學爲筆花書院之改名未知孰是

乾隆間陳之濂捐筆花書院田二十畝二分五厘四毫現撥入高等小學堂經費號畝位字六百五十八號田二畝七分六厘位字七百五十二號田二畝五分四厘九毫位字九百八十六號田一畝三分八毫位字七百七十一號田八分九厘四毫位字七百四十七號田一畝一分一厘四毫位字七百六十四號田一畝一分六毫問字五百號田二畝四分玖厘光字一千三百六十三號田四畝一分五厘五毫邇字二十六號田三畝八分七厘八毫訪冊

乾隆朝筆花書院嘉慶間學官胡屛山兼任五年晚聞居士遺集邑人則副貢楊德成魯燮光儒學志按胡楊任期前後無考咸豐間則邑人舉人丁海林同治光緒間則邑人舉人蔡以珍蔡以瑩湯鼎煊按道南清惠西山三書院早廢筆花書院咸豐辛酉之變屋宇皆燬僅存基址

社學

萬歷志嘉靖間知縣林策即鳳堰市舊申明亭改建社學一所凡三間尋圮嘉靖三十

五年知縣魏堂重建以其西偏隙地易田玹地建駐節廳又久傾廢地爲居民佔造民房屋乾隆十一年知縣王嘉會清所佔地拆店房一間建水亭有碑記乾隆志

義塾

正性義塾在南街光緒三年丁丑知縣王福祥邀集在城紳士捐資成立福祥自爲記

王福祥正性義塾記古無義塾之名自黨庠術序之制湮而義學興焉朱子爲劉侯作記稱其賢遠於人深歎美之不置誠以義學者爲孤寒子弟正幼儀端性始與學校相輔而行不宜偏廢蕭山爲浙東劇邑山川清淑代有名宦達人顧義學之建於鄉者所在多有至邑中相傳爲筆花書院之改名與水亭之僅存其址而已蓋始舉而繼墮者且百十年於茲矣余下車之初恭謁至聖仰瞻宮牆巍煥制度大備知當日中丞楊公重道崇儒籌款修建甚盛典也獨義學尙闕如未規於舊心焉慨之客有過而問曰往昔粵逆之亂蕭當其衝蹂躪特甚舉凡所宜善厥後者若衙署若倉庫若城隍政莫大於是他如校士之棚肄業之院悉蕩焉無復存是殆前人留以待公而竊公之志則姑舍是惟義學之爲急夫文廟聿新多士涵濡聖澤書院雖毀而官師之董率朔望之考課自若也然則義學之設得無急所緩而緩所急乎余曰唯唯否否古之教者長善救失必自幼始少儀弟子職言之詳矣魯論首章卽記孝弟謹信愛衆親仁之言豈不以童丱之年嗜欲未萌則天性未賊正焉以葆其良知識漸啓則本性漸漓正焉以端其習易不云乎蒙以養正聖功也橫渠張子復演爲正蒙以推闡其義夫山下出泉爲蒙泉之不出也涓滴之濫觴浸假濾涓而注於江汪洋而忞於海譬之後生由小成以底大成爲忠臣孝子爲碩彥名儒德淑於躬而化達於天下靡不自養正始養正者養正其性焉耳矣若夫鼓篋遜業儒非弟子員不得與

書院則萃能文者殿最之幼學奚賴焉余將輔其所未備而基其所由始也此所為曉曉而不能一日釋諸懷也其他完舊圖新百廢具舉費浩工鉅事所達厥時余蓋有志焉而退讓未遑者爾客乃逡巡而退於是節廉以倡購屋於邑治之南界齋舍而四之擇寒畯之子之尤者齋十四人聘耆宿為之師而具條例如左齋以孝弟忠信為序總名之曰正性義塾願來學者顧名思義蔚為成材則余之厚望焉已雖然齋有四今先闢忠信兩序則力實限之所望後之同志增其式廓飲食之教誨之以上體聖天子作人造士之心則蕭邑幸甚且不獨蕭邑幸甚是役也儒學邵公林公暨邑人韓螺山君實慫慂而襄助之例得附書訪冊

附試院俗稱孜棚道光癸巳甲午間由知縣鄭錦聲捐資倡建見蔡聘珍小詩航詩鈔邑人王石渠募貲協助以為縣試士子之地湯金釗王端履等皆撰聯以落其成所餘銀兩存權子母作書院每月朔課生童膏火之需咸豐辛酉燬於兵燹光緒間知縣宋熾曾倡議重建邑人周嘉謨獨捐洋五千元餘由募集落成時汪坤厚錄湯聯加跋嗣改為高等小學校其儀門建屋改為勸學所近年勸學所裁撤改為縣議會會所縣議會奉文停止後全院範圍將盡歸校中矣其基址係荒字號地其糧戶係二都二圖外莊蕭邑尊孜棚戶附誌之

學堂

光緒二十九年十一月二十六日內閣奉上諭方今時事多艱興學育才實爲當務之急即着各該督撫趕緊督飭各府廳州縣建設學堂並善爲勸導地方逐漸推廣無論官立民立皆當恪遵列聖訓士之規謹守範圍端正趨向不准沾染習氣誤入奇衺一切課程尤在認眞講求毋得徒事皮毛有名無實務期教學相長成德達材體用兼賅以備國家任使欽此奏定章程謂立學宗旨無論何等學堂均以忠孝爲本以中國經史之學爲基俾學生心術一歸於純正而後以西學瀹其智識練其藝能務期他日成材各適實用其造就通才愼防流弊法至良意至美矣

縣立高等中小學校在倉橋下街初名中西學堂光緒二十七年知縣瞿倬創辦借何家衖湯懋功屋爲校舍開辦費由留備積穀欵稟准截留撥用時無校長名稱主其任者爲王熙亮後改名勵志學堂嗣於光緒三十二年正月知縣李前泮改試院爲學堂由邑人陳大昀湯在容陳翼亮韓澤埏林國楨姚瑩俊王熙亮來裕恂等贊助以留備積穀及筆花書院項下支撥開辦費移何家弄之勵志學堂於此奉文改名

官立高等小學堂三十三年附設師範簡易科一年畢業隨卽停止近年奉文改官立爲縣立高等小學堂開辦以來畢業六次歷任校長蔡松王銘恩周易藻丁炯王慶洛楊在塈經費由縣署支給

縣立第一初等小學校在南街舊本正性義塾光緒十九年改設蒙養小學堂光緒三十二年八月改爲官立初級小學堂隸屬於官立高等小學堂經費亦由該堂支給近年改縣立第一校長林紹裘光緒三十四年正月在盛文閣設官立第二小學堂一所亦隸屬於官立高等小學堂嗣停辦

縣立第二初等小學校在豫大倉宣統二年正月由教育會發起設立蒙求初級小學堂近年縣議會議決改爲縣立第二仍借豫大倉爲校舍校長王誦銳

私立蕙蘭初等小學校在城區水亭址耶穌教會設立美國慕珥先生發起宣統三年正月開辦校舍租賃經費由教會捐助校長李士愷

私立明新女子初等高等小學校在北街衖光緒三十一年陳大俊獨力創辦以本宅餘屋爲校舍三十二年八月開學三十三年移北街衖租民房爲校舍經費創辦人

負擔畢業六次校長陳大俊郁沁霞王菊英

私立誠明女子初等高等小學校在安衖近年湯馬孝媛獨力創辦校舍由本宅餘屋

改組經費創辦人負擔校長馬孝媛

縣立小學教員講習所在倉橋下街舊爲勸學所近年改設縣議會嗣奉部令設立小

學教員講習所所長楊在堃由高等小學校校長兼任

西興鄉鄉立新民初等小學校在西興寺衖何璨田廷瓛田廷璪王炳璋發起光緒三

十三年正月開辦校舍明化禪寺中觀音殿經費轎擔加用費劉公祠補助費二十

元校長田廷璪何燦沈道源王炳璋畢業三次光緒間稱公立近年奉文改稱鄉立

以下凡稱鄉立者仿此

長河鄉私立第一崇實初等高等小學校在長河來均濟來杰來秉奎來高望來祖殷

來裕恂來雍來裕昌來福詒來長泰發起光緒三十二年正月開辦先辦初等校舍

租賃近年由來際時倡議就義學地建築校舍添設高等經費來氏義學田租撥給

校長來秉奎來杰來嗣穀來嗣歙來澥初等畢業四次

長河鄉私立初等小學校在裏七房來祖烈來煥文來福詒來復吉來觀瀛來紹元來受升發起校舍租賃經費來氏義學田租校長來紹元

長河鄉私立惠餘初等小學校在河兜裏舊有義塾湯聘之湯聘良湯鎮邦湯衛邦發起校舍義塾改設經費由泰園沙地租息項下撥給制錢二百千文校長湯聘之湯彬

長安鄉私立第一蒙泉初等小學校在堰斗孫舊有義塾孫思鼐發起校舍蒙泉家塾改設經費孫氏義田二十畝校長孫思鼐孫時來

義橋鄉鄉立時敏初等高等小學校在義橋舊爲韓氏義塾光緒三十三年正月韓師浦韓敬棠韓綬柳際春韓世昌發起校舍就義塾改設先辦初等於是年正月開學近年添設高等經費韓氏義學田及市房租息校長韓世昌韓作㙛初等畢業三次高等畢業一次

義橋鄉鄉立苕岑初等高等小學校在義橋下埠韓布陽李成志發起先設初等宣統三年正月開辦校舍租賃經費本鎮鮮肉業捐輸近年添設高等校長陳煦李成志韓第昌王師渾

義橋鄉鄉立明達初等小學校在義橋上埠韓布陽李成志李榮祥發起校舍租賃經費自籌校長李成志

義橋鄉鄉立振新初等小學校在新壩倪子安倪齊甫發起校舍倪氏宗祠經費船捐鹽業樂捐倪氏祀田租校長倪子安

義橋鄉鄉私立祖德初等小學校在雙橋孔廣忠孔廣年孔昭渭發起光緒三十三年正月開辦校舍孔氏宗祠經費孔氏祀產田租八畝又存款息支給校長孔昭楨

義橋鄉私立養蒙初等小學校在義橋韓欽文韓鈺堂韓祖愈韓毓岱發起宣統三年正月開辦校舍建築經費韓氏永思堂族內房租田租計田八十六畝市房兩間校長韓拜旒

義橋鄉私立聖基初等小學校在義橋趙家塢趙明孝發起校舍趙新茂房屋經費自籌校長趙慶龍

義橋鄉私立羣英女子初等高等小學校在義橋韓鴻逵韓世昌發起光緒三十三年正月開辦先辦初等附設時敏校内近年另賃校舍添設高等經費由時敏校撥給校長韓葆康

義橋鄉鄉立毓秀女子初等高等小學校在義橋韓布陽發起校舍租賃經費由韓布陽籌措校長繆士良

浦南鄉鄉立第一正蒙初等小學校在戴村丁日照丁日昇發起校舍信義堂施材公所經費文昌社戲文會酌提若干幷繭廠樂捐等校長孫彜康

開明鄉私立第一凌谿初等小學校在丁村周易藻發起校舍租賃經費自籌校長周易藻

沈村鄉鄉立進德初等小學校在塘塢吳紹澄發起校舍吳氏宗祠經費宗祠田二十

七畝庠田三畝九分校長吳紹澄

沈村鄉鄉立啓蒙初等小學校在何家橋李慶揚發起校舍借用迴龍菴經費文昌社田三畝零兩祠戲社田七畝又七畝校長李燮和

沈村鄉私立石溪初等小學校在石板溪鮑憲南鮑憲陶發起校舍鮑氏宗祠經費自籌校長鮑憲陶

紫霞鄉鄉立養正初等小學校在大橋舊爲瞿氏義塾瞿學瀛瞿樹墉瞿寶祚瞿士英瞿鼎臣發起光緒三十三年正月開辦校舍義塾改設經費義塾田租校長瞿寅

紫霞鄉鄉立興文初等小學校在祥隆里瞿東望瞿籛齡瞿增玉發起宣統二年正月開辦校舍瞿氏醉經軒讀書室經費義塾田二十九畝二分校長瞿東望

紫霞鄉鄉立明誠初等小學校在竹橋胡兆元胡耀才發起校舍胡氏宗祠經費宗祠田租校長胡兆元

河上鄉鄉立環河初等小學校在河上店張錦帆朱慶餘俞浩然張星昭張世培朱春

暘洪錫恩發起光緒三十二年正月開辦校舍假俞氏屋次年就後管廟改設添建
一所經費校田五畝文昌會田二十畝校長張錦帆傅佩華
河上鄉鄉立養正初等小學校在上山莊光緒三十四年正月開辦校舍就天后宮改
設經費春分會南山祭香火會青山堰等欵校長魏樹棠魏毓秀
河上鄉私立鳳塢初等小學校在鳳凰塢董振民董震董肇虞發起光緒三十三年正
月開辦校舍董氏宗祠經費宗祠田租校長董杏中
河上鄉私立承書初等小學校在河上店俞介生發起校舍俞氏舊屋改建經費俞書
公派下賢產田二十九畝九分九釐校長俞介生
長山鄉鄉立育英初等小學校在樓家塔中祠舊爲育英義塾光緒三十三年樓秉鈞
樓耀奎樓鳳輝樓履蛟樓岑發起改設學校是年正月開學經費義塾田七十二畝
校長樓秉鈞
長山鄉鄉立毓秀初等小學校在樓家塔下祠樓纘禹樓秉權樓錫榮樓鎮東王楷發

起光緒三十三年正月開辦經費田二畝八分山七十餘畝校長樓纘禹樓紹周

長山鄉鄉立惇本初等小學校在田村金坂樓鳳輝發起校舍樓氏宗祠經費文昌會田六畝土地會田三畝張神會田一畝八分校長樓鳳輝

大同鄉鄉立陳氏初等小學校在大同塢陳蔭枏陳常陳受康陳鳳翔發起光緒三十三年二月開辦校舍陳氏宗祠經費宗祠田畝山林租息又陳都公樂捐田三畝校長陳常

大同鄉鄉立章氏初等小學校在管村章禹謨章廷獻章學箴章守默發起校舍章氏宗祠經費宗祠田租撥給校長章廷獻章紹綸

大同鄉鄉立崇新初等小學校在魏家塔魏揚清發起校舍魏氏宗祠經費田二十三畝馬蹄堰水穀校長魏揚清

大同鄉鄉立謝氏初等小學校在塘口章子俊發起校舍謝氏宗祠經費宗祠田租校長章子俊

桃源鄉鄉立第一謝氏初等小學校在尖山謝家謝璿謝誦芬謝友桂謝晉蕃發起光緒三十三年正月開辦校舍謝氏義倉經費謝氏宗祠田租及義倉積穀撥給校長謝晉蕃謝正齊謝國冠章桂林

桃源鄉鄉立第二紫湖初等小學校在石山房仙桃山朱兆森朱兆年朱樂善朱慰堂朱鎔張齡書發起光緒三十三年正月開辦校舍初在仙桃山廟中近年移山下朱氏宗祠經費以仙桃山廟產山二十畝及田價銀息校長袁允斌朱濬源喻維新

桃源鄉鄉立第三正始初等小學校在霞騰閣祝兆楓祝冀良祝耆發起光緒三十三年正月開辦校舍祝氏宗祠經費祝氏學產田租校長祝冀良

桃源鄉鄉立第四新民初等小學校在江西俞俞敬芳俞獻琛俞步蟾俞百堂發起宣統三年正月開辦校舍俞氏中祠堂經費宗祠學產田三十畝又喜會鴨蕩租等校長俞煚

桃源鄉鄉立第五蒙泉初等小學校在支山頭朱溥誠朱鴻藻朱金鏞朱守椿發起宣

統三年開辦校舍朱氏宗祠經費蒙泉戶田租校長朱麟

桃源鄉鄉立第六山泉初等小學校在山前許許友巢許文鎬許受生許淵若發起校

舍許氏宗祠經費許氏生員產田十一畝校長許文鎬傅九章

桃源鄉鄉立第七養蒙初等小學校在許同甸許榮業許大楡發起校舍潮奉廟經費

自籌校長袁允斌

桃源鄉鄉立第八養正初等小學校在李家埭李鍌李子衡發起校舍李氏宗祠經費

自籌校長李鍌

桃源鄉鄉立第九安興初等小學校在逕遊蔣敬翔蔣大方發起校舍蔣氏宗祠經費

蔣氏賢產田四十畝校長李文藻

桃源鄉鄉立第十毓英初等小學校在前朱村朱鴻藻朱煥文發起校舍朱氏宗祠經

費蒙泉戶田八畝學產田七畝及山蕩坂地藕池共十畝校長朱英

桃源鄉鄉立第十一伯興初等小學校在橫塘倪振源倪武揚發起校舍倪氏宗祠經

費倪伯興戶賢產田三十二畝校長朱顯武

桃源鄉鄉立第十二崇德初等小學校在坂裏朱朱定山朱善貴發起校舍朱氏宗祠經費宗祠田租及朱姓神會捐欵校長傅久靖

苧蘿鄉鄉立臨浦初等高等小學校在臨浦鎮湯壽宸趙慶福葛遵禮何丙藻發起光緒三十二年正月開辦校舍萬聖菴廢址建築開辦費由本地士紳樂捐常年基本金有校田二十一畝零市房四所浙路股票五千元餘由本鎮各商業派捐校長何丙藻王邦樞畢業五次

苧蘿鄉鄉立初等小學校在臨浦西關殿本鄉自治機關各員發起校舍西關殿之戲臺廂樓改設經費自治職員擔任校長陳光乾

苧蘿鄉鄉立初等小學校在半路菴楊鑑葆戴鴻勳發起校舍善慶菴改設經費自籌校長戴鴻勳

苧蘿鄉鄉立花廳初等小學校在王村王士任發起校舍王氏宗祠經費庠賢田十八

畝林公祠湖田三十二畝校長王士任

苧蘿鄉私立育才初等小學校在魯家塢魯廣熛獨力創設光緒三十三年二月開辦校舍以本村之迴龍閣改設並添築敎室三間經費創辦人負擔校長魯廣熛

潘西鄉鄉立德新初等小學校在來蘇周周光祚發起校舍周氏宗祠經費自籌校長周光祚

龍泉鄉鄉立長巷初等小學校在長巷沈企彭沈企裴沈企偓發起光緒三十三年正月開辦校舍沈氏家塾經費雲英將軍公欵撥給校長沈企彭沈成英

龍泉鄉鄉立初等小學校在錢清近年開辦校舍借崇眞道院經費自籌校長沈企曼

龕山鄉鄉立第一南沙初等小學校在龕山街周慶瑗汪望庚施學瑞周紹模周嘉幹發起光緒三十三年正月開辦校舍長慶惜字局後改設兩等經費南沙繭行擔任校長姚善賚近年仍改爲初等校長盛邦彥

靖雷鄉鄉立第一靖江初等小學校在靖江殿李嵩堂發起校舍靖江殿内經費自籌

校長李嵩堂

鎭靖鄉鄉立第一新成初等小學校在德聖殿近年開辦校舍德聖殿外餘地建築經費信字號張神會地八畝校長李景韓

正義鄉鄉立第一初等小學校在包公殿近年姚善賚發起改築校舍經費南沙繭捐不敷另籌校長姚善賚

赭山鄉鄉立第一初等小學校在赭山塢馮氏發起校舍馮氏宗祠經費自籌校長孔憲培

勸學所

蕭山勸學所在倉橋下街由舊試院頭門改造光緒三十二年八月成立知縣胡爲和稟准派畝捐兩年儲爲通常經費除購浙路股洋五千元外餘俱存典生息照會陳大昀湯在容爲總董陳儀亮繼之若葛遵禮來裕昌均經公舉未就職繼任者三十三年周易藻三十四年姚瑩俊宣統元年陳大俊二年何璨三年來裕恂是年三月

奉提學司袁飭文取銷總董名義改委來裕恂爲蕭山縣勸學所勸學員長蔡應祥陳模許昌壽姚善賚爲勸學員近年撤銷歸入縣教育科其屋宇嗣改爲縣議會會所

按勸學所原有東嶽廟及邑廟兩處學捐近年由縣知事彭延慶撥嶽廟捐充學務經費邑廟捐充縣立第二小學校經費其沿革互見教育會及建置門壇廟

宣講所

光緒三十二年十二月奉飭附設宣講員於勸學所内以勸學所職員充之近年勸學所撤銷後特設宣講所於城隍廟崇實學堂舊址縣委許昌壽黄恭壽來維熊爲宣講員嗣改委楊在東郁治清郁子青經費年支三百六十元由縣署給發

教育會

縣教育會初名公學會光緒三十二年丙午由知縣胡爲和奉令改爲教育會會所在學宫明倫堂後會長屠佩環三十三年丁未會長姚瑩俊三十四年戊申九月改借

豫大倉爲會所正會長王銘恩副會長何丙藻宣統紀元正會長王慶洛副會長姚瑩俊嗣改正會長陳選庠副會長王慶洛現充正會長王慶洛副會長楊在堃經費向由勸學所撥給邑廟捐洋四百元創設蒙求初等小學堂一所至近年縣議會議决蒙求改由縣立教育會經費每年在縣署學欵下支洋三百六十元會所仍移學宮明倫堂後

南鄉教育會由王邦樞朱慰堂傅佩華陳煦等聯合苧蘿桃源浦南紫霞河上長山大同開明沈村各鄉自治委員組織成立公舉王邦樞爲會長經費會員擔任事務所設苧蘿鄉臨浦初等高等小學校內

桃源鄉教育會由謝璿謝晉蕃祝冀良朱慰堂等組織成立公舉朱慰堂爲會長經費由本鄉各校捐助事務所設尖山謝氏初等小學校內

清代光宣之際其學制變遷古今之鴻溝乎省學官設學堂選賢與能丕然一變就蕭而論應運而生之學堂城鄉無慮數十所民智初瀹已森然可觀易曰窮則變變則

通通則久運會所至雖聖人亦不能不與時推移然學制可變遷孔子明倫之敎仍終古不可與易謂予不信可劵斯言

蕭山縣志稿勘誤表

卷數	頁數	行數	字數	正	誤
一〇	二	一九	八	詁	話

蕭山縣志稿卷十一

紀事

盛典

宸翰

高宗御製詩碑在縣西十里西興鎮鐵嶺關外南偏乾隆辛未春御駕南巡渡錢塘江御製詩一首御筆題字勒石其詩曰斛土千錢詭就塘風恬日暖綵舟方一江吳越分疆界三月烟花正豔陽航葦何曾見神異射潮未免話荒唐漲沙南徙民居奠永賴神庥敬倍常

高宗蕭山道中作溪窄緣塍闊水肥烏榜輕開篷畫芃蒨挂席翦澄明南國春方麗越天雲復晴山陰指明日已是鏡中行

高宗自紹興渡江至聖因寺行宮作朝辭餘暨暮錢塘片刻長流穩渡航未免情殷戀西子不殊風便送滕王快晴乍覺烘山翠弦月遙疑釣水光十畝行宮遊不足甜間命

筆玉蘭堂

聖祖三巡江浙時以御書一幅賜毛奇齡皇太子隨駕亦賜書屏聯各一

仁宗命戶部尚書戴衢亨賫詩十韻賜朱珪又嘗集賜詩數十首爲二册題曰蕪葭遠

目曰山海遙思以示珪又賜題律四章於知足齋詩文集卷首其卒也賜抒痛詩十二

韻命翰林黄鉞於殯前焚之有半生惟獨宿一世不貪錢之褒

宣宗命湯金釗典試江南賦詩贈行諸皇子亦有贈行詩高宗以荷天之寵額賜何煊

祖濕仁宗書天祿儲才額以墨蹟賜朱珪文宗以慶衍恩榮額賜湯金釗文宗賜施作

霖情殊可憫額懸專祠内以上訪册

綸音

世宗特旨諭祭蔡佳文　雍正六年十一月蕭山縣知縣門鈺欽奉特旨諭祭殉難啇

授都司蔡佳之靈曰鞠躬盡瘁臣子之芳蹤卹死報勤國家之盛典爾蔡佳賦性忠直

國爾忘身值逆賊之煽亂勵臣節以彌堅臨難不屈甘心殞命朕用悼焉特頒祭典以

慰幽魂爾如有知尚克歆享乾隆志

仁宗賜奠朱文正文　制曰大學士朱珪持躬正直砥節清廉經術淹通器宇醇厚凡所陳奏均得大體服官五十餘年依然寒素家庭敦睦動修禮法洵不愧爲端人正士畀倚方殷遽聞溘逝深爲痛悼初六日朕親臨賜奠已賜陀羅經被可令慶郡王永璘帶領侍衛十員先往奠醊給內帑銀二千五百兩治喪晉贈太傅入祀賢良祠又制曰本日朕親臨奠醊見其門庭卑隘清寒之況不異儒素睠念遺風愴懷未已可再令皇二子前往代朕賜奠俟殯送時派慶郡王永璘前往祖奠目送以示朕眷懷舊學至意

仁宗賜諡朱文正文　制曰乾隆朝惟故大學士劉統勳蒙皇考鑒其品節賜諡文正易名之典獨隆顧統勳於署總督任內曾經獲咎褫職復蒙恩錄用至朱珪立朝五十餘年歛歷中外從未稍蹈愆尤絕無瑕玷猶憶伊官翰林時皇考簡爲朕師傅其所陳說無非唐虞三代之言不特非法不道即少涉時趨之論亦從不出諸口啓沃良多揆諸諡法實足當正字而無愧着即賜諡文正毋庸內閣擬請也

仁宗賜祭朱文正文　三公望重經邦資篤棐之忱一德謨明典學念交修之益治國必本於正心誠意不愧名臣事君務引於當道志仁端推碩輔遽傷彫謝式展馨香爾原任大學士朱珪學茂儒宗材宏國器窺天人之奧闡性命之微經術則漢博宋精宏通而不拘門戶文章則杜詩韓筆雄渾而足式輪轅廉隅早勵夫官箴雍睦克垂爲家範借古哲懋修之選受先朝特達之知拔諸詞曹試以吏事宣猷六察進秩兩司總茹蘗而飲冰洵矩方而繩直旋膺內召復廁清班勤侍從於鼇坡端楷模於鶴禁朕方潛宮毓德講席稽文每懷日月之就將深得切磋之裨補屢持使節叠掌文衡以貳師而出任封圻閱十載而累叨還擢有爲有守無偏無私心款款以效忠政優優而著績凡此靖共之素久蒙簡在之隆親政以來敕幾時毖睠言良輔馳詔還朝歷台斗之清嚴直內廷之密勿欽承考志晉長官聯端席槐扉兼銜水部維秘省爲儲材之地俾耆儒領華國之英服官五十餘年無纖毫之玷缺弼予三十一載實啓沃之宏多非堯舜之道不陳賡颺媲美以皋夔之責自任倚賴良殷乃自今秋稍形末疾覺艱步履念力趨

承賜杖以便其行錫輿以安其體寒威益迫暮景方遒爰給假以攝調時遣醫而存問深期痊可靡釋眷懷正思展覲於拖紳詎意驟聞夫遺疏老成長逝震悼難名亟遣親藩肅陳奠醊旋移步輦躬酹帷堂優賚帑金潔齎經被崇階晉贈秩序光躋易名以表初終覈實允推文正緜言特賁竹史增輝申命子臣代致蘭肴之供仍沓朕弟載臨柳翣之移哀榮既沛以殊恩妥侑宜昭夫彝典於戲經帷懷舊學儀型宛覿於目前綸閣緬嘉猷忠讜難聞於身後想騎箕之未杳凝望霄躔悵歸鶴之終虛摛詞雪涕尚其來格歆此苾芬

仁宗賜葬朱文正碑文　朕惟中朝耆宿嘉謨資啓沃之賢元老鈞衡舊學緬贊襄之益念前修之粹懿倚畀方殷惜大雅之淪徂眷懷未已典崇勒碣績茂紀阡爾原任大學士朱珪醇厚秉資端嚴植品義探匡劉之奧經術淹通旨參濂洛之精性功淵邃自昔蜚聲玉署荷殊遇於先皇校藝金鑾鑒民材於大受始以青錢之選遂膺繡服之榮陳臬而三法求情澤流楚甸開藩而六條察吏頌遍晉陽鎖院歸來論思胥賴潛宮侍

直納誨攸關闈史鑑之眞評導詩文之正軌以古爲鏡其直如繩節凜靖共班洊躋夫
省署職勤敭歷任特重以封圻擁翠袖於皖城節樓聲壯持碧幢於粵嶺幕府威嚴秩
再歷於上台望早隆於端揆廸朕敕幾親政特命馳傳還朝紫禁迴翔丰度重瞻皤髮
黃扉簡任精誠益勵丹衷奏調元贊化之功務持大體樹論道經邦之略不負生平口
絕談錢三十載清風常接身如愛玉五十年微玷全無至其珊網羅才金鍼選俊連膺
文枋屢典禮闈課芸館以培英士霑雨化掌槐廳而視事人仰冰衡東壁南齋久趨陪
於翰墨經筵史局謹記注於丹鉛憶前春幸院聯吟領袖常歌鮐背擬改歲登科選錄
筐簣再赴鹿鳴乃者因衰病之侵尋致劬躬之漸憊慮妨步履賚笻節以扶攜命舁肩
輿比蒲車之安適勵葵心而罔斁勉力趨朝軫榆景以方賒養痾予假疊遣診醫之使
將循視疾之儀遺疏俄聞悼懷中摯飾斂先加襚服助喪厚給帑金憶棨範於三天晉
銜太傅報馨香於奕葉入祀賢良賜醊躬臨睠邸居而密邇酬卮敕具肅皇子以代將
誄什摛詞庶達几筵之聽親藩祖奠載攄紉綍之悲爰稽典以易名特旌賢而表行謚

之文正式備哀榮嗚呼卅年講習之勤遽瞻箕尾旬日朝參之隔倏感泉墟賁以綸言
光茲珉質永昭來裔勿替休嘉
宣宗賜謚陸文恭文　道光七年七月十三日內閣奉上諭原任工部尚書陸以莊前
於嘉慶年間由翰林洊升卿貳朕御極後擢任左都御史旋授工部尚書並兼管順天
府尹事務清慎認眞克盡職守本年春間因患病賞假一月嗣假滿未愈陳請開缺降
旨允准諭令安心調理方冀日漸就痊藉資委任茲聞溘逝殊堪軫惜着加恩照尚書
例賜卹所有原任內一切處分悉予開復應得卹典該部察例具奏伊次子二品廕生
候選通判陸恩紱着俟服闋後遇缺即補欽此禮部議卹典上恩賜祭葬如制予謚文
恭
宣宗賜祭陸文恭文　朕惟度地居民營建重五工之掌尹郊施政保釐播三輔之猷
矧求楨幹於老成人惟任舊冀備股肱於禁近治益圖新乃遺章遽愴夫騎箕斯溫諭
合隆夫奠斝爾原任工部尚書陸以莊秉質通明持躬清慎自先帝體元之歲克膺敷

求當大廷明試之年獨邀首拔起家詞館清班早列木天晉秩宮坊儁選洊登芝苑瀰

璿源而秩禮名著奉常司瑤牒而糾宗望崇董正鷹揚執法頓生霜簡之風雉正分曹

旋亮冬官之釆荊南山右量才則玉尺頻操闗內黔中造士則金鍼再度衡持滇徼鑑

秉燕臺甄江左之秋闈掄日邊之春榜效匡襄於六職歘歷攸深叨任使於兩朝倚畀

更切遂乃憲司總攝端揆特膺經術湛深侍講筵於黃幄恩光稠疊賜連騎於禁城司

平正賴其程功京兆復資其布化屬釆薪之偶遘陳請甫俞詎勿藥之空占淪徂俄告

念夙昔懋宣勞績宜今茲渥被殊榮位陟卿階賜卹荷宸懷之軫眷推府倅速銓俾世

賞之延綸綍式頒苾鄉載薦於戲聲遙聽履長留經野之嘉謨禮肅鋪筵用沛酬恩之

彝典靈其不昧尚克歆承

宣宗賜陸文恭碑文　朕維司空分職鼎彝銘宅揆之功碩彥宣勤綸綍沛酬庸之典

賛鴻猷於北闕輔翼攸資指象緯於東維眷懷彌渥乃頒溫敕俾勒貞珉爾原任工部

尚書陸以莊績學淵醇持躬清慎杏林翔步題金榜以蜚英蓬觀馳聲署冰銜而視草

纂先朝之實錄異數曾叨窺中秘之奇書華資疊踐逮榮膺乎遷秩更徧歷乎清階芝苑飄纓爰副總司之任容臺紆綬遂躋禮寺之班守司宗而譽牒星輝貳執法而烏衙霜冷初登起部楊時建典學之言繼拜右曹李絳絶羨餘之獻參五戎而司五服直亮交孚典三禮而掌三銓寅清聿著豸衣肅望總持憲度於朝端鵲印徵祥特領班聯於公正春卿兼攝同爲喉舌之司夏旬咸綏重賴股肱之寄南北省星槎屢出太史陳風鄉會闈月鑑頻操文昌朗耀嘉謨入告侍啓沃於經筵寶翰聯吟被光榮於茶讌騎連紫禁每曳履之時聞賜出彤廷復承筐之屢賁方冀深資乎委任豈期遽悼乎淪徂軫念維殷飾終宜厚易名有典覈實無慚謚以文恭象其懿行於戲獎勳勞於耆舊更推燕翼之恩篤眷顧於賢良式荷龍光之賁峙茲豐碣尚克欽承

文宗賜奠湯文端文　制曰頭品頂戴致仕光祿寺卿湯金釗立品端方學問醇正由翰林洊擢正卿協贊綸扉叠司文柄供職恪勤嗣因降補後奏請休致蒙皇考宣宗成皇帝賞給二品頂戴旋復賞加頭品頂戴朕御極後因其重與鹿鳴筵宴賞加太子太

保銜方期克享遐齡長承渥眷茲聞溘逝軫恤殊深著派載崇帶領侍衛十員即日前往奠醊加恩照尙書例賜卹任內一切處分悉予開復應得卹典該衙門察例具奏伊長孫大理寺評事湯學醇著俟服闋後交吏部帶領引見用示朕篤眷耆臣至意欽此

文宗賜祭湯文端文　維咸豐六年歲次丙辰五月丁巳朔越十有三日己巳皇帝遣官禮部右侍郎杜翻致祭於太子太保銜頭品頂戴致仕光祿寺卿湯金釗之靈曰朕惟望隆碩輔典型瞻耆舊之臣寵賁恩綸褒卹備哀榮之禮諭祭而龍章載錫飾終而雕俎斯陳爾太子太保銜頭品頂戴致仕光祿寺卿湯金釗學宗醇正品飭端方詞館摛華史策用成夫錦帙禁廷侍學坊階歷晉夫冰銜洊躋卿尹之班藎忱罔懈繼掌銓衡之任揆席旋參掄材則文柄疊司奉命而使車頻蒞賢勞丕著資夾輔而宣勤吏議偶干遂左遷而移職致仕已逾乎七秩齒德皆崇榮身更拜乎九重頭銜疊晉先帝之恩施至渥朕心之篤念維殷鄉科值周甲之年苹笙又賦宮秩荷重申之命芝紵聿頒方期渥眷長承何意遺章遽告愴懷殊切卹典攸加賜奠而特簡重臣推恩而用延後

嗣於戲老成既往緬舊德以云遙秩祀允宜妥明禋而是享欽予時命尚其祗承

文宗諭葬湯文端碑文　朕惟恩推耆舊眷碩德於老成禮備哀榮播休聲於後禩既雕筵之特啓宜螭碣以增輝爾太子太保銜頭品頂戴致仕光祿寺卿湯金釗學有淵源品臻醇懿簪毫玉署潤色高文進講彤廷敷陳正學雅稱儒林之望克殫夙夜之勤迨晉卿班歷職要而嘉猷丕著旋躋協揆統銓曹而重寄攸資膺使節以周諮公明夙著秉文衡而造士掄選彌精綜紀成勞無慚碩輔罣吏議而偶因薄眚許居家而仍畀崇銜鳳闕長依先帝久隆夫眷注鹿鳴再宴朕心彌切夫褒嘉爰攄吉翰以延祺更錫宮銜而賁寵何遺章之遽告宜軫卹之優加賞逮後昆展祀而隆儀畢舉勳稽策府易名之令典維昭諡以文端符其品概於戲緬遺徽而未遠竹帛流芬勒貞石以永垂松楸生色青珉式煥丹綍欽承

文宗賜卹施作霖諭旨　咸豐七年十月二十六日內閣奉諭曾望顏奏賊匪竄入武關直撲商南縣城現在擊退並進剿情形一摺陝西候補知縣施作霖督帶練勇在商

南防堵十月十二日探聞賊將下竄當即督勇迎擊次日馳抵清油河該匪偷由天河橋小路竄武關該員馳至頭條嶺截擊十四日有馬步賊百餘人先來撲營擊退後賊又率衆擁至施作霖首先下山賊遂回關固守施作霖身先士卒逼近關前賊匪三面來撲礮斃騎馬賊二名餘賊五十餘名該匪圍撲愈猛施作霖分頭衝擊身受多傷手刃數賊力疾遇害奮勇捐軀情殊可憫着從優賞加知府銜照知府陣亡例議卹並准其原籍及武關地方建立專祠同時陣亡家丁練勇一併附祠以慰忠魂該部知道欽此

文宗賜施剛毅碑文　朕惟效命疆場報國之忠臣不朽銘勳金石飾終之盛典宜頒特嘉赴義之誠用廣推恩之禮彝章可考崇奬維昭爾原任陝西署城固縣知縣賜謚剛毅施作霖秉性堅貞賦才宏達英年擢秀備國器於膠庠壯歲從軍靖海氛於鄉里甫沐酬庸之典旋登拔萃之科列優等以呈材文成錦繡授偏隅而作吏職任繭絲時也盜起豫中地連陝境蠢茲羣醜勞我旅以干戈惟爾多才登吾民於衽席復以韜鈐

素裕談兵兼儒將之風因而旗鼓專司制勝領偏師之銳用恢武略屢挫賊鋒血染霜鋌方共告武關之捷書成露布不徒誇文陣之雄詎逆燄之方張致孤軍之莫振營中星隕竟催烈士以捐軀城上風淒徒愴忠魂而灑泣十三人同心赴難節共凜然千百年血食報功禮所應爾於戲眷茲忠悃逾時而軫惜猶深表厥芳徽歷世而聲稱彌著錫之寵命尚克欽承

穆宗賜祭朱文端文　朕惟綸扉贊化睠懷耆舊之臣國憲酬庸特備哀榮之禮龍章式煥雕俎斯陳爾予告大學士朱鳳標績學淹通持躬端謹登蕊榜而名叨上第列蓬山而秩懍清班爰蒞芝坊晉躋薇閣書齋入直喜禁籞之常依使節頻揚更文衡之疊掌美歟歷而卿階洊陟綜編摩而史職兼長雖例議之偶干師資無忝益赫猷之丕著揆席旋膺朝門邀策騎之榮彌勵靖共於一德講帷飭鳴鑾之度洵推領袖於羣仙任重秉鈞眷隆錫嘏嗣養痾而解組仍詔精以推恩方期戀闕長殷近依日下何遽還章入告杳隔風徽襚服聿將加寵賜而禮崇賜奠宮銜特畀荷殊施而賞逮後昆於戲緬

碩範以云遙勛垂竹帛妥明禋而用享氣達椒馨格爾精誠欽茲寵渥

穆宗賜諡朱文端碑文　朕惟鈞衡輔治睠碩德於老成鐘鼎銘勳被隆施於後祺爰頒紫綍式勒青珉爾予告大學士朱鳳標學有本源品臻端粹簪毫玉署洊陟坊階侍直彤廷榮趨講幄雅稱淸華之選克殫夙夜之勤遂歷卿班晉登揆席頻揚使節彌嚴鑒別於文衡無忝師資尤重楷模於吉士勞宣史館秩領詞曹既邀策騎之榮更賁龍章而錫祉洎允懸車之請仍優鶴俸以頒恩方期克享遐齡何遽慘披遺疏用加褒卹明禋俾達以馨香備舉彝章芳譽宜垂諸金石晉宮銜而昇寵稽册府以易名諡以文端符其品概於戲播鴻麻於勿替芝檢流輝煥巘碣以常新松阡生色豐碑永峙巽命欽承

宣統三年賜卹陸文烈諭旨　十二月初二日奉旨內閣代奏據都察院咨送民政部咨議官陸鍾岱前中書科中書陳時泌各呈稱疆吏率屬殉難情形等語已故山西巡撫陸鍾琦忠誠報國臨難捐軀業經降旨優卹伊妻唐氏同時殉難伊子陸光熙救父

被旌忠孝節義萃於一門披覽呈詞彌增憫惻陸鍾琦著再加恩賞給二等輕車都尉世職一品命婦唐氏著准予旌表翰林院侍講陸光熙著晉贈三品京堂照二品京員陣亡例從優賜卹著加恩予謚陸鍾琦之孫鼎恆著以主事用其同時死難之協統譚振德著照協都統陣亡例從優賜卹管帶熊國斌著照正參領陣亡例從優賜卹僕役馬八牛萬春李升著照兵丁陣亡例從優卹賞以慰忠魂欽此

宣統三年賜謚陸文節諭旨　十二月初八日奉旨內閣奏遵擬已故翰林院侍講陸光熙謚號陸光熙著予謚文節欽此以上訪册

重遊泮水重宴鹿鳴

重遊泮水之典昉於乾隆三十九年袁枚爲始前此學中耆儒入庠逾六十年可考者如奇齡趙鎬金輅皆不載入惟乾隆丁未後相沿爲例（魯燮光儒學志）著之得十一人若重宴鹿鳴惟湯文端一人而已

丁百川字學海號榕谿康熙五十六年己亥科試入縣學雍正己酉科拔貢乾隆十二年丁卯科舉人二十二年丁丑科進士授贊皇縣知縣乾隆己亥重遊泮水次年庚

子聖駕南巡進獻迎鑾詩十二章接駕杭淨慈寺奉俞旨嬰鑠可嘉頒黄緞二疋壽至八十二

湯潒字湘畦乾隆四年己未歲試入學躓於場屋以例貢歷三十六年甲午科始中副貢又二十四年爲嘉慶四年己未重遊泮水時已校官引疾歸矣家居二十年壽九十五

汪輝祖字焕曾號龍莊乾隆十一年丙寅科試入學戊子科舉人前後佐治刑名近三十年乙未科成進士官湖南甯遠縣知縣署道州旋罷歸嘉慶十一年丙寅七十七歲親友以入庠六十年請重修謁廟禮以足疾不能備禮謝之以詩咫尺宫牆萬里如支離病耐十年餘忘機久判同鷗鳥遺興猶教伴蠹魚文字感深知己往衣冠禮笑半人疎不堪重賦搴芹句欲踐錢盧願復虚

楊德成字金城號芑豐乾隆三十五年庚寅科試入學嘉慶六年辛酉科副貢官定海訓導乞休歸主講筆花書院道光十年庚寅重遊泮水湯文端撰行傳云金城先生

文壇耆宿至耄不衰年八十餘欽旌五世同堂賜八葉衍祥匾額壽九十
湯金釗字敦甫嘉慶己未進士官至吏部尚書協辦大學士乾隆五十三年戊申科試入縣學五十九年甲寅舉鄉試第一道光二十八年戊申在京循例重遊泮水予告後咸豐四年甲寅奏明在京重宴鹿鳴晉太子太保銜頭品頂戴壽八十六
陸堃字緯乾號簡菴嘉慶十九年甲戌歲試入學由咸豐丙辰恩貢就職教諭同治十三年甲戌七十七歲重遊泮水壽八十六以上魯燮光儒學志
楊廷鎔字冶亭西興人光緒七年辛巳科試重遊泮水訪冊
戴濟字鑑川號南沙赭山人道光六年丙戌歲試入學至光緒十二年丙戌歲試甲子一週學官邵移縣詳憲奉准重遊泮水
陸貢珍原名登瀛號柳圃道光十三年癸巳歲試入府學咸豐乙卯舉人官孝豐縣教諭升杭州府學教授光緒十九年癸巳時年八十四循例重遊泮水
韓欽字螺山道光十六年丙申科試入學咸豐乙卯科舉人丙辰科進士欽點知縣改

捐內閣中書光緒丙申學官詳報浙江學政奏保耆儒援山東奏案例請加卿銜部議予秩五品是年重遊泮水

俞兆福南鄉江西俞人道光十六年丙申科試入學光緒二十三年丙申由學官詳請重遊泮水頒給芹藻重馨匾額以光大典（以上魯燮光儒學志）

魯燮光道光某年入學光緒某年重遊泮水山陰籍

瞿績熙咸豐元年辛亥入學宣統三年辛亥重遊泮水

壽民

黃應奎字子祥號東園年百有三歲明嘉靖間邑有司請爲惇史冠帶榮身邀贈四朝逸叟匾額甥布政使來三聘題其堂曰百齡

陳邦洪字鄰軒號弢文任山東撫營都司壽一百歲明萬歷間由知縣給熙朝人瑞匾額

章大忠字匡時年一百六歲明崇禎五年由知縣贈人瑞觀光匾額

蔡永潮百有三歲明賜額五朝耆彥所值年號無考

陳老人百歲蔡仲光謙齋文集餘皆訪冊

徐文遠字松文享年百歲按陳老人徐文遠二人年代失考姑列明清之間

蔣禹甸徑遊人生於清乾隆五年卒於道光十九年享年百歲旌表五世同堂

楊馨治字梧生西興人光緒乙酉科欽賜副貢癸巳科欽賜舉人百歲請旌給以昇平人瑞匾額

周世濂新林周人國子監生清乾隆朝贈昇平人瑞匾額

施氏五老聖祥維德廷元公範明德清嘉慶元年施粹中呈報知縣聞諸院司奏蒙恩詔賞給職銜冠帶有差五老望闕叩首祗領嘉慶二年丁巳施粹中作施氏五老記

傅袞熹國學生清道光十年庚寅二月旌表五世同堂詔准建坊

韓煜字炳昭國學生清咸豐壬子壽八十有二巡撫黃題請旌表給予七葉衍祥匾額緞匹銀兩壽至九十而終

吳峒年八十邀賜粟帛

壽民以年及百歲以上爲例限周世濂施氏五老傳袁熹韓煜皆未及百歲因邀旌獎附於後壽婦仿此

楊氏來朝恩妻壽一百一歲咸豐間曾請題奏以亂未經邀旨生存時親見五世同堂有三子八孫十曾孫二玄孫

顧氏韓一山妻年百有四歲季子誠齋以武生援例誥授爲昭武都尉以子貴浙撫衛榮光奏請特賜黃緞一疋膳銀十兩建坊銀三十兩旌其門曰貞壽之門

顧氏韓桂林妻誥贈淑人生於乾隆丁未光緒丁亥百有一歲浙撫衛榮光題奏奉旨欽旌貞壽之門給帑銀三十兩建坊並由內務府賞給御用黃緞一匹膳銀十兩

駱氏楊金鋆妻住城中金鋆殉匪難駱氏依子家鈴以活壽至百歲

馮氏王昱妻百歲

趙氏鄭煜妻百有五歲有坊馮氏趙氏二人時代年號失報

來氏孔傳熊妻以長子繼中官封宜人遇覃恩晉封夫人年八十外以親見七代五世

同堂由浙撫楊昌濬奏請旌表欽奉賞給緞匹坊銀賜七葉衍祥匾額

陳氏陸增福繼妻有子一孫二曾孫四玄孫一宣統元年欽旌五世同堂訪冊

志乘亦史體也蕭雖蕞爾邑而一邑人士之遭逢殊典與夫登遐齡稱人瑞者頗不乏其事蹟闕而不載毋乃疏於史實歟今於舊志所未備特著斯篇遺聞軼事有則必書以資徵文獻者有所考云

兵事

越絕書浙江南路西城者范蠡敦兵城也其陵固可守故謂之固陵按水經注范蠡築城於浙江之濱言可以固守謂之固陵今之西陵也寶慶會稽續志吳越武肅王以陵非吉語改曰西興皮光業撰錢武肅王廟碑時建城西興故改陵爲興防塢者越所以遏吳軍也固陵爲越王時屯兵處互見古蹟增併乾隆志

越絕書句踐與吳戰於浙江之上石買爲將耆老壯長進諫王不聽遂遣之石買發行至浙江上斬殺無罪士衆恐懼人不自聊子胥爲奇謀或北或南夜舉火擊鼓晝陳詐兵越師潰墜王殺買謝其師乾隆志

三國志吳書孫靜傳會稽太守王朗拒策於固陵策數度水戰不能克靜說策曰按吳書宗室傳靜字幼臺孫堅季弟通鑑作孫策叔父靜與本傳合舊志及縣志刊誤俱作策弟靜水經注作孫靜果說策俱與本傳不合朗負阻城守難可卒拔查瀆南去此數十里而道之要徑也水經注作祖瀆宜從彼據其內所謂攻其無備出其不意者也吾當自帥衆爲軍前隊破之必矣策曰善乃詐令軍中曰頃連雨水濁兵飲之多腹痛令促具罌缶數百口澄水至昏暮四維然火誑朗便分軍夜投查瀆

道襲高遷屯吳書裴松之注今永興縣有高遷橋縣志刊誤新舊修志者以南鄉高屯里當高遷屯之名失據朗大駕遣故丹陽太守周昕等帥兵前戰策破昕等斬之遂定會稽按孫策本傳攻牛渚破劉繇入曲阿渡浙江據會稽皆漢獻帝興平二年事後漢書作興平元年通鑑作建安元年今錄三國志舊志云查瀆無考縣志刊誤云查瀆者在西陵之北當錢清江入海之處而今已湮者其云南去此數十里則查瀆瀆之南去此西陵約數十里正其地也其地近高遷屯故一投查瀆而即破高遷聶世棠之縣志序亦遵毛說但查瀆水經作祖瀆孫靜水經注作孫靜果與吳書及通鑑互異舊志山川祖瀆下引水經注武備引通鑑人名地名先後矛盾又未將兩書互異之處分晰指明是其疎處也縣志刊誤祖瀆即是查瀆字書柤即查字柤之爲祖字形之誤云云今趙一清校水經注已更正爲柤今更正乾隆志

按攻牛渚破劉繇入曲阿乃裴松之注引江表傳語非三國志吳書孫策傳文渡浙江據會稽吳書本傳並不明言興平二年事

三國志吳書董襲傳孫策入郡襲迎於高遷亭按縣志刊誤引吳志曰孫策入郡郡人迎於高遷又引十道志曰董襲見孫權於高遷今考吳志乃知西河誤董襲爲郡人誤孫策爲權其考訂亦未確也乾隆志

縣志刊誤並引吳志十道志爲證高遷屯所在著書體例當然何嘗實指董襲爲郡人牽合孫策爲孫權乾隆志自誤而反譏人誤何也

三國志吳書鍾離牧傳注牧子徇拜偏將軍戍西陵乾隆志按吳書注原文疑徇乃鍾離牧之弟

宋書褚叔度傳弟淡之爲會稽太守景平二年富陽縣孫氏謀逆其支黨在永興潛相影響永興令羊恂覺其姦告淡之淡之不信乃以誣人之罪收縣職局於是孫法亮號冠軍大將軍與孫道慶等攻沒縣邑遣僞建威將軍孫道仲孫公喜法殺姓法名殺攻永興永興民濶恭期初與賊同後反善按反善猶言改惡歸順也下同就羊恂率吏民拒戰力少退敗賊用縣人許祖爲令恂逃伏江唐山中尋復爲賊所得使還行縣事賊遂盤據更相樹立建旗鳴鼓直攻山陰淡之遣隊主陳願郡議曹椽虞道納二軍過浦陽江願等戰敗賊摧鋒而前去城二十餘里淡之遣陸邵陸允以水軍拒之又別遣行參軍濶恭期率步軍與邵合淡之率所領出次近郊恭期等與賊戰於柯亭大破之賊走還永興遣僞寧朔將軍孫倫領五百人攻錢唐倫敗走還富陽因反善殺法步帥等十餘人送首京都詔遣殿中員外將軍徐卓領千人右將軍彭城王義康遣龍驤將

軍邱顯率衆東討未至而賊平（按此條舊志失載府志名宦節錄褚傳什不得五且孫法亮訛法先濬恭期訛漏恭期今從宋書補入）（更正乾隆志）

宋書孔覬傳永光元年行會稽郡事太宗即位召爲太子詹事遣庾業代行會稽郡事時上流反叛上遣都水使者孔璪入東慰勞璪說覬以南北並起遠近離叛招動三吳事無不克覬然其言遂發兵馳檄覬子長公璪二子淹玄泰始二年正月並叛逃東歸吳郡太守顧琛以覬前鋒軍已渡浙江遂據郡同反吳興太守王曇生義興太守劉延熙晉陵太守袁標一時響應太宗遣建武將軍吳喜統全景文沈懷明劉亮孫超之壽寂之等東平會稽喜等至錢唐錢唐令顧昱及孔璪王曇生等奔渡江東喜進軍柳浦遣鎮北參軍（刊誤參軍作將軍）沈思仁强弩將軍任農夫龍驤將軍高志之南臺御史阮佃夫揚武將軍盧僧澤等率軍向黃山浦東軍據岸結砦農夫等攻破之乘風舉帆直趨定山破其大帥孫會之於陳斬首自定山進向魚浦戍主孔叡率千餘人據壘拒戰佃夫使隊主闞法炬射殺樓上弩手叡衆驚駭思仁縱兵攻之斬其

軍主孔奴於是敗散吳喜使劉亮由鹽官海渡直指同浦壽寂之濟自漁浦邪趨永興喜自柳浦渡趣西陵西陵諸軍皆悉散潰斬庾業顧法直吳恭傳首京都劉亮全景文孫超之進次永興同市遇覬所遣陸孝伯孔豫兩軍與戰破之斬孝伯豫首覬率千餘人竄於崝山村崝山民縛送詣晏（上虞令王晏）晏斬之（按此條舊志失載縣志刊誤同浦作回浦或史書刊本南北監板互異亦未可定然考下文劉亮等進次永興同市有浦因有市雖滄桑變更其地莫考而斷非回浦可知西河偏執己見必欲爭回浦入蕭山故於此條引史删去進次同市數語且强詞奪理謂漢書南部都尉治在蕭之海濱以數郡公共之回浦硬入本邑海隅此其大謬不然之說萬不可從者也更正乾隆志）

南齊書沈文季傳永明元年出爲左將軍吳郡太守三年進號平東將軍四年遷會稽太守將軍如故是時富陽人唐寓之（紹興府志作寓之誤）僑居桐廬聚黨四百人於新城水斷商旅黨與分布近縣富陽令何洵（刊誤作何詢誤）告漁浦子邏主從係公發魚浦村男丁防縣（按魚浦即漁浦齊書多作魚）永興遣西陵戍主夏侯曇旋率將吏及戍左右埭界人起兵赴救寓之陷富陽會稽郡丞張思祖遣臺使孔矜等以器仗將吏白丁防衛永興等十屬文季亦遣將吏救援錢塘寓之至錢塘錢塘令劉彪戍主聶僧貴拒之力不敵戰敗

彪棄縣走是春寓之於錢唐僭號遣僞會稽太守孫泓取山陰泓至浦陽江郡丞張思祖遣峽口戍主湯休武拒戰大破之（刊誤云峽口今名峽下與漁浦相近志有峽山峽浦非此地）上聞遣兵馬東討官軍至錢塘一戰便散禽斬寓之進兵平諸郡縣（按此條舊志失載刊誤所引亦未詳盡今從南齊書補入）

（又按舊志載齊明帝永泰元年會稽太守王敬則舉兵帥實甲萬人過浙江平東將軍張環遣人拒之聞鼓聲皆散走環逃民間云云今考南齊書王敬則傳敬則召山陰令王洵斬之乃起兵率實甲萬人過浙江但云兵過浙江並未交戰不應入蕭山武備矣至張環傳云高宗疾甚防疑大司馬王敬則以環素著幹略授平東將軍吳郡太守以爲之備及敬則反環遣將吏三千人迎拒於松江聞敬則軍鼓聲一時散走環棄郡逃民間事平環復還郡是張環拒敬則於松江逃匿於吳郡民間與蕭山全無干涉舊志牽合附會入邑武備非也因附誌於此以訂其誤　更正乾隆志）

梁書侯景傳宋子仙趙伯超劉仁茂進攻會稽東揚州刺史臨成公大連棄城走遣劉仁茂追擒之大寶元年十二月張彪起義於會稽攻破上虞景太守蔡臺樂討之不能禁至是彪又破諸暨永興等諸縣（新增）

隋書來護兒傳從楊素擊高智慧於浙江（文帝紀開皇十年會稽人高智慧舉兵反）賊據岸爲營周亙數百里船艦被江鼓譟而進素令護兒率數百輕艓徑登江岸直掩其營破之時賊前與

素戰不勝歸無所據因而潰散（更正乾隆志）

紹興府志唐咸通元年浙東賊裘甫等攻陷象山浙東騷動（按咸通懿宗紀年裘甫唐書作仇甫）以安南都護王式爲浙東觀察使討之式至西陵甫遣使請降不許入越州閱所部得吐蕃回鶻遷隸數發龍坡監牧馬二百疋用之集土團諸兒爲嚮導擒甫斬之（乾隆志）

新唐書劉漢弘傳中和二年（僖宗紀年）遣弟漢宥率諸將攻杭州壁西陵爲董昌所敗（五代史吳越世家中和二年越州觀察使劉漢弘與董昌有隙遣弟漢宥屯兵西陵鏐率八都兵渡江竊取軍號斫其營營中驚擾因焚之漢宥等皆走漢弘復遣將黃珪何肅屯諸暨蕭山鏐皆擊破之　按乾隆志引吳越備史中和二年十月漢弘又遣登高鎮將王鎮將兵七萬屯西陵錢鏐濟江大破之又引錢受徵順存錄中和三年三月漢弘分兵屯黃嶺巖下貞女三鎮錢鏐將八都兵自富春擊之破黃嶺擒巖下鎮將史弁貞女鎮將楊元宗漢弘走十月漢弘將十餘萬出西陵將襲董昌戊午錢鏐濟江迎戰大破之漢弘易服持鱠刀而遁諸書小異附注之以備參考　又按黃嶺巖下貞女三鎮俱在長山鄉乃蕭山南境陸路要區黃嶺鎮在黃嶺莊距城七十五里由富陽大源過黃嶺入境之要隘也巖下鎮即仙巖鎮在仙巖山下距城七十五里由富陽龍門過石板嶺之要隘也貞女鎮在長山塢之姥嶺距城八十五里由諸暨響鐵嶺過姥嶺入境之要隘也附著之以表南區形勢　增併乾隆志）

吳越備史唐光啓二年錢鏐以錢爽守雙童（即白鶴橋　乾隆志）

一統志唐乾寧三年錢鏐討董昌於越州昌求救於楊行密行密將安仁義自潤州至湖州欲自湖州入柳浦渡西陵以應昌鏐使顧全武守西陵仁義不能進按新唐書董昌傳鏐將顧全武進圍越州昌從子眞得士心昌信讒殺之衆不用命反攻昌全武執昌還及西江斬之投尸於江傳首京師萬歷府志亦載其事與唐書同考西江卽西小江在蕭境全武守西陵圍越州執董昌互見十國春秋　更正乾隆志

紹興府志龕山在縣東三十里相傳爲錢武肅王屯兵之所乾隆志

紹興府志宋建炎二年秋八月杭州第三將下卒陳通叛囚守臣葉夢得等殺將田均知越州翟汝文聞之命副總管高楳分部伍知山陰縣王鎬集芻糧禡祭牙神出師次西興耀兵江上遣人齎旗榜入杭州開示禍福時台越魔賊俞道盛端才董閏等皆約日舉事汝文設方略悉捕誅之越賴以全乾隆志

劉基北嶺將軍廟碑元至正十二年妖賊入江浙行省烽火通於蕭山主簿趙誠自往西興募民禦寇捕無賴子爲標刼者悉誅之賊欲攻浙東見江岸列甲卒旗幟如睦寇欲渡時以故畏憚無東心按宋時方臘自睦入杭將渡江吏民大怖禱於神比寇至卽有風逆其舟且見甲士列岸上甚衆乃不敢渡

徐勉之保越錄元至正十九年春正月庚申明太祖既取諸暨二月丁巳大將胡大海乾隆志

僉院楊璟指揮朱寶寧同僉謝院判等分寨扎營出兵三路攻紹興甲申明將黃保麻里攻掠錢清毀抱姑堰六十餘丈按抱姑堰雖不在縣境然係山蕭兩邑要害故連及之辛卯張士誠遣元帥賈彪守錢清康熙劉志錢清城張士誠守將呂珍築跨江南北東西兩頭作木柵爲浮城於江面下通舟楫今廢壬辰參政丑撒樞密院同僉金沙藍赤兒監院判朵來統兵來援呂珍命於蕭山駐扎守禦按是時士誠據有江浙復降於元呂珍爲士誠將至正十八年命爲浙江行樞密院副使鎮守紹興節制諸軍珍爲士誠守非爲元守也三月丁酉士誠遣元帥徐昺萬戶趙世隆來援俱屯錢清丁未徐昺自錢清引兵驅敵庚戌萬戶鄧思忠等率義兵三千餘人築抱姑堰徐昺躬親督工三日而畢甲寅明兵復掘之昺率民再築於壩旁扎寨聚軍民水陸夾守之西門守將華成往來巡哨尤謹於是自堰以東明軍不敢至四月戊寅明將張彪自諸暨攻蕭山守者不能禦明軍大肆焚掠烟燄障天潰卒逃兵渡江者如蟻庚辰分省平章張士信發兵救蕭山珍遣人會合三江守

禦元帥韓惟仁領義兵亦至明軍懼又於北幹山上望見漁浦海舟三百餘隻集江上明軍疑士誠兵至遂收掠財物孳畜而去呂珍命韓惟仁招復人民整治官府萬戶呂成守漁浦團結義勇備禦甚嚴民始安業按明史太祖本紀元至正十九年久留甯越徇浙東六月壬戌還應天張士誠傳云胡大海攻紹興常遇春攻杭州亦皆不能下胡大海傳云既下諸暨改爲諸全州移兵攻紹興再破張士誠兵太祖以甯越重地召大海使守之士誠將呂珍圍諸全大海救之珍勢蹙於馬上折矢誓請各解兵許之蓋是年春夏明太祖與士誠爭杭越互有勝負蕭山爲吳越通津被兵尤甚保越錄所載雖左袒呂珍未盡失實也明萬歷郡縣志武事内皆闕而不書何歟更正乾隆志

萬歷府志明嘉靖三十二年四月倭遣蕭顯自平湖來參將湯克寬邀擊於龕子門破之康熙縣志同三十三年蕭顯敗於松江奔海鹽由赭山遁走止屯三江歷曹娥餘姚挫於龍山圍於定海盧鏜劉恩張四維等分道夾擊大敗之斬蕭顯按此條三江龍山在蕭境内舊志失載九月林碧川沈南山等率衆自楊哥入掠浙東蕭山等處此條舊志失載十一月倭自仙居向諸暨入山陰見城堞高聳疑不敢入乃往柯橋總兵俞大猷奮擊悉剿之斬首二百餘級按倭由諸暨入山陰蕭山當其衝且柯橋與蕭山錯壤舊志失載又按來端蒙家傳嘉靖甲寅有逸倭從西陵緣錢唐而上里中大怖端蒙與弟

端操謀曰吾遣諜遠偵之倭止六十有三料吾族丁壯可得百十人拒險而守彼必懼乃揭大帛旗於逵書其上曰來氏親兵倭果望而懼從間道走諸暨俄參將俞大猷以兵至而倭已遁矣其事在嘉靖三十三年附此以供參考三十四年六月參將盧鏜敗倭於馬鞍山新林復追敗於勝山龜鼈洋舊志云倭寇自上虞流劫蕭山盧鏜敗之十一月倭遁丁村盧鏜追擊之斬首二十六級倭大懼以銀物餌之明兵潰次日暮知事何常明哨敵被殺提督胡宗憲督兵次長山聞報大怒拔劍欲自刎李如桂奪劍救免舊志云十一月倭又一枝自餘姚流劫蕭山盧鏜敗之於丁村又失載宗憲次長山一行丙午宗憲壁龕山之巔與山陰故郎中王畿計密諭親兵令會稽典史吳成器兼率以進不數里遇倭死戰倭遂大敗循海而走奔匿於龕山坡下小堡內明兵乘勢攻之敵登屋擲瓦瓦盡繼以槍槍盡投刀刀盡乃下死守明兵急攻破之悉斬首以獻按知縣施堯臣築城記嘉靖二十九年倭由鼈子門進西興莫可抵禦而築城之議起又邑人黃九臯築城記乙卯六月廿三日倭突城下見有備相顧駭愕而遁云云以上皆關戰守事宜故附及刪併乾隆志

順治元年甲申三月明莊烈帝殉社稷清師入關定鼎京師四月明福王立於江南改元弘光新增順治二年乙酉五月豫王下江南福王出走馬士英至杭請潞王常淓監

國（徐芳烈浙東紀略　按徐鼒小腆紀年潞王不受監國之請）是年六月貝勒博洛等兵下杭州潞王降（小腆紀年按李元度國朝先正事略圖賴傳作端重親王博洛）杭州人德其保全生命稱爲潞佛子（新增）俄而貝勒傳檄紹興知府金壇于頴避入雲門山觀變通判張愫以城降貝勒即令行府事（李瑤南疆繹史摭遺）時明臣兵部僉事孫嘉績給事中熊汝霖起兵餘姚兵部尚書張國維起兵東陽員外郎錢肅樂起兵甯波兵部侍郎朱大典起兵金華兵部僉事沈宸荃起兵慈谿迎魯王以海監國於紹興會稽諸生鄭遵謙起兵斬愫迎于頴歸頴前所募之兵二千各集蕭山（蔡仲光謙齋詩集注）閏六月十二日于頴坐小艇攜短童至蕭山擒知縣陳瀛一面巡緝沿江守截渡口一面招集兵餉隨有劉穆鄭維翰金裕許耀祖武經國等率兵先後馳至推蕭山生員徐芳烈何之杰數人措餉召募按地分汎爲守備即以原募江船分散各兵劉穆守潭頭窺富陽鄭維翰金裕渡江守沈家埠扼橋司捍海寧許耀祖聯艦江中武經國列營江岸朱壽宣朱兆憲領自募義兵扼鼈子亹來方煒來集之領自募義兵扼七條沙朱伯玉等募兵出奇遊擊于頴聞清兵拽內河船百餘

於河口紮木排數十塡土有東渡意頴夜遣死士陳勝等斬筏沈舟會定海總兵王之仁統領標兵同餘姚熊汝霖孫嘉績等各督兵西興俞玉方任龍方端士方璽史繼鰌各督兵至義橋江上又有紹興章正宸領自募義兵至赭山汛守甯波錢肅樂馮元飈沈宸荃等各統兵至西興汛守紹郡都統制大將軍鄭遵謙亦領兵至長山汛守浙東紀略時餘姚黃宗羲宗炎兄弟亦糾黃竹浦子弟佐軍江上人呼曰世忠營者是也按李元度國朝先正事略黃宗炎傳畫江之役黃宗炎步迎監國於蕭壩宗羲西下海昌宗炎乃留龕山治輜重事敗入四明山自會稽之偁山連營至蕭山之龕山龍王塘閩家堰等處皆駐義師下以寧波餘姚爲根據上與金華東陽通聲息新增監國時病脾痛自台輿疾至越至則臥不可起江上諸軍請監國誓師甚急不得已起行駐西興王之仁寓所遂大會西陵定沿江分防分守汛地方國安營七條沙馬士英駐內江新壩王之仁仍營西興張國維駐內地長河孫嘉績熊汝霖營龍王塘章正宸錢肅樂等上下協防鄭遵謙營小亹于頴駐內江漁浦浙東紀略按蔡謙齋詩集註守西興者尙有大司馬徐仁龍保定伯兼鎭海將軍毛有倫又有守龕山之靖南將軍毛有倣若孫嘉績熊汝霖錢肅樂等則守上虞之

瀝海今從浙東紀略議既定論官食邑有差新增乃以張國維爲大學士督率江上秋國維督諸軍復富陽於潛熊汝霖入海寧聯絡三吳諸起兵者軍勢頗振謙齋詩集注冬十月壬辰江上之戰張國維錢肅樂率本部兵翼後前鋒副將鍾鼎新用火攻擊殺緋衣大將一人諸將呂宗忠王國斌趙天祥等各斬級獲械無算進至草橋門會大風雨弓矢不能發而還小腆紀年遂不復出而分地分餉之議起方王所統爲正兵支寧紹台田賦食尚足錢熊孫等所統爲義兵資富室助餉恆乏食謙齋詩集注十一月某日築壇於冠山絕頂拜方國安爲大將總統諸營命輔臣張國維代監國推輪頊之進方國安荆國公王之仁武寧侯江干諸將與扈從諸臣前後封伯者三十餘人掛將軍印者一百五十餘員官義相仇文武異志自後大小十餘戰十二月十五日監國復至蕭山議分門奪入定期於二十四日丑時水陸競進浙東紀略先是遂安人方國安率潰師至浙監國用爲統帥駐七條沙與西興王之仁之師相犄角乃國安潛納馬士英阮大鋮於軍中馬阮煽惑諸軍致官兵與義兵相惡軍政益壞不能復振新增國安逍遙江

上且有貳志（謙齋詩集注）丙戌正月連日復渡揚帆而進清以飛礮禦之每半渡譟而返若遊行者然時上游急方國安移鎮焉婺餉缺張國維暫歸矣其餘義旅無船無餉者或歸瓜瀝或紮內地雖各營俱有留守而眞正任事者惟西陵王之仁龍王塘熊汝霖及小亹鄭遵謙耳（浙東紀略）三月朔進圍杭州不克而退其時國安統磨盤營健卒坐視不助既而魯王以陸清源之死（按陸清源乃閩中使臣隆武遣齎餉犒師江上爲馬士英嗾王之仁所殺者）恐閩中興師問罪令張國維抽師西禦命余煌督師江上因是江上之師愈形單弱（小腆紀年）夏五月亢旱久不雨江潮不至上流涸清兵至富陽北峯山守將潘茂斌等敗走涉水而東先是鄉民導清軍涉江清軍猶豫未敢行至明兵涉者僅及馬腹遂以數百尾渡從磧溪過江行十里許至柴溝營焉此二十七日事也江上方國安兵將皆有家家於船二十八日國安傳令二更幷船三更起火亦憤將士不盡力皆由繫戀家眷浪言殺盡營頭婦女稚子潭頭七條沙一帶營頭遂盡散二十九日越城聞報陳盟勸監國作親征六詔飛遞江干不意申刻方國安家眷已漫塞越城內外而江上諸

營無固志矣浙東紀略貝勒披重甲麾衆渡江小腆紀年昭勳公圖賴躍馬從上游徑渡諸軍隨之大濟呼聲震天遂分兵縱擊國安益驚盡棄戰艦挾魯王遁國朝先正事略圖賴傳略三十日暮清兵至柯橋六月初一夜淸兵追方國安於蒿壩浙東紀略魯王初爲方國安刼之南行國安欲獻王以降王得走脫航海去而畫江成虛事矣新增

順治五年楡青嶺人石仲方聚衆剽掠乾隆志按南疆繹史作仲芳時餘姚王翊結山寨於大蘭山仲芳與之響應仲方者蕭南十八都人據嶺爲寨其寨外高處紐以大石塊懸於崖壁間遇有窺其寨者則斷其紐大石卽墜名曰石砲勢猖獗往往聚衆千百近鄉苦之訪冊蕭邑生員瞿治選充大橋練總大橋在治南六十里孝悌九都治防山阻澗築土爲城悉力守禦乾隆志復經鄉團中之黠者夜用羣羊千餘頭繫羊尾以燈火叱之上山仲方遙望間見執燈火而來者千百遂大放石礮礮盡一人無傷羊亦如故遂執仲方訪冊八年九月擒其將俞千斤衆遂潰散乾隆志湯粱四者不知何縣人或云山陰聚衆千餘人訪冊順治十八年據富陽侵掠蕭山之南鄉瞿治集丁壯守大橋屢戰屢捷乾隆志康熙十三年紫郎山賊率衆

萬餘刼蕭山乾隆志紫郎屬富陽距蕭山長山鄉十餘里地皆深箐密林爲賊必經之道訪冊洽子天策襲練總率鄉兵禦之大橋語詳人物瞿洽傳乾隆志

康熙十三年閩變震動富暨接壤間依山傍澗聚衆剽掠六月暨頑率衆數千建旗纛鳴金鼓聲言欲屠蕭邑邑大震適官軍征閩從蕭達暨遇於蕭之黄公閘在治南六十里桃源十三都逐而殲之蕭邑乃安語詳吳元禮防山寇論增刪乾隆志

咸豐十一年辛酉粵軍李秀成自徽州入金華官軍抵禦諸暨之白馬橋賊兵分股潛渡桐廬灘九月二十三日遂由富陽之六石磡過石板嶺直窺蕭山張春濤南鄉起義殉難諸公傳或云從石板嶺竄入境內長山鄉乃咸豐十年事其咸豐十一年竄長山鄉尋陷邑城之大股乃由黄嶺入時有附生樓炳謙始則扼守石板嶺繼則扼守黄嶺率數百人戰歿於陣時賊酋爲陸順得城將陷知縣施振成先民遁城陷後數日間紹興府城隨陷陸順得踞縣城尋稱僞王立王府於西河下金帶橋陳宅各鄉鎮設局立卡老幼俱竄匿山谷間有山陰八湖南道員田祥者憤甚密約山陰蕭山紳士集民兵爲捍禦計聯絡諸暨義民包立身誓死奮殺浙江忠義錄並劉拙菴拙存詩集同治元年賊酋陸順得將

往攻諸邑包村路經桃源鄉之尖山尖山鄉民謝秋塍倡興義師禦之浮橋江口賊泊船瓦竈灣屯衆於隔岸之小滿山號十萬諸暨義民逐之桃源鄉民邀擊以火攻中其火藥船北風適作煙燄彌天賊兵潰仍踞小滿山薄暮突圍走鄉民追擊之一時屍骸輜重棄擲江中江水爲之不流至今父老相傳猶有小滿山頭頭滿山之語訪冊

義兵拔尖山臨浦義橋等壘三月初二日攻聞家壘陸順得率四萬人回援田祥令民兵伏石浦橋憑險狙擊順得遁蕭山民兵進圍東南門賊兵自浙西分路來援民兵鏖戰十餘日衆寡不敵斂師退賊兵追至石浦橋見彼屍山積憤誓復仇遂率數萬人焚掠諸村民兵多死田祥敗入包村後包村破田祥殉焉田祥以山陰士紳奮起義師而義橋臨浦聞堰之役直逼蕭山之東南門城將恢復而終以無功論者惜之浙江忠義錄劉拙菴拙存詩集是役也舉人楊鳳藻實爲包軍前鋒楊鳳藻龕山三叉路人曾舉義旗與賊兵戰一勝於龕山再勝於衙前逐其守卡者既而城賊大舉出戰衙前復失南沙殘破鳳藻率所部并入包軍蕭山南鄉之義民由庠生王冕藻號召亦乘尖山之勝皆應包軍麕集者數千人器械不足益以耙鋤之屬時南鄉兵會合分兩

路進攻一由西山路入一由中大路入日向午列陣於小南門賊兵見我勢盛又懾於包之軍威也懼欲遁奈近城奸民悉以軍情輸諸賊酋並斷橋以助於是全軍皆陷數千人鮮生還者當是時邑人黄中耀爲中路義兵首領田紹蘇爲西路義兵首領進攻方急賊潛出大南門渡戚家池由東而西之化成亭橫截之義兵後隊先遁賊又别出重兵由史村曹繞出越寨張至西山路伺擊又傾城之衆出小南門追至交貨塘於是義兵紛紛各越山泅水以遁乃附郭居民截義兵歸路致遭大敗奮勇敢死之士盡死於難訪冊無何官軍自寧波至紹興前寧紹台道張景渠與知府楊叔懌等督軍攻城賊兵由杭州蕭山諸暨調集十餘萬衆往援景渠移住三江城賊兵四面圍撲各軍拒之殊死戰守備張其光所部及定勝常安兩軍並葉炳忠添派外國師惠南適先後至衆心乃定連日四路兜勦斃賊無算燬其卡城中不敢復出同治二年正月十九二十日賊兵由蕭山義橋臨浦往援張景渠潛率中外軍攻勦一勝於下方橋再勝於昌安城外四十里殲賊幾盡嗣是英國總兵呿樂德克復由上

海解來大礮稅務司日意格調來法國兵陸續到營正議悉銳環攻而彼中楊應柯密遣難民持信赴景渠營乞降願爲內應二十五夜紹興城中火起景渠約會諸軍齊進巨酋周某率衆開稽山門向蕭山而遁二十六日已刻官軍入城收復即分軍進攻蕭山（平浙紀略）由東門進賊出南門遁（訪冊）時同治二年二月初二日也張其光李光等入復其城初四日督辦軍務浙江巡撫左奏我軍既克浦江諸暨擊走東陽永康竄衆蔣益澧方令劉清亮率五營繼進規取紹興接高連陞稟報紹興城已於正月二十六日經署提督葉炳忠等督寗波諸軍收復賊由臨浦義橋渡江而遁後又奏略言浙事之轉以金華爲第一關鍵金華未克之前寗波各軍力攻紹興未能猝拔迨二月十三日復金華二十三日復諸暨二十六日紹興即隨之而下浙東肅清規取杭垣自宜由富陽前進而東路亦未可鬆防蕭山臨浦一帶已令葉炳忠張景渠各軍嚴爲防守義橋仍暫由蔣益澧分兵扼紮（平浙紀略）蓋至是而紹境始盡廓清云（新增）

以一邑之力而矜言武備冠冕之虛文耳惟兵事則已往之陳蹟見於紀載者固班然

可按其間戰守攻取形勢得失頗足爲守土言方略者之借鏡舊志所載參以羣籍頗多漏略訛誤辨而正之期於要而詳簡而覈講克詰之政者或可於斯取資焉

蕭山縣志稿卷十二上

縣屬各官表 表之一

朝代別	官	職	別	附	記
吳	長 按後漢書縣大者置令其次置長三國時尚存其制				
	陸凱 吳郡人黃武初爲永興諸曁長按乾隆志作黄武初任後移諸曁長衍後移二字有傳				

晉

許豔 陽羨人永興長見世說新語注

令

王雅 東海郯人和中任有傳

陸弘 吳郡人永興令見新唐書宰相世系表引

王奉先 永興令見劉義慶幽明錄

附載郭成字元禮黃龍初以功封永興富春二縣侯食邑五千戶見富陽縣志

更正按乾隆志及紹興府志並據劉義慶幽明錄補入唐令查劉義慶爲劉宋宗室襲封臨川王者幽明錄則載隋書

宋

令

羊珣　景平二年任見宋書褚淡之傳

劉僧秀　大明中任見南史郭原平傳

唐

令　天寶初改永興爲蕭山

縣丞

主簿

縣尉

經籍志王奉先令永興應在宋前晉後不應補入唐令又乾隆志雜記門引幽明錄原文條下按云應在天寶以前以誤證誤特行更正

李蕚　永泰中任

李士約　蕭山令見新唐書宰相世系表

葛口　缺名見夏香傳有罷會賑飢事

章知微　開元中任乾隆志依府志削去今仍存之以備參考

李誠疑　見新唐書宗室世系表按原表作誠滿此作誠疑誤

李思令　見新唐書宰相世系表按萬歷志云開元中任則當書永興丞書蕭山丞恐誤

宋思禮　廣平人舉聞孝科見新唐書調露二年任見駱賓王靈泉頌有傳

秦翺　文林郎見咸通二年覺苑寺西幢增補

柳晃　高宗時任見駱賓王靈泉頌

白季庚　太原人天寶末任按季庚爲居易之父見白氏文集居易所爲襄州別駕府君事狀

丹邱　永泰中任有登菊山事萬歷志作邱丹又云臨平人開元

楊鄭　宣義郎飛騎尉　見覺苑寺西幢乾隆志失載今增補以下凡增補者概不書失載均注增補二字

張周士　給事郎見咸通二年覺苑寺西幢　增補

任俱誤見山川門注辨

李綽　朝請郎見覺苑寺東幢　增補

沈彤　文林郎見咸通二年覺苑寺西幢　增補

口孜　文林郎姓缺見咸通二年覺苑寺西幢　增補

姚口　攝尉名缺見咸通二年覺

宋

李從損 杜國 見咸通二年覺苑寺東幢 增補

苑寺西幢 增補

嚴維 見兩浙金石志 覺苑寺西幢阮文達跋 增補

知縣 以京朝官任治民政勸農課桑戶口賦役錢糧賑濟給納之事兼主石堰鹽場

縣丞 主修水土及市易之政山澤之利

主簿 主出納官物句稽簿書

縣尉 主習閱弓手禁戢奸暴紹興初增置武尉一人

杜守一 景德二年任有

趙善濟 四明人乾道年

吳隫 紹聖中任蕭山主簿從城

郭知白 見兩浙金石志

傳

蘇壽　武功人大中祥符二年任有傳

李宋卿　隴西人天聖二年任通志作宗卿誤有傳

王式　天聖四年任

苗振　景祐五年任

郭源明　嘉泰會稽志嘉祐六年任

任有傳

方信儒　興化軍人由父蔭開禧年任有傳

鄭承議　年次缺有傳

鄭庚　宋丞年次缺見西河集引洪邁夷堅志

陳勣　宋咸淳四年官蕭山縣丞見富陽縣

隍廟碑補入見紹興府志增補

景德三年張文昌等靈隱題名

宋昌期　天聖四年任兼主簿

游酢　建陽人天聖中進士元豐六年任有傳

丁大全　寶祐二年任按乾隆志引通鑑云大全以戚里婢壻夤緣閻妃及內

萬歷府縣志俱作淵明嘉定六年任有傳

許暘 萬歷縣志云丹徒人由貢士元豐六年任入爲大理寺正權少卿爭岳飛忤秦檜出知南劍州卒按岳獄在紹興十一年距神宗元豐幾六十載宋史各傳並無許

志方伎宋恭傳 增補

侍盧允升等自蕭山尉得權侍御史官至右丞相柔佞姦貪無所不至當時有閻馬丁當之謠與大儒並載邑乘殊失體裁降格附錄以存記惡垂戒之義茲以司馬溫公諫院題名記例仍並列之

賜事不知何據

俞昌言　金華人大觀三年任

楊時　將樂人政和二年任有傳

曾喜　靖康元年任

曾古心　朝奉郎賜緋魚袋見宋宣和三年武祐廟賜額勅牒碑

王式　兼主簿見昭慶寺夢筆橋記按康熙乾隆志皆列知縣或先尉而後知縣歟

汪安行　安徽績溪人宋紹興間進士曾官蕭山尉據中國人名大辭典補入

附考曾古心似即曾喜查兩浙金石志阮文達識語云右牒在蕭山北幹山本廟此劉忠顯（按忠顯名韐）申請賜牒刻也知縣事曾古心舊志無之而有曾喜其字之離合致訛耶

陳南紹興中任

宋敷紹興中任

顧冲錢塘人進士淳熙中任有傳

張暉淳熙中任浙江通志作謝暉有傳

姚元哲嘉定十七年任

韓玭嘉定癸未進士任蕭山縣令有異政改蘭谿見

元

高歷 湘南韓氏宗譜增補 剡人寶祐二年任			
金炳 年貫缺			
胡雲龍 咸淳中任			
達魯花赤 號曰監縣主縣事兼勸農收掌縣印	可馬剌丁 大德中任	亦馬丁 至正	
縣尹 號曰司判正官封署縣印	王琛	李適	
主簿 僉署縣事	王泰亨 大德中任	周彥祥 寶婺	
縣尉 僉署縣事	王振 大名人大德中任有傳	陳英 至元二十九年	

元年任毛西河水利志監縣亦馬丁見湖洄不潴有廢湖之請賴縣尹崔嘉訥爭之乃已

衛昇 康熙志作衛應昇

趙鎧 以上四人見萬歷府志缺年次

裴思聰 至元中任通志作至正有傳

蘇友龍 乾隆志考宋濂集有友龍墓誌縣志刊誤引過成山人物考係金華

八至順中任有傳

劉伯煥 至正元年任

趙誠 宛平人至正十二年任有傳

朱右 見府志雩詠亭注補蘭亭詩

海牙 至正末任見萬歷廨署志

任

人受任年次未詳約計當在至元至正間有傳

崔嘉訥　居延人至元四年至正元年任有傳

華凱　會稽人至正中任有傳

於善　至正中任有傳

尹性　至正十五年任有傳

史溥　餘姚人見餘姚

附考譜載溥字彥明元延祐四年徵授承仕郎歷官蕭山縣尹嘉興路經歷太平路知府。溥父應炎曾出嗣張姓爲

史氏宗譜增補

後六傳始復史姓當時史溥應作張溥合行附註

明

洪武

職官	姓名
知縣總治縣事	張懋十年任有傳；王谷器徽州府人十九年任有傳；張仲能四川人二十二年任有傳；湯義二十五年任；彭彥彬吉水
縣丞僉署縣事	崔權十二年年；黎淸吉安人二十七年任有傳；熊以淵靖安人三十二年任有傳
主簿僉署縣事	張執中十二年任；師整汝上人三十二年任
典史專主關署公牘	陸靖汪十二年任

八二十七年任有傳

永樂

曾永聰 八年任

張崇 建安人始纂縣志有叙按浙江通志永樂壬寅邑令張崇與訓導祝以中邑人樓觀戴汝東張子俊修蕭山縣志壬寅係永樂二十年有傳

劉得遠 十二年任

李翔 十二年任

李應斌 十二年任

陳敬 府志缺

宣德

吳汝芳 撫州樂安人元年始任刻縣志有序按浙江通志宣德丁未邑令吳汝方敎諭陳顏仍重修蕭山縣志則芳應作方有傳

石麟 岳陽人任年佚

胡景仁 三年任

正統

李琪 泉南人二年任

周仁 南昌人八年任

景泰

楊勝 陽城人三年任	
蘇琳 蒙陰人進士八年任	
鄧口 缺名十三年任	

楊口 缺名元年任	李孟淳 任年佚魏驥水利事述作孟惇
朱玉 二年任	
馬口 缺名任年佚天順前介見王氏宗譜增補	王瑾 任年佚

天順

葉芳 元年任府志無	姚義 四年任

梁昉 順德人進士四年任有傳

于友 八年任

成化

竇昱 河南人二年任

李鞏 武涉人七年任有傳

陳瑤 全州人進士十年任有傳

吳淑 宜興人進士十二年任有傳

朱栻 崐山人進士十

劉璧 九年任

徐訥 江陰人二年任府志缺

商顯宗 洛陽人十年任

谷智 二十三年任府志缺

謝昂 十二年任

八年任有傳

弘治

趙鑑 壽光人進士元年任有傳
于弘 六年任
鄒魯 當塗人九年任按乾隆志以魯貪暴狡悍計殺何御史舜賓事詳明史不與諸令並列今以司馬溫公諫院題名記例仍列之

何鋹 元年任乾隆志作二年按浙江通志載弘治戊申邑丞何鋹聘邑人黃萃朱琪修蕭山縣志戊申係弘治元年
李鐸 鳳陽人監生七年任府志缺
焦玘 十一年任乾隆志作圯

史彪 六年任府志缺
劉守正 泰安人監生十七年任

皮隆 靖江人六年任
張興 十四年任

楊鐸　莆田人進士十三年任
倪洋　安仁人監生十四年任府志作泙
朱儼　莆田人進士十七年任

正德

朱居正　二年任按浙江通志正德丁卯邑令朱居正與邑人黃懿丁洪朱孔皦編集蕭山縣志屬田惟祜訂本及分屬張燭錢穀纂成丁卯
李孟春　年佚
阮璉　南陵人八年任有傳
董信　嵩縣人監生十五年任
羅志　貴州人監生二年任
蘇綱　五年任
任峻　九年任
葉芳　金山衛人監生十二年任
吳傑　十年任

嘉靖

係正德二年特行增補府志亦缺

吳瓚　休寧人進士三年任

王璋　江浦人進士七年任府志作偉

伍希周　安福人進士十年任

鮮瑚　四川人舉人十五年任

高鵬　蘄州衛人進士

吳崙　吳江人官生元

高仲芳　宿遷

鄒仲和　元年

元年任
秦鎬　三原人進士二年任有傳
張選　無錫人進士八年任有傳
王聘　利津人進士十二年任有傳
蕭敬德　泰和人舉人十四年任
林策　漳浦人進士十

年任
劉鼇　清和人二年任
潘棠　宿遷人監生八年任
潘坤　山陽人監生十四年任
楊喬　鉛山人歲貢十七年任
張晊　德州人歲貢十九年任

人監生八年任
鄭沂　武進人監生十年任
王良弼　西安人監生十六年任
王九敘　陽曲人十九年任
王尚志　永城人監生二十年任
劉應科　西和

任
劉恭　七年任
陳吉　豐城人九年任
陳舉　懷遠人十四年任
周鼐　信陽人十九年任
李銓　安仁人二十一年任
龔綬　丹徒人二十四年任

八年至二十二年任

按萬歷府志嘉靖二十二年漳南林策為知縣時張刑部燭撰蕭山縣志襄陽魏堂續增之

王世顯　長洲人舉人二十三年任

施堯臣　清陽人進士三

閻中倫　潁川人監生二十年任

徐端　武城人二十四年任

萬鵬　合肥人歲貢二十九年任

華嵩　句容人歲貢三十六年任

張儀　淮安人歲貢四十年任

陳第　江都人監生四十四年任

人監生二十五年任

張塘　陽城人監生三十二年任

程堂　黃梅人監生三十六年任府志作鏜

吳臯　餘干人三十八年任

俞鉞　常熟人四十一年任

張沛　嘉定人監生四十四年任

王元貞　盱眙人二十九年任

秦大良　臨淮人三十五年任

張奎　巴陵人三十九年任

陳濤　莆田人四十二年任

朱會　莆田人四十四年任

十年任有傳

魏堂　承天人進士三十三年任

歐陽一敬　彰澤人進士三十九年任有傳

趙睿　涇縣人進士四十一年任有傳

李文餘　平和人進士四十五年任

鄒魯　任年佚。增補

附考倘湖樵書嘉靖年間本邑令鄒魯題西興驛綽楔莊亭古蹟四大

字乾隆志載入古蹟莊亭而職官門不載按殺何御史之鄒魯乃弘治九年任至弘治十四年已定罪遣戍此鄒魯當別是一人又雜記門洪武二十九年會稽令鄒魯鳳陽人初爲典史後擢知縣姓名雖同賢否大異謂鄒魯有二而自忘鄒魯之有三也

隆慶

許承周　崐山人進士三年任有傳

王一乾　泰和人進士六年任有傳

鄭薦　石城人歲貢五年任

胡祥霽　府志作祥睿上猶人歲貢二年任

祝廷實　荊州衛人監生

魏冕　府志作勉南昌人元年任

蔣思澤　全州人六年任有傳

五年任

萬歷

陸承憲 華亭人進士五年任

馬朝錫 新繁人進士八年任

劉會 惠安人進士十二年至十七年任按浙江通志萬歷己丑邑令劉會聘邑人戴文明蔡大

王嘉賓 沛縣人選貢元年任有傳

黃希周 羅源人恩貢四年任

陳理 青陽人監生六年任

張愷 豐城人九年任

黃裳 南城人監生十

朱煥章 六安州人監生元年任

胡元學 黟縣人監生五年任

康承學 祁門人歲貢八年任

朱登墀 上猶人歲貢十一年任

任涔 豐城人五年任

徐本勝 青陽人七年任府志缺

王朝賓 侯官人八年任

杜邦 無錫人十一年任

徐閔 吳江人十三年任

續張諒修蕭山縣志羅大化序己丑係萬歷十七年有傳
陳基虞　同安人進士十八年任
秦尚明　太康人進士二十年任有傳
沈鳳翔　上元

一年任
王箕　海澄人監生十三年任
沈秉正　上海人十七年任
王載弘　九曲衛人歲貢十七年任
龔大進　永福人歲貢二十一年任
曹鯉　上海人歲貢二

孫晉錫　婺源人監生十五年任
汪柱　休寧人監生二十年任
周武成　南昌人監生二十三年任
傅金臺　高安人監生二十五年任
狄期進　溧陽人監生二十七年任

俞朝器　福清人十七年任
魏邦謨　十八年任
蔡璟　鎮東人十九年任
嚴思忠　吉水人二十一年任
吳棟　海州人二十三年任
徐懋德　華亭

人進士二十二年任有傳
程再伊　口口人進士二十七年任
紀三才　上元人舉人三十三年任
林有臺　福清人進士三十六年任
楊惟喬　玉山人舉人四十年任

十三年任
熊汝璞　黃梅人歲貢二十八年任
呂成聲　無爲人監生三十三年任
劉廷獻　寧都人歲貢三十七年任
胡良材　祁門人監生三十九年任
許必爵　山陽人監生四

張廷華　南昌人三十三年任
彭啓江　上饒人監生三十六年任
許簫鳴　廣德人監生三十九年任府志作蕭
許經邦　廣德人監生四十一年任
孫尚賓　江都人監生四十三年任

人二十六年任
陳校　懷寧人三十年任
劉繼先　南陽人三十四年任
馬元圖　溧陽人三十六年任
陳所聞　五河人三十八年任
陳九思　陽朔

陳如松　同安人舉人四十五年任有傳

劉安行　襄陽人進士四十八年任有傳

十三年任

林春階　閩縣人監生四十七年任

應懋欽　南平人歲貢四十八年任

汪應瑞　歙縣人四十七年任

人四十年任

龔誥　高郵人四十三年任

周應寵　南陵人四十六年任

天啓

陳振豪　無錫人進士元年任

余敬中　進賢人舉人六年任

廖希潼　徐州人二年任

唐樂行　新鄭人監生三年任

吳一鯨　如皋

朱尚賢　晉江人監生二年任

李光先　臨川人四年任

呂應鯾　旌德

嚴有威　吳縣人元年任

李有實　莆田人五年任

郭尚德　吉水人七年任

人歲貢六年任

人五年任

魏思信　徐州人七年任

府志作倘智

崇禎

劉一滙　進賢人舉人四年任

顧棻　無錫人進士十年任有傳

郝愈　篤連人副榜十三年任

蔣星煒　武進人舉人十六年任

謝錫命　平遠人監生二年任

徐朝晉　永定人四年任

程家祥　休甯人監生二年任

黎做淳　興化人監生十四年任

陳可羨　六安人二年任

傅調元　豐城人四年任

吳三省　休寧人監生十四年任

陳隆極　十六年任

林日升

龔文斌　邵武人二年任

林棲鳳　南城人十一年任

余烇文　德興人十四年任

顧天源　崐山人十七年任

	清	順治
賈爾壽 北通州人貢生十七年任有傳 周銓 崇禎末年或魯王監國時任見南疆繹史增補	知縣	陳瀛 二年任增補
李多識	縣丞	梁弼 河南人六年任
按明末裁主簿清因之	巡檢 按本邑設漁浦司一員其河莊司一員從嘉慶年起	徐玉衡 七年任
	典史	白琦 直隸人四年任
	驛丞 按本邑設西興水驛驛丞一員	丁起龍 三年任

王吉人 清源人貢生三年任

王運啓 濰縣人進士六年任

韓昌先 奉天人貢生九年任有傳

孫昌猷 安化人舉人十三年任

黃應宮 舒城

張霄 大興人貢生十一年任

孫可毅 黃岡人任年佚

姚修實 江西人十三年任

張志道 青陽人十八年任

王星彩 九年任

徐浩 十四年任

康熙

人貢生十四年任 趙秉和 永城人貢生十六年任	何璉 保安人蔭生元年任 段口 名佚元年任見王氏宗譜增補 徐則敏 應城人貢生三年任有傳 賈國楨 曲沃
	諸思孔 二年任
	常毓俊 元年任 曹養載 瀋陽人四年任

人貢生五年任有傳

鄒勷 扶皇撫寧人貢生七年任按十年辛亥修縣志

聶世棠 江陵人恩蔭十一年任按十二年癸丑重修縣志

姚文熊 桐城人進士十五年任有傳

周三進 淮安人貢生七年任

汪慶星 涇縣人貢生九年任

李拱薇 奉天人監生二十一年任

婁九德 新泰人七年任

繆有慧 大興人十二年任

張嘉楨 陝西人十七年任

韓鋐慶 富平人十五年任

馮士傑 定州人二十年任

劉儼 景州人貢生二十二年任按二十三年癸亥增輯縣志有傳
金以培 奉天人三十六年任
方邁 侯官人進士三十八年任
鄭世琇 奉天人三十八年任
王襄國 四十九年署任增補

徐秉政 奉天人官生二十二年任
趙之弼 奉天人
傅之誼 涇陽人
賈克昌 武安人
王崇蕤 東鹿人以上任年佚

苗如蘭 武城人二十二年任
童昌齡 如皋人二十八年任
張名海 齊河人三十一年任
王雲現 直隸人四十年任

劉烱 太原前衛人二十二年任
劉瑄 虞城人四十四年任

曹崇爵
姜立基
霍光
黃國宣
王忠效 以上五員任年均佚或隸入雍正朝

呂廷銓　潮陽人副榜四十九年任

甘國奎　旗人五十一年署任增補

趙善昌　慕遽蒲城人進士五十一年任府志無有傳

鉉文成　靜海人五十八年任

陳天俊　福建人五十三年任

馮愷經　慈谿人五十三年任

石宗　江甯人六十一年任

	雍正
吳玉已 任年 伕見陳至言苑青集增補	門鈺 奉天人二年任　侯棣 部陽人進士九年任　劉德貴 江西人九年任　劉宴 亳州人十年任府志缺　孫翼 蓬萊人十年任　潘重庚 濟甯
	朱岣 許州人十年任
	袁琦 順天通州人元年任
	李信 萊陽人七年任

乾隆

八十二年任

傅栯　奉天人二年任

王楠　貴州人任年佚

姚仁昌　安化人舉人五年任

查延掌　八年署增補

錢人麟　武進人九年任

劉晏　杭州東防同知十年署任

黃尚發　漳浦人五年任

施行義　崇明人八年任

安義象　奉天人官生八年任

王晉秩　臨潼

張銳　江南人三年任

張世恩　雲南人六年任

石宗巖　長安人九年任

鍾正昌　江西

李正鏊　石埭

唐又白　上元人元年任

萬鍾奇　安義人九年任

以上乾隆志止

王嘉會 江寧 八十年任 楊治 聞喜人 十三年 署 增補 黃鉦 鄧州人 拔貢十 三年任修 縣志有傳 以上乾隆志 下從五十七 年紹興府志 續 宮丕基 山東 人拔貢十 六年任 施明性 由縣	人監生九 年任 以上乾隆志 下從五十七 年紹興府志 續 施明性 青陽 人十六年 任	龍南人十 四年任 以上乾隆志 計十三員均 漁浦司巡檢	八十四年 任 以上乾隆志 下從五十七 年紹興府志 續		

丞十七年署

邵武 宛平人十七年任

楊國華 固安人舉人十七年任

施行義 崇明人捐貢十八年任

梁世際 直隸人監生十八年任二十四年再任有傳

鄒赤心 十九年任府志缺 增補

梁陞顯 龍泉人十七年任

蔣大松 大興人十八年任

高居寧山東人進士二十三年任有傳

胡粵生安徽人舉人二十五年任

蕭應鐙平遠人二十五年任

劉復仁克齋貴州安順人舉人二十七年任政績卓懋見王晚聞居士詩又見魯燮光永興集

冉士道貴州

人生員二十八年任

宋鼇湖南人監生二十九年任

林元吳縣人吏員三十一年任

張亮熊景州人監生三十一年任

汪士通字亨黟縣人舉人三十一年任

鄒錫疇涪州

禓善祥清遠人二十九年任

胡鼎山歙縣人三十年任

易昌鵬三十一年任

牛聯辰三十二年任

汪機江甯人三十二

人進士三十二年任

汪增謙 江寧人監生三十三年任

清泰 履菴正藍旗人監生三十三年任

談官誥 紫峯上元人舉人三十五年任四十二年再任有傳

安汎 江夏人監生三十六年任

年任

楊同敞 無錫人三十三年任

姚培源 桐城人三十四年任

胡稼齡 涇縣人三十四年任

蕭超羣　德陽人監生三十七年任

舒鵬　淮安人考職三十八年任四十一年再任

唐若瀛　陝西人舉人四十年任

張承積　桐城人監生四十三年任

張九華　新安人舉人四

繆之豐　三十七年任

夏曰瑚　三十九年任

熊宮璧　四十年任

崔肯堂　太平人四十一年任

王元璘　金壇人四十一

十三年任

程家積 績溪人監生四十五年任

劉鳳鳴 順德人舉人四十七年任四十八年再任

紀有堂 山東人舉人四十七年任

程開源 安徽人監生四十八年任

劉田 諸城人舉人四

年任

黃本忠 新都人四十六年任

徐鸞 南豐人四十七年任

邊建元 鍾祥人四十七年任

藍景清 彭縣

十八年任

方受疇桐城人監生四十八年任

蔣重耀由縣丞五十年署任五十八年再署並見西興龍口閘碑及病榻夢痕錄

洪肇楷儀徵人監生五十一年任五十六年再任

蔣重耀陽湖人副榜四十九年任

王明德成都人四十九年任

儲夏書宜興人五十年任

人四十八年任

羅永佩奉新人四十九年任

李永寗金鄉人四十九年任

鄧鍾岱 聊城人舉人五十二年任

洪口 釋航五十二年任據西興楊氏巧拙雜陳增補

王元弼 宛平人監生五十三年任

方維翰 濰堂大興人監生五十四年任並見朱文正筆花書院記

及小春浮遺稿有傳

謝最淳 益陽人進士五十六年任以上紹興府志下據採訪及譜錄各集

陸德燦 五十八年任見病榻夢痕錄重論文齋筆錄

于鼐臣 五十八年署任見同前

嘉慶

梁口　任年佚有頌梁明府詩見許鄭學廬

萬茂宰　少山　任年佚

顏榮全　任年佚見王氏宗譜

徐傳一　六十年任

方于泗　春池　桐城人元年任見何氏宗譜

李庭蘭 蘇鄰光山人進士二年至七年任有遺愛錄有傳

盧光璐 石甫貴州龍泉人拔貢七年任見晚聞居士集

雷口 名佚十二年任見趙氏宗譜疑即雷明德

趙口 達菴南豐人二

林口 十七年任

十一年任見晚聞居士集	
雷明德二十三年任見同前	
彭富栟任年佚見寸心知室文存	
李芬橋東昆明人進士任六年某年未詳有傳	
道光	王口百期三四年任卓異引見見陸蓥詩

集

松

張邦棟

生

武昌人進士四五年任見重論文齋筆錄

任

侯萬福

年

佚見同前

蘭

謝興宗

軒

湖南人進士六年任

名佚七

周口

年任

名佚十

于口

年任見

趙氏宗譜

稼

鄭錦聲

軒

十三四年任見蔡聘珍小詩航有傳

朱煌 苿軒十六年任

黨囗 名佚十八年任

黃爵綬 十九年任

王滌源 蓮舫大興人解元二十年任

戴齊松 雲濤二十四年任

鄧口　名佚二十四年代理

汪文煥　南圃二十五年署任

嚴家肇　二十六年代理

瑞麟　荷村滿洲人二十六年任見何氏宗譜

馬昂霄　雨峯吳縣人進士二十七年任有傳

吳懷玉 盧谷 三十年任

咸豐

吳人杰 秀民 元年任

孫欽若 敬之 二年任

敖彤臣 丹崖 榮昌人進士三年任

馬培章 星甫 五年代理

倪應升 慎齋 五年任

劉洪恩 三年任

何應奎

周理 經之六年任

李榕 錦湘七年署任

伍紹紳 八年署任

潘清撰 麗亭九年任

馮毓璋 聘侯十年任

施振成 九韶江蘇八十一年任

劉繼志 十年在任病故

郭昌頤 十一年任

同治	丁承壽佛持江蘇人二年署任病卒任所 邱洪源二年代理 戴枚幹庭江蘇人二年任 祕雲書軒卿江蘇人四年任 顧口 邊厚慶雪坡任邱人進士五年任	邱洪源漢泉有傳	王口任年佚 歐陽浩四川人河莊司四年任		裘雲棟良材二年署任 郭昌頤二年同任 吳嘉淦小亭大興人四年任 孔文光五年署任

朱樸信之七年任或作璞
施振成見上八年再任
華學烈笛初八年任
汪學澄小衡常州人九年任
王福祥子儀漢軍十三年任

葉朝棟

吳喜孫河南祥符籍江蘇陽湖人十一年任
黃蔚南福建人十三年任

陳蔭榮伯寅上元人六年任

光緒

吳承恩江蘇

潘日新揚州

姚以慰

林承露三年署任

人三年任
龔鳳岐　鳴山義甯人舉人四年任
方觀瀾　襲調籤差五年代理
高英　與卿江甯人七年任
蕭文斌　品三巴縣人九年任
宋熾曾　陶仙江蘇人十四年任

王夢齡
趙口
范口

人三年任
莊一清　江蘇人九年任
韓道生　籍佚河莊司九年任
李燕賓　揚州人河莊司十年任

李燕賓　欽卿興化人三年任
陳蔭榮　見上四年再任
許澍　淇筠江蘇人九年署任
吳嘉淦　見上九年再任
春榮　錦堂滿洲人十二年任
周德瑞　莘初吳縣人十三年任

朱榮璪 曉南貴州人十六年任

李棻 香畬昆明人進士二十三年任

瞿倬 蕪馨陽湖人二十七年署任

李棻 二十八年重任

蔣本鑑 二十九年代理

李棻 三十年回任

蔡承訓 二十六年代理

劉雲卿 騰九二十六年任

張以巽 二十八年任

蕭山分防廳 光緒三十一年設

唐翰 溧陽人十一年任

黃桂林 四川人河莊司十一年任

程允公 安徽人十三年任

吳栻 籍佚河莊司十五年任

胡紹祥 華亭人河莊司十七年任

胡慶臣 二十四年署任

梁繼元 穎臣侯官人二十五年任至宣統三年後裁撤

李前泮 思澄 湖南人三十年任
唐繼勛 次舫 湖南人舉人三十二年任
胡爲和 克之 獨山人拔貢三十二年任
安炳文 彬臣 湖北人三十三年任
余文鉞 竹舫

李兆熊 紹堂 三十一年任
李增榮 三十二年任
王念祖 三十三年任
陳炳章 三十三年任

潘誦年 元和人二十一年任
景學湘 籍佚 河莊司二十一年任
李開鏞 河南人河莊司二十一年任
李寶琛 二十六年代理河莊司
黃慶雲 湖南人河莊司二十七年

江蘇人三十四年任

任

韓寶申　武進人二十九年任

楊光德　華亭人河莊司二十九年任

金光煦　歙縣人河莊司三十一年任

程祖愸　常州人河莊司三十二年任

阮廣福　揚州人河莊司三十二年任

仰金熓　安徽無為州人三十三年代理河莊司

瞿庭燮　常州人河莊司三十四年任

宣統

翁長芬　紹文江甯人進士元年任

鄭乃成　元年任兼理典史

陳光輝　江西奉新人元年任

何佑臣　元年署任

鄒鎔 雲坡湖南人三年任

符蔭增 二年任

分防廳

蔡錦鴻 元年任

楊行方 二年任

錢國翼 同

潘淮湘 同

鄭孝詒 三年任

王恩鴻 同　一作洪

張祖熯 江蘇上元人河莊司二年任

李鼎 元年任

學官表　表之二

朝代別	官職別 教諭	官職別 訓導	附記
宋	瞿善 乾道元年授蕭山學教諭見紫霞鄉瞿氏宗譜 鄭震復 淳祐間任蕭山學官福建連江人更名起字叔起號菊山鄭思肖之父見鄭思肖先君菊山翁家傳及吳之振宋詩鈔小傳		按乾隆志學職注宋以前無考萬歷志宋設學諭一人姓氏缺官師表載有姓氏自元始今據訪冊增補
元	教諭 主管學事	訓導 分掌學事	
至元	王酉焱 山陰人舉人按乾隆志作㬎府志作㬎今以趙孟頫蕭山縣學大成殿碑記更正之 洪天澤 從魯燮光儒學志增補		

大德	陳處久 天台人舉人	陳適 四明人舉人有傳	
延祐	李自强 餘姚人辟舉二年任		
至正	趙孟善 戴子靜 邑人舉人 趙子漸 金華人有傳 王應中 諸暨人 諸絅 乾隆志見府志雩詠亭注按當作朱炯兩浙金石志載續蘭亭詩序碑在餘姚學元至正庚子年立碑中第四層刻蕭山教諭朱炯特行訂正魯燮光儒學志亦作朱炯又朱彝尊明詩綜誤作諸炯錢大昕潛研堂金石文跋尾云當從石刻正之	包大本 邑人元末任 增補	

明

洪武

教諭一員

朱右臨海人十二年任

周巽湖口人二十年任

訓導二員敎忠齋一員履信齋一員見明儒學志

周郁邑人二十三年任

屠任嵊縣人明經府志作薦辟二十五年任有傳

阮端卿邑人薦辟二十六年任

王翦如皋人歲貢三十二年任有傳

徐端蒙邑人薦辟三十三年任

永樂

錢復亨乾隆志入訓導府志亦作敎諭按府志人物志錢復亨華亭人蕭山儒學敎諭有講餘集又明詩綜小傳魏驥云復亨詩清而不枯華而不豔似復亨係字而非名

高震華陰人府志作華亭儒士元年任

陳起邑人六年任

錢復亨華亭人十二年任

祝以忠南昌人府志作以中十六年任按永

		樂二十年壬寅與邑令張崇修縣志
宣德	陳顏仍 廬陵人舉人元年任按二年丁未與邑令吳汝方重修縣志有傳	
正統	商瑜 黃梅人解元三年任	
景泰	劉寬 泰和人舉人二年任有傳	張璘 元年任 嚴衡 嘉定人二年任 周偉 唐豐上鄉人舉人四年任
天順	王讓 蘇州人舉人四年任	賀主一 四年任
成化	葉藻 山陽人九年任	曾本宣 府志作本先七年任
	石正 金陵人十年任	李渤 浮梁人舉人十年任

弘治

張桓　儀徵人舉人十三年任

梁魁　武進人舉人十八年任

鄭遷善　莆田人舉人二十二年任

丁昊　長洲人二十三年任

林有言　莆田人舉人九年任府志作有年

査庸　太倉人五年任

蕭綬　蘇州人五年任

李塤　鄱陽人舉人六年任

劉用　蘇州人舉人十一年任

李遇春　遼陽人舉人十八年任

正德

楊武　嘉定人舉人七年任

萬楷　武陵人舉人十五年任

宋綸　上海人歲貢二年任

何重　四會人舉人五年任

余蘊　饒平人舉人八年任

高明 十年任

吳昂 休寧人歲貢十三年任

劉楨 一作禎十五年任

嘉靖

蕭仁 長沙人歲貢五年任

方傑 新建人歲貢十三年任

丁奎 華容人舉人二十三年任

周易 貴溪人歲貢二十五年任

朱琄 建安人歲貢三十一年任

林則時 懷安人舉人三十五年任

陳僖 廣德人歲貢三十八年任

蕭瑋 太和人歲貢元年任

任柱 東莞人舉人二年任

龍輔 新淦人舉人八年任

阮文塤 羅源人歲貢八年任

王鑾 衡陽人歲貢九年任

劉滌 三水人歲貢十四年任

周建中 曲江人歲貢十五年任

成果　鹽城人舉人四十一年任有傳
鄔惟疆　新昌人歲貢四十四年任

楊銳　沅陵人歲貢十八年任
蔚楷　合肥人二十一年任有傳
楊琦　府志作揭琦廣昌人歲貢二十三年任
姚仁　華亭人歲貢二十六年任
劉宗文　邵武人歲貢二十六年任
吳釆　仁壽人歲貢二十九年任
徐演　邵武人歲貢三十一年任
朱金　徐州人歲貢三十七年任
黎仲時　桂陽人歲貢三十七年任
池鍾慶　甌寧人歲貢三十九年任

王師禹 和州人歲貢四十二年任

卞邦顯 武進人歲貢四十四年任

隆慶

雷沛 江陵人舉人二年任

龔明 邵武人歲貢四年任

張維表 長樂人歲貢元年任

朱良相 餘干人歲貢三年任

竇守中 壽光人歲貢四年任

呂端性 永康人歲貢六年任

萬歷

黃時濟 豐城人舉人二年任

莊重 長洲人舉人五年任

何良勳 黃巖人歲貢九年任

應楠 慈谿人舉人十一年任

李早 連城人歲貢元年任

羅引充 府志作羅允克淮安人歲貢四年任

馬一化 順德人舉人五年任

解子愚 即墨人歲貢七年任

魏良翰 德州人歲貢十六年任有傳

張汝聰 上海人舉人十七年任

陸光家 蘭谿人舉人二十年任

汪道充 一作克婺源人一作黟縣人歲貢二十三年任

王學孝 龍谿人舉人二十四年任浙江通志王學孝撰學志天啓時張汝淳修有傳

金殿 上元人歲貢二十六年任

鄭宗岳 浦江人舉人二十九年任

尤拔俊 崇德人舉人三十三年任

李懋仁 太倉人歲貢八年任

龍訓 長興人歲貢十年任有傳

楊季 學志作陽天台人歲貢十二年任

邵元寵 長泰人歲貢十三年任

傅楠 臨川人歲貢十五年任

吳一豸 麗水人歲貢十八年任

侯維祺 臨桂人歲貢二十二年任

高本 府志作張本麗水人歲貢二十四年任

陳興賢 黃巖人二十七年任

徐樹 六合人三十一年任

汪一蛟 臨安人舉人三十八年任
何舜齡 臨海人一作臨安舉人四十一年任
孫希賢 壽州人歲貢四十七年任
張汝醇 浮梁人舉人四十八年任按修學志見上王學孝有傳

王事逢 南康人歲貢三十二年任
許寀 太湖人三十三年任
朱子燮 歸安人三十六年任
張可憲 於潛人歲貢三十七年任
徐元輔 常山人歲貢三十九年任
高薦 餘姚人歲貢四十一年任
莊儀 同安人歲貢四十四年任
王世魁 金華人歲貢四十五年任

泰昌
趙希夔 眞定人歲貢元年任

天啓
阮夢日 於潛人歲貢元年任

	阮夢日 由本學訓導五年升任	江養潛 定海人歲貢五年任 潘堯臣 平湖人歲貢五年任
崇禎	熊夢登 進賢人舉人元年任 朱國華 海鹽人解元五年任 屈肇芳 秀水人舉人九年任 吳興選 孝豐人舉人十三年任 潘允濟 新城人舉人十七年任	周日章 崐山人元年任 譚希天 茶陵人四年任 陳邦綸 高安人 張應和 浦江人 熊鐘鼎 貴州人 潘拱宸 一作辰德清人 林永春 泰順人 錢孔芳 一作方桐城人十三年任

清

順治

張一焜 浦江人十四年任

張鯤 府志作張綸利津人

林喬枝 府志作翹慈谿人歲貢十六年任

許士龍 府志作許龍嘉善人

教諭 因明制

林喬枝 明本學訓導三年任

高駿發 秀水人舉人三年任

朱世英 秀水人歲貢十一年任

殷森 平湖人舉人十二年任

史維傑 衢州人舉人十四年任

訓導 順治初裁一員留一員十六年俱裁康熙復設一員

袁象坤 慈谿人

陸可教 鳳陽人三年任

周嗣愷 西安人九年任有傳

周昌魯 鄞縣人

康熙

俞顯湄　府志作湄鄞縣人舉人十五年任

盛旦　嘉興舉人十年任有傳

盧宜　鄞縣人舉人十一年任

張翀　府志作州臨安人舉人二十一年任有傳

沈節　嘉善人歲貢三十年任

向懋英　慈谿人舉人三十五年任

徐琮　永康人四十二年任

鄭岳　黃巖人五十五年任

沈漢生　石門人舉人六十年任

劉敦吉　一作惇慈谿人十六年任

馬人龍　平湖人十九年任

姚德堅　烏程人二十二年任有傳

錢琇　桐鄉人歲貢三十四年任阮文達輶軒錄作李琇字補山

謝嗣暉　烏程人

嚴民雍　歸安人歲貢五十八年任

雍正

潘可鉁　青田人四年任

邵匡時　餘杭人六年任

徐鑑　餘杭人九年任

乾隆

薛英　雪涵本姓侯樂清人舉人四年任

馮文煥　永嘉人舉人十一年任

包之麟　鄞縣人舉人十四年任

以上乾隆志以下從紹興府志續

朱坤　秀水人舉人十八年任有傳

王士升　嘉興人舉人二十五年任

費孝遲　烏程人舉人二十八年任

湯勳　仁和人舉人四十四年任

陸鴻　海鹽人五年任

王瑍　建德人九年任

徐願學　海甯人歲貢十九年任

吳士隆　開化人歲貢二十四年任

董王錫　歸安人廩貢二十五年任

陳大成　景甯人歲貢三十四年任

	張志楓　歸安人舉人五十年任	徐世燾　仁和人舉人三十六年任
	徐學謙　石門人廩貢五十一年任	陸丙　四十六年任
	林清　錢塘人舉人五十六年任	陳元柱　五十七年署任
	盛世綸　嘉興人舉人五十七年任	張元叔　平湖人五十七年任
	倪綬　海甯人廩貢任年佚	李方觀　喝若東陽人歲貢任年佚
嘉慶	俞超　海甯人舉人元年任見汪龍莊集	諸葛諤　蘭谿人元年任見病榻夢痕錄
	胡於錠　屏山鎮海人廩貢任年佚見晚聞居士集有傳	黃超　鐵年原名楨仁和人廩貢精算術有自著寒暑表見重論文齋筆錄
道光	何烺　錢塘人舉人任年佚見同上	盧粱　夢薇東陽人任年均佚見同上

以上紹興府志下就魯燮光儒學志增補及文集筆錄採入有教諭訓導未詳者有訓導署教諭者間就所見編次以俟更正

		鄒鵬 海甯人舉人任年佚
咸豐	王棻 鄞縣人舉人任年佚	袁應錫 鎮海人廩貢任年佚
同治	張本	朱志成 錢塘人副貢有傳
	邵允昌 鎮海人舉人八年任	林一枝 仁和人附貢
光緒	查光華 海甯人舉人十四年任	沈景修 秀水人拔貢六年任
	許大鈞 秀水人舉人十五年任	褚成允 餘杭人廩貢六年任
	吳逢慶 建德人拔貢十七年任	陳詩 武康人拔貢九年任
	張家楨 慈谿人舉人十七年任	李維煇 海鹽人廩貢九年任
	鄭秀文 象山人舉人十九年任	李泰順 金華人廩貢十二年任
	盛傳均 秀水人歲貢二十年任	朱福祁 海鹽人廩貢十二年任

宣統

沈錫齡　武康人舉人二十二年任

徐福謙　石門人廩貢二十三年任

徐式圭　二十六年署任

鄭炳垣　二十七年署任

蔡松　歸安人舉人二十七年任有麗澤從遊圖著麗澤堂答問四卷

俞桂彬　新安人仁和籍舉人任年佚

徐景騏　兼理教諭二年任

邱口

葉光䄇　太平人舉人山陰教諭十四年兼任

蔡召棠　歸安人附貢十四年署任

陳錦榮　慈谿人舉人十四年任

場官表　表之三

官職　姓　名　附　記

場大使

鄭士達徽州人順治四年任　周國楨陝西人順治六年任

阮文惠徽州人順治十四年任　楊傑陝西人康熙四年任

陳捷康熙十六年任　張國屏青陽人康熙二十年任

趙文傑眞定人康熙三十年任　王宗康熙四十三年任

張睬康熙四十四年任　張振昌康熙五十六年任

以上西興場大使見乾隆志

以下錢淸場大使

何憲緒乾嘉間任見王晚聞居士集　唐均佚

徐咸豐朝任名佚

設西興雍正六年歸併錢淸隸山陰西興場員裁

按元有錢淸場鹽司楊維楨泰定丁卯進士由署天台尹改是職任年佚有傳

明有錢淸北壩官

岑子原南海人永樂初任有傳

錢口 同治三年代理
庚耀 三年任
汪口 五年任
秦克昌 七年任
程雲驥 萬里光緒八年署任
史理繩 十一年代理
翁大緯 叔文十七年署任
楊秀 子渠二十年署任

費口 東江本任同治三年兼理按東江場隸會稽兩浙鹽法志乾隆五年由三江場分設
白口 四年代理
陸源 六年任
宗得福 光緒十年任
韓克紹 十一年署理
周之楨 十八年任
楊浩 二十一年署任
陳鍾甲 二十三年署任

唐雨公 少卿二十二年任	徐彭齡 曉秋二十五年任二十九年再任		
沈球 二十五年署任			
仲鳳 二十八年代理	施官紱 三十三年任		
戴家祿 三十四年代理			
鄭廷徵 宣統元年署任	張家緒 二年署任		
唐德祿 三年任			

武官表　表之四

姓名	官	職	附記
張鉞 把總	查萃 千總		乾隆志云前代無考按覺苑寺東幢唐時有西陵鎮遏使一官惜未載姓氏乾隆志引舊志徐鴻傳有長山鎮遏使何云無考也
邱朗 千總	楊豹 把總		駐防 浙江通志防守蕭山縣兼防錢清迎龍閘西

張秀把總
李起蛟把總
洪秀把總
以上俱康熙五十年後赴汛
張天衢千總
劉永把總
以上係雍正年間赴汛
章文玉把總
朱文龍把總
陳一錫千總乾隆十五年赴汛
以上駐防

馮文祥千總
夏起蛟把總
錢青選把總
李達先千總
馮人傑千總慈谿人武舉乾隆十二年赴汛

興楊新橋穜山牖尖山龕山航塢山義橋聞家堰西山尾按乾隆志駐防蕭山紹協左營千總一員後係千把總輪防三年一換至乾隆十四年奉文一年一换又分防義橋汛外委把總一員今仍錄入志

郭全

鄭蛟

謝朝貴

仲多賢

吳忠 乾隆十二年赴汛

韓 名佚同治間駐防

吳彩榮 光緒間駐防

張寧

周斌

姚旭昇

王俊英

鄭宁 乾隆十五年赴汛

宗 名佚

以上分防

按乾隆志後駐防分防無可考僅就同光時數員編之

蕭山縣志稿卷十二下

官師傳目

三國吳　陸　凱

晉　王　雅

唐　宋思禮

宋　杜守一　蘇　壽　李宋卿　楊　時　顧　冲　張　暉　郭淵明　趙善濟

方信孺　鄭承議　游　酢　汪　綱

元　裴思聰　崔嘉訥　華　凱　於　善　尹　性　蘇友龍　周彦祥　趙　誠

王　振　楊維楨　趙子漸　陳　適

明　張　楙　王谷器　姜仲能　彭彦彬　張　崇　吳汝芳　蘇　琳　梁　昉

李　鞏　陳　瑤　吳　淑　朱　栻　趙　鑑　秦　鎬　張　選　王　聘

施堯臣　歐陽一敬　趙　睿　許承周　王一乾　劉　會　秦尙明　沈鳳翔

陳如松　劉安行　顧　棻　賈爾壽　黎　清　熊以淵　阮　璉　王嘉賓
蔣思澤　岑子原　陳顏仍　劉　寬　成　果　魏良翰　王學孝　張汝醇
屠　任　王　翦　蔚　楷　龍　訓

清

韓昌先　徐則敏　賈國楨　姚文熊　劉　儼　趙善昌　黃　鉦　高居寧
梁世際　談官誥　方維翰　李庭蘭　李　芬　鄭錦聲　馬昂青　邱洪源
盛　旦　張　翀　朱　坤　胡于錠　周嗣愷　姚德堅　朱志成

蕭山縣志稿卷十二下

官師傳

三國吳

陸凱字敬風吳郡吳人丞相遜族子黄武初爲永興諸曁長所在有治績寶鼎元年遷左丞相封嘉興侯乾隆志

晉

王雅字茂達東海郯人魏衛將軍肅之曾孫也少知名舉秀才除郎中出補永興令以幹理著稱性好接下敬慎奉公孝武帝深加禮遇終左僕射隆安四年卒乾隆志

唐

宋思禮字過庭廣平人祖昉永州刺史父順戸部員外郎思禮少以事繼母徐舉聞孝毛注六朝及唐有聞孝望孝諸薦舉科故舊唐書云事繼母爲聞孝駱丞集引註改以孝聞非是補永興主簿會大旱井池涸母宿有羸疾非泉水不甘食思禮憂惶禱于天忽有泉出庭下味甘且寒日不乏汲見者

嘆異縣尉柳晃爲文刻之石其後義烏駱賓王以言事得罪謫臨海丞過蕭感之作靈泉頌載集中若頌有前尉柳晃耿介之士也一段則柳晃亦當時有名字者特以無事蹟姑闕之乾隆志

宋

杜守一景德二年以大理丞出知蕭山有德政縣東五里山多虎守一爲令之二年虎負子渡浙江去邑人異之名其山曰去虎乾隆志

蘇壽武功人大中祥符初以大理丞出知蕭山明剛柔審利害人稱其治天聖九年復知越州摧强燭姦未期月威望大振乾隆志

李宋卿隴西人天聖二年以大理評事出爲令明習吏事裁决如神大要以抑强扶弱爲本姦豪屏跡乾隆志

楊時字中立將樂人熙寧九年舉進士是時二程講明聖學時調官不赴以師禮見顥於潁昌其歸也顥目送之曰吾道南矣後復師頤于洛辨論西銘聞理一分殊之説

始豁然無疑時年蓋四十矣乃杜門不出者十年政和初爲蕭山令經理庶務裁決如流以邑民歲苦旱開築湘湖灌溉九鄉民賴其利四方之士聞時名不遠千里來從游稱曰龜山先生時浮沉州縣四十七年晚居諫省僅九十日以龍圖閣直學士致仕卒年八十三謚文靖乾隆紹興府志明弘治朝從祀文廟新增

神宗熙寧及徽宗大觀間縣民屢以築湖請令其地者憚于任事議不決政和二年將樂楊時補蕭山縣令集耆老會議躬歷其所相山之可依與地之可圩者增庳補陿築兩塘于北南一在羊騎山歷山之南一在菊花山西山之足兩相攔截而其瀦已成周八十餘里溉田三萬七千餘畝名之曰湘湖乾隆志

附羅從彥字仲素南劍人爲博羅縣主簿聞同郡楊時得河南程氏學慨然慕之及時爲蕭山令遂徒步往學焉時熟察之乃喜曰惟從彥可與言道於是日益以親時弟子千餘人無及從彥者嘗與時講易至乾九四爻云伊川說甚善從彥即鬻田走洛見頤問之乃歸卒業沙縣陳淵楊善之壻也嘗詣從彥必竟日乃返既

而築室山中絕意仕進間謁時將溪上吟咏而歸乾隆志

顧冲錢塘人淳熙中知蕭山到任適歲旱湘湖水利不均民爭不已冲乃度地勢高下放泄後先勒定時刻約束甚嚴又禁侵湖爲田者幷酌舊議少損八鄉以益許賢一鄉民始得其平其他善政多類此乾隆紹興府志

湘湖在縣西二里水所至者九鄉溉田三千餘頃紹興中縣丞趙善濟議立均水法八鄉皆均許賢居其旁得水頗㶇冲至適歲旱民因水利未均爭不已顧冲堅明約束先去其隱佔爲田者時有提舉張姓佔牛坊塢湖田僱楮百六王七等插種事覺冲劾張提舉而罪楮百六等各杖百斷遣復謀於衆取趙丞舊約少損八鄉以益許賢乃度地勢之高下放洩之後先分六等立去水穴十有八時刻分毫各有次第勒記於石以垂久遠又著水利事蹟論六湖二堰鄭河口疏築事宜甚悉凡境內水利無不興復乾隆志

張暉淳熙中知蕭山寬猛適宜民畏而愛之會諸暨水溢詔開紀家匯浚蕭山新江以

殺水勢暉上言諸暨地高蕭山地下山陰則沿江皆山疏小江可導諸暨之水若浚新江其底石堅不可鑿開紀家匯則水徑衝蕭山桃源等七都田廬爲沼矣時蔣芾爲浙東提刑主諸暨之請欲開匯暉力爭曰暉頭可斷匯不可開乃止乾隆志

郭淵明嘉泰會稽志作源明萬歷府縣志作淵明字潛亮宋時知蕭山嘉泰志作仁宗嘉祐六年萬歷志作甯宗嘉定六年縣之宿豪有父子爲姦利者悉置於法民有育孤女利其貲過時不嫁者諭以禮律女遂得所歸又疏濬湘湖爲利甚溥明洪武丁巳邑令張懋建楊趙顧郭四長官祠於湖濱春秋兩祀以報其功乾隆志

按郭令受任年次及名諱各志互異未詳孰是嘉泰會稽志無疏濬湘湖事其結語云太守刁約聞之曰郭蕭山厭民望矣刁約作郡在仁宗嘉祐中爾時湘湖尚未開築嘉泰志無一字及湘湖似爲近理然言水利者楊趙顧郭四公並稱建祠秩祀歷有年所張懋湘湖志略魏驥水利事述皆云淵明於嘉定時修濬湘湖毛西河集中述淵明勘湖清佔金線爲界事較諸書尤詳若據嘉泰志所云豈諸說

皆屬子虛耶但有功於湘湖與見賞於刁約二事斷不可兩存而府縣舊志仰取俯拾並列一傳中將南宋北宋混合爲一閱之令人笑來也 乾隆志

趙善濟四明人乾道中爲邑丞時頑民徐彥明獻計恩平郡王欲以湘湖爲田善濟力爭之得寢歲旱九鄉人多爭水搆訟集議繕修湖防至今賴焉 乾隆志

方信孺字孚若興化軍人有雋材未冠能文韓侂胄舉恢復之謀邊釁不已朝廷尋悔金亦厭兵然莫能得其要領近臣薦信孺可使自蕭山丞召赴都命以使事信孺曰開釁自我金人設問首謀當何以答之韓侂胄矍然假朝奉郎樞密院檢詳文字充參謀官通問於金國金帥露刃脅之絕其薪水信孺曰吾將命出國門時已置生死度外矣自春至秋使金三往返以口舌折强敵金人計屈情見然憤其不屈議用弗就還言敵所欲者五事割兩淮一增歲幣二犒軍三索歸正人四其五不敢言侂胄再三問至厲聲詰之信孺徐曰欲得太師頭耳侂胄大怒奪三秩臨江軍居住已而王柟出使定和議增幣函首皆信孺所持不可者 乾隆紹興府志

鄭承議爲邑丞不畏强禦時有朱統制在縣縱牧卒侵刈西興場草鹺使奏其事榜許格捕卒刈草如故亭戶捍之殺傷四卒朱屬吏以毆擊論死者八人獄成令已署案次及丞鄭責吏曰榜既許人格捕殺之罪輕今以他事論死民甚負冤案不得書我名吏惶懼退易前案八人皆免死乾隆志

游酢字定夫建陽人師事二程時以游楊並稱天聖中舉進士調蕭山尉辨決疑獄人稱神明在官數年德惠旁洽用廷臣薦召爲太學錄歷知和舒濠三州伊川嘗言游君問學日新政事亦絕人遠甚祀名宦乾隆紹興府志清光緒朝從祀文廟新增

汪綱字仲舉黟縣人知蕭山縣復知諸暨歷浙東提刑改知紹興兼安撫浙東訪求民瘼罷行之疏浚蕭山運河三十里創碑江口以止漲沙甃石通途凡十里中爲施水亭往來稱便所歷多異政詳府志本傳府祀名宦據康熙志補入

元

裴思聰至正間尹蕭山務以德化民天旱蔬食退居引罪自責雨輒沾足張士誠據浙

遂棄官居嘉興士誠厚聘之不受乾隆志

崔嘉訥字泰舉居延人至正間任均稅賦平政治繕修縣廨役不病民乾隆志

監縣亦馬丁見湖涸不潴有廢湖之請賴縣尹崔嘉訥爭之得已乾隆志

華凱字元凱至正間尹蕭山先是田多隱沒民賦不均凱覈實坵畝官給由帖爭訟頓息乾隆志

於善至正八年由杭州府推官改邑令性寬厚率民以禮作新學校築堤捍水民受其利後家於長山鄉乾隆志

按毛西河水利志元制以縣尹爲司判正官相傳長山有於司判墓今不存乾隆志

尹性字本忠至正末尹蕭山邑經兵燹之餘能安輯流亡德刑並用歲登民和乾隆志

蘇友龍伯夔之先人居眉州文定公轍子遲知婺州因家金華遂爲金華人以才推擇充府史考滿擢紹興路蕭山縣尹蕭山民詭寄匿其田賦科繇不能均一友龍令其自實輯爲册書凡有徵發皆視書重輕之兵興以來縣糧輸衢處二州民憚遠徵往

往皆屬吏吏並緣爲姦糧不時集主運者妻孥恆坐繫友龍釋之而罪吏期月咸足且爲立法每鄉置督運一人促民各以糧赴江濱仍驗糧多寡賦錢僦舟以行民大便之會歲儉弛湘湖之禁以利民不足啓常平倉以賑餓者僚屬沮之友龍曰發天子粟活天子民有何不可儻有譴責吾自任之民賴以生明兵下浙東李善長欲奏官之以年耄力辭歸金華山卒子伯衡（乾隆志）

周彥祥寶婺人至順間自五衞教授改蕭山主簿性至孝雖在卑位能以德化民（乾隆志）

趙誠元至正十二年妖賊入江浙行省烽火通于蕭山百姓驚竄市井皆空主簿趙誠至縣甫八日卽自往西興募民備禦而江上守兵甚寡弱無賴子競起爲封且應賊衆洶懼誠詣廟卜於神神許之吉衆心稍安誠乃分遣人捕無賴子爲封者悉誅之有自賊中來言賊欲遣兵攻浙東見江岸列甲卒旗幟如睦寇欲渡時（宋時方臘寇杭將渡江忽大風作若有甲士列江岸臘不敢渡詳碑記）以故畏憚無東心及賊退邑人皆德趙趙曰吁茲惟神之功予何庸焉（乾隆志）

王振字麟伯大名人大德中任縣尉勤敏稱職時重葺文廟振助貲督工頗著勞績乾隆志

楊維楨字廉夫山陰人泰定四年成進士署天台尹改錢清場鹽司令狷直忤物十年不調會修遼金宋三史成維楨著正統辨千餘言總裁官歐陽元功讀且歎曰百年後公論定於此矣將薦之不果轉建德路總管府推官新增

趙子漸金華人從許謙游辟蕭山教諭每以綱常大義訓迪後進遠近聞風而至乾隆志

陳適字文卿四明人名家子也由舉人司訓蕭山敏而好修迪諸生惟以篤行爲先其於重建大成殿必惟身任偕諭陳處久早夜弗少懈閱四月而告成事詳張伯醇記中康熙劉志

明

張懋洪武初知蕭山重農恤民作湘湖水利圖記勒石樹於儀門之左乾隆志

王谷器舊志作國器誤徽州人洪武間知蕭山縣蒞政明敏長於治才果決如流事無壅滯乾隆

志

洪武中捍海塘壞鹹潮往來害民禾稼知縣王谷器具奏詔遣主事張傑會同布

按大僚監築石塘自長山至龕山計四十里以遏潮水其害遂息實洪武二十二

年也乾隆志

姜仲能四川人洪武中知蕭山施惠愛均徭役爲政謹嚴人莫敢犯乾隆志

彭彥彬吉水人洪武中知蕭山謹刑罰平差徭廉能爲一時最乾隆志

張崇建安人永樂中知蕭山時方營宮室公私煩擾崇承詔採辦下不勞民民甚德之

乾隆志

按張令創修縣志序係永樂十六年奉詔纂修二十年志成有序未刻詳見藝文

而萬歷志職官表作永樂四年任敍於八年曾令之前誤矣乾隆志

吳汝芳撫州人由刑部員外宣德元年出知蕭山歲歉撫綏有方全活甚衆修舉廢墜

振興學校三年以疾辭去乾隆志

按吳令始刻縣志有序序作吳汝方西江科目志作吳汝芳撫州樂安縣人建文己卯舉人工部主事方與芳及工部刑部互異未詳孰是乾隆志

蘇琳山東蒙陰人正統間由進士爲御史出知蕭山邑產櫻桃歲入貢後遣中官摘取多索長例琳抗不與中官故不時採之使易壞欲以罪琳琳遂與中官相格逮械至京英宗問曰爾何爲格我內官對曰朝廷以口腹戕民內官以威勢虐朝廷命吏臣是以抗之英宗嘆曰直臣也薄責之令還職琳曰臣甘受責但使櫻桃復貢蕭民死過半矣自是蕭邑得免貢櫻之害乾隆志

梁昉字景熙順德人景泰進士天順中任蕭山知縣禮賢興學政治有聲三載擢御史遷浙江按察司僉事卒於官生平廉介不名一錢乾隆志

李鞏武涉人成化間由舉人任邑令會風潮薄新林塘田廬漂沒人多溺死鞏撫存患家收掩浮骸力請藩臬貸隣郡儲粟以賑之補築堤岸不遑寢食尋以才能更知長興乾隆志

按省志長興作紹興誤乾隆志

陳瑤字仲華廣西全州人成化間由進士知蕭山政治嚴明豪强斂跡徵繇田賦行之以公儒學號舍卑隘瑤易爲樓逾兩載以憂歸官至都御史乾隆志

吳淑字艾夫宜興人成化間由進士知蕭山績學能詩官五載釐剔奸蠹吏皆憚之擢御史歷湖廣僉事乾隆志

按府志省志並缺乾隆志

朱栻字良用崐山人成化末由進士知蕭山催科不擾濬湘湖立丁田法鄰邑多倣之徵拜御史乾隆志

趙鑑字克正壽光人弘治中以進士知蕭山性子諒操行潔清仕至刑部尚書乾隆志

按府志縣志並缺乾隆志

秦鎬字子京陝西三韓人嘉靖初以進士知蕭山有吏幹宿弊一清後遷大同知府乾隆志

張選字舜舉無錫人嘉靖中以進士知蕭山創黃册略以杜飛洒民稱便擢戶科給事中乾隆志

王聘字念覺山東利津人嘉靖中以給事中建言忤旨謫知蕭山廉不炫名簡不疎物馭吏撫民威愛並著尤究心水利纂輯圖志居蕭僅二期至今稱之官至河南衞輝知府乾隆志

施堯臣字欽甫青陽人嘉靖三十年以進士知蕭山邑素無城屢被海寇議築未就堯臣至力請創建相度地形鳩工聚石晝夜督率不數月而成周十里語見城池志之官止攜一篚去惟贈言數紙而已累遷順天府尹邑西門外立遺愛祠祀之乾隆志

按欽甫或作忠甫誤乾隆志

歐陽一敬字師直江西彭澤人嘉靖中由進士知蕭山歲旱露禱輒應定版以杜詭寄繇賦始均杖袁相蒼頭無狀者下之獄其家哀請得已秩滿徵京師相勞曰先生風裁夙聞之矣除兵科給事中多所論劾有直聲官至太常少卿乾隆志

按明史一敬嘉靖三十八年進士除蕭山知縣徵授刑科給事擢太常少卿高拱再起柄政一敬懼卽日告歸半道以憂死萬歷志云官至大理寺卿誤今更正乾隆志

趙睿字湛泉涇縣人嘉靖末由進士知蕭山四載事治民安擢御史所至輒有聲乾隆志

許承周字公旦名官志字見魯岷山人隆慶中以進士知蕭山吏多伏奸承周至摘最黠者數人庭鞫之咸俛首請死決遣如制一邑爲之肅然築北海塘遏潮患鳳儀諸鄉賴焉鹺使者以季掣屬令有大賈持千金壽承周拒之江西僉事陳成甫餘姚人賈表過浙道蕭山索廚傳掠吏卒幾斃公逮其僕並牒大憲具述枉道琳橫狀陳誣奏承周以稽留表文落職百姓攀號江滸如失慈父焉乾隆志

王一乾字元卿江西太和人隆慶中由進士知蕭山潔巳愛民以寧靜不擾爲務如糧里并役詳革本山竹木稅防春軍船八埠輪裝之類皆良法也訟簡民安胥隸散爲負販有古循吏之風歲滿遷刑部主事乾隆志

劉會字望海福建惠安人萬歷十二年由進士知蕭山初賦役不平每歲折富戶數十名其役費攤加各里名曰折差里戶日益困會盡革之建西興石塘及龍口閘爲民永賴著江南九鄉水利議欲濬溪築塘以歲祲不果會去後無有能繼之者乾隆志

秦尙明字湛若河南太康人萬歷中由進士知蕭山廉明並著減賦額却例金於署門外飭榜亭置爨器民有訟者令居此攝被訟者至立爲斷遣監司以寇警檄募鄉兵尙明曰兵不能練何募爲但集民壯加訓練而已節推至邑查盤索優伎不應被劾民爲罷市奔訴直指及監司乃調補宜興乾隆志

沈鳳翔字孟威丹陽人萬歷中由進士知蕭山淡泊自守爲蕭邑廉令之最在任數年邑故濱江圩田以畝計者九萬餘隄一決則瀉鹵入稻無弗腐者且嫁賦他腴田鳳翔嘆曰吾不能令瘠者腴可使腴者瘠乎乃創築堤之議徒步堤上日無寧趾隸役多復業去者秩滿遷兵科給事中乾隆志

堤成而瘠土皆沃壤矣湘湖故產蒲用以糞田舊各爲界尋沒於勢家鳳翔悉歸

侵強豪歛者無所騁居恆慕劉寵江革楊時之爲人其祠宇悉捐俸新之乾隆志

陳如松字白甫福建同安人萬歷中由舉人知蕭山爲民興利而頗抑富豪曰此所謂放利多怨者也蕭邑水皆東去形家云不利乃築壩截其流別開雙河塍使水折而南注遶出大通橋又北注以達於舊道凡爲橋者三建塔二後陞太倉知州乾隆志

按官河宋丞相史彌遠所鑿渠也時以萫親達鄞自便不顧邑之形勢故水弦流而奔越三百餘年陳令坊其渠枝之曲而南接水故道而後北而之渠築大通橋鎮以浮屠創三重之屋於渠坊之間曰文昌臺今臺與屋俱廢事詳毛西河何汝尹墓誌乾隆志

劉安行字濬星襄陽人萬歷四十八年由進士知蕭山至即革折差之弊明敏有爲百務一新僅半載以憂去乾隆志

按折差之弊舊志既云萬歷初劉令會盡行革除今復云劉令安行蒞任即革二說必有一誤姑並存之乾隆志

顧棻無錫人崇禎間知蕭山邑有劇盜爲巨族所窩棻至捕得之巨族力爲營解不得因挾數千金走無錫求棻從父不應復求棻從兄樞樞曰吾家自端文尚寶世守淸白金何爲者再至吾執汝矣其人夜遁借棻戚張赴浙棻聞心疑爲巨族招致張來因故緩見張而出所獲盜于獄時漏下已數刻立杖殺之一時稱快乾隆紹興府志

賈爾壽字祈生北直通州人崇禎十七年以明經知蕭山時兵荒洊臻民不堪命爾壽隨事調劑軍不敢譁民不苦役期年去官存庫銀七百餘兩及慈谿解寄銀四百餘兩悉封貯遺後令絲毫無染寓邑之長河鄉尋卒于義烏士民哀思爲扶櫬塟于崇化鄉屠家橋西乾隆志

黎淸江西吉安人洪武中邑丞淸愼寡慾勤於政事在任三年纖私無玷民甚愛之乾隆志

熊以淵靖安人洪武中邑丞勤謹明察人不敢干以私陞杭州府通判歷泰安知州乾隆志

阮璉南陵人正德中邑丞有特操一洗下吏齷齪之習三載遷祁州州判乾隆志

王嘉賓沛縣人萬歷中由貢生任邑丞風儀宏整文辭敏贍嘗署縣篆清廉不畏强禦未兩期以才薦擢寧津令乾隆志

蔣思澤全州人隆慶中邑尉却饋遺不私受訟牒衙齋無鞭朴聲尋奉檄他出詿誤落職仍歸謁縣學別士民以明素志人皆稱其粹白云乾隆志

岑子原南海人永樂初爲錢清北壩官廉介勤敏役夫餽酒肉悉却之敝衣蔬食恬如也暇則兀坐讀書人謂子原卑官而清操獨立爲可異云乾隆志

陳顏仍廬陵人宣德初由舉人任教諭品行兼卓訓誨諸生雖寒暑不廢乾隆志

劉寬泰和人景泰中由舉人任教諭語默動靜皆可爲法乾隆志

成果鹽城人嘉靖中由舉人任教諭冲夷閑雅不談貨利陞任時留俸廪餘銀置月考桌欖乾隆志

魏良翰字東梧德州人萬歷中由歲貢任教諭性剛直抵任兩月會仲秋丁祭令奉調

入閩縣胥沈德敎侵餼牢頒胙不給召詰之胥詬詈不絕口良翰嘆曰爾曹敢辱我師儒耶即和陶徵士歸去來辭諸生泣留不得棄官去乾隆志

王學孝字欽求福建龍溪人萬歷中由舉人任教諭書二箴于齋壁左箴曰要重一分人品須輕一分財利要輕一分財利須省一分用度右箴曰要做一分事業須任一分勞苦要任一分勞苦須養一分精神兩浙郡縣罕有學志者學孝草創于前張汝醇踵修之皆僅事也乾隆志

張汝醇字希孟江西浮梁人萬歷中由舉人任教諭清介自守而和易近人月有課季有會誨人不倦所立學規勤勤懇懇惟以敦行爲重有重修學志序今猶傳焉乾隆志

屠任嵊縣人家貧力學能詩文兼工篆隸洪武間任訓導後遷武陵知縣歷刑部主事皆著清節康熙劉志

王翦如皋人洪武中由歲貢任訓導資稟純粹學業勤敏乾隆志

蔚楷合肥人嘉靖中由歲貢任訓導端方廉慎不苟取不濫交士之貧者歸其贄巡按

舒汀行部至縣曰方今司教向上者惟此一人薦擢絳州學正道遠行無資貸數十金往越三歲不遠數千里遣人來償人益重之乾隆志

龍訓長興人萬歷中由歲貢任訓導良玉蘊粹春風播和士人一承謦欬鄙詐之習頓消遷松溪教諭臨行諸生三百餘送之江上灑淚不忍別乾隆志

清

韓昌先字榮宗遼東人順治九年由貢生知蕭山蒞事明敏立里甲均當法繇賦既平而詭寄之弊絕至今遵之卒于官民立祠西郭歲時報祀率以爲常乾隆志

徐則敏字元白湖廣應城人康熙三年以選拔知蕭山其明年奉檄清丈邑自明萬歷九年辛巳丈量至是蓋八十餘年矣則敏顰蹙云吾何忍以此累民各自丈手實吏胥不得因緣爲奸有乘間苛擾者許不時赴愬卽寘法後復單車偵察履畝抽丈自具糗糧戒飭徒役纖毫無所擾是役也張皇驛騷他邑疲於奔命惟蕭民獨受其福語具田賦中則敏易直子諒不事武健民倚之爲慈母顧素强項不迎附大吏蒞蕭

不三載卒以他事去官邑民數萬人渡江請留不得去之日臨水祖道有哭失聲者乾隆志

賈國楨字蒼嶠曲沃人任蕭山令蕭密邇省會營兵往來畜牧民甚苦之患有二曰盤債患在貧民曰圈賭患在愚民一墮術中朘其膏髓至有波累族戚鄰里私刑拷掠者令長莫敢過而問焉下此則馬廝入市有短價勒貨之患國楨潔已執法不畏強禦而前患悉除治行卓然旁邑聞之踵至質成盡瘁者二載卒於官邑民哀之爲罷市三日後令至良法不復存人愈懷思祠在江寺歲時致祀不替乾隆紹興府志

姚文熊字非菴舒之桐人康熙丁未進士十五年宰蕭時滇閩未平邑當孔道芻茭糗糧供億苦不支文熊從容應之民得勿擾奸民依嵒砦爲盜督保甲練鄉勇盜卒撲滅地瀉鹵民貧役重文熊悉除之有積逋勿償者蠲俸代償弗足且售以產性純潔有以私干者語稍及面頸發赤若納之泥中故治蕭八載家以官貧喜與士人接日課月試士風爲之一振癸亥遷武都守士民建祠覺苑寺左肖像以祀乾隆志

劉儼字鉅夫直隸景州人由貢生康熙二十二年知蕭山甫任與教諭張翀訓導姚德堅重修學宮邑西江塘上受金衢徽嚴四郡之水下當潮汐之衝不數年三决山會蕭諸邑並受其害儼預築備塘且申請各憲均令山會二縣協濟修築塘高而固民永賴焉往築塘毁田其缺額皆攤派於德惠義等里儼以地池新陞課撥抵民無築塘派累之苦邑有値月小甲各名目値月者每里歲輸銀十二兩爲令供帳小甲者每里加派銀七兩二錢爲上官往來公費率責辦於現年儼盡革之治蕭十餘年釐剔編審重號淸理湘湖私佔賑災恤饑掩骼埋胔拒請託杜苞苴善政纍纍不可枚舉士民歌其德集西陵詠一卷頗雅馴今雖脱簡人猶有珍之者乾隆志

趙善昌陝西蒲城人康熙三十九年進士五十一年任蕭山知縣居官八年五十五年西江塘圮善昌力任修築灑沈澹菑著有湘湖報功八賢祠記新增

黃鉦鄧州人由拔貢任温州之景寧縣調蕭山甫下車卽與邑人陸巡創設筆花書院繼以康熙聶志劉志其書沿譌襲謬漫無考訂而乾隆丁卯前知縣王嘉會重輯之

書年餘不成因於十四年己巳設局於內署西偏延聘老宿搜輯增訂逾年成書四十卷自爲之序明徐黼繼妻李氏貞節里斷碣沈霾學宮頖水旁鈺洗拭抉剔樹之故處而百餘載湮晦之碣仍復舊觀 新增

高居寧山東進士乾隆二十三年知縣蕭山襟江帶湖四面無禦其屏障全賴西山而羅家隖石巖等處均屬石山素禁開采時有刁民丁保衡號召石匠百餘人違禁私開居寧准紳士蔡樫等呈控稟經紹興府知府張廷柱會同總巡分府傅公棫親詣察勘立碑永禁督令解散其立志堅定不爲豪猾所撼多類此 新增

梁世際直隸監生乾隆間兩任知縣事蕭山大通之河西受西南西北諸水東出螺山閘入西小江爲宣洩西南西北諸水之要道向例凡各處官河行水之道嚴禁築簖畜魚致妨水利而害禾稼時有土棍韓再侯韓英侯韓聖佩等妄以官河大道影射爲完糧之支河小港在董家橋之下螺山閘之上四處築簖經紳士黃雲等合詞呈控前知縣事胡粤生准詞申詳辦理未竟旋即卸篆聖佩等益刁抗無忌憚築簖多

至三十一道世際回任勘得聖佩攔截官河並非完粮浜灘立即通詳督飭坼拔並立碑永禁一時水利無阻潦不害禾新增

談官誥江南上元縣人由舉人任蕭山知縣乾隆三十五年庚寅七月潮水爲災其昌泰豐三圍地處馬塘外者自西北迄東北均坍沒入海直至邑北海塘及荏山張神殿里許沙地居民淹沒者無算官誥之外舅某以築塘故亦罹入巨津當時尸骸塡海饑饉頻聞官誥多方賑卹竈民始得寧貼其外舅某民爲設祀祇園寺側官誥關心民瘼如此新增

方維翰字藕堂直隸大興監生乾隆五十四年署蕭山縣事會天旱水涸顧圃中汚地濬之得唐主簿宋思禮之靈泉與志稱在署西偏主簿廨中者適合因題詩紀石築亭其上孝水廉泉先後一揆維翰爲民興利擘畫無遺淸湘湖估地築放水石壩並捐俸修西江塘重建棲流所養濟院修復陸巡所創之筆花書院延師課之去任之日士民數千人遮道至江滸維翰灑淚溫諭以守分無訟爲囑維翰以納貲起家而

雅好儒術嘗購未央宮甎琢爲文硯邑中覺苑寺尊勝幢石刻蕪沒已久亟命工豎之以復舊觀因洗搨其文以歸以比鬱林之石新增

李庭蘭字蘇鄰河南光山縣進士嘉慶丁巳任蕭山縣事凡六年其惠政在六圍牧地者有五大利蓋蕭山牧地向止坐落昌泰豐三圍僅九千餘畝迨乾隆五十九年巡撫覺羅吉慶將寧盛盈三圍控爭民地十三萬餘畝盡行歸牧歲徵租錢二萬四千餘串其累已重而歷年積欠九千餘串追呼更急庭蘭詳請豁免民累以除利一原定牧租每年九月開徵十月全完窮佃所收緜花惟立售抵租庭蘭請照錢糧例寬至下年八月全完而民間花息得待善價利二牧地自六十年定案之後值江潮南趨大溜改移將徵租地畝冲坍無算地去租存無可抵償庭蘭請照數豁免租錢貳千餘串而窮佃不至賠無地之租利三牧地租額不分高下原定塾地每畝三百文草地每畝陸拾文然地屬斥鹵僅植木綿一遇水旱不能補種兼之風潮歲所不免是以每年收成有五六分即爲大熟而租錢之外又須兼納竈課每畝約五六十文

合計租課及解費等項每畝約須完四伯文原業總佃不能自種者居多每畝僅收小租錢叁伯文以之抵公不敷或値荒年散佃逃逸租惟原業總佃是問總佃不堪其苦遂至地多抛荒庭蘭申籲大府咨奏以三等徵租上等每畝叁伯文中等每畝貳伯文下等每畝壹伯文歲減額租叁千肆伯餘串窮佃稍甦子孫世受其福利四牧地原奏不分旱潦總須完租時適風潮猛烈牧地全行淹沒庭蘭親歷查勘請照災田之例分别分數蠲緩利五其他如革陋規減差費淸河道築隄塘學校則雙課兼行弭盜則稽查必力士民咸感其德去任之日投贈詩文無算彙刻爲遺愛錄傳世新增

李芬字橋東雲南昆明縣進士嘉慶間任蕭山縣七年甲戌歲米價翔貴芬振廩以貸民無饑色某年西江塘驟坍芬率吏民禱於江滸適水大至猶植立不退而江坍亦止西牧鄉民尤感其德因在衆興殿側建祠塑像祀之新增

鄭錦聲字稼軒道光十三四年任蕭山縣事邑中向無試院歲科縣試必借官署大堂

及廊房等處錦聲倡捐創建試院於倉橋下街連年水潦爲災力勸富室施賑兼飭米商平價舉人蔡聘珍在吳中賦詩四章紀其德政新增

馬昂霄江蘇吳縣人道光十五年舉人大挑知縣分發浙江二十七年署蕭山知縣其爲人長身鶴立伉爽有大志時四方多故昂霄接見士民必厲以忠孝大節而臨事敏決不避勞怨大吏以爲能保升知府咸豐十年庚申二月攝杭州府篆受事甫十有三日遽以身殉焉新增

邱洪源字漢泉同治二年任蕭山縣丞時城甫克復瘡痍滿目知縣丁承壽性端謹有所設施必資洪源一時招集流亡振興商市百廢具舉善後悉宜皆洪源之力也時省城未復蕭山與密邇洪源請於承壽自任防務並行保甲緝奸宄以清盜源雖隔江烽火而居民安堵如常既而承壽卒於官洪源奉檄代理縣事三月聽斷必公隨訊隨結號稱邱青天光緒間量移台州花埠分防廳以嚴緝海盜不遺餘力爲其酋王金滿所忌遂被害新增

盛旦字大恥嘉興人康熙十年由舉人任蕭山教諭建明倫堂凡學舍齋廊以次繕治教士有法貧者歸其贄且振其乏絶焉不踰年疾卒臨終以未修大成殿爲憾諸生感之私謚曰文恭先生乾隆志

張翀字愼菴杭州臨安人康熙二十一年由舉人任蕭山教諭學樸而醇訓迪一歸於正與令劉儼創修學宮輪奐一新乾隆志

朱坤字中黄秀水舉人任蕭山教諭以伊洛之學教士力矯輕儇之習被薦宰博平有循聲未久引歸以著書老新增

胡于錠字屛山鎭海廩貢生任蕭山教諭善於其職課士有方從之游者日衆益親既而奉諱還來主筆花書院五年而後去及補官諸曁諸生猶時以書幣請業其中心悦而誠服如此新增

周嗣愷字舜臣衢州西安人順治九年由歲貢任蕭山訓導奬掖士類有正已淑人之雅學久圮倡議重修遷保定府經歷卒蕭士祀之報功祠乾隆志

姚德堅字艮南烏程人康熙二十二年以貢生司訓蕭山時大成殿及文昌土地二祠皆頹圮不治教諭張翀方議修葺會德堅至與邑令劉儼共起而新之越八載庚午明倫堂爲蟻蝕撤而重建又捐資葺訓導廨左右室各二間儀門一座廨後搆竹屋數間爲課藝所講解不倦文教由此益振尋內擢歷戶部工部主事終柳州知府祀名宦（乾隆志）

朱志成字賚雲錢塘副貢生任蕭山儒學訓導亂後學宮傾廢與教諭某力謀修復乙丑丁卯鄉試獲雋者甲他邑戊辰會試蔡以瑺得元辛未殿試郁崑以第三人及第而文廟適以落成邑人歡忭歸功焉以積勞卒於任士民思之不忘援例祀之報功祠（新增）

疆圉隍城非官不守賦役教化非官不行作官府設師儒桐鄉渤海謳思存焉若夫送往事居視同傳舍日月未遷而名蹟或闕亦安在其爲民父母矣方志之作例載官師其賢者設方略布教化中材廉慎自將行事皆可概見若夫苟安無過一切虛文從事

或矯飾虛譽以營當官之稱歲月之際亦足以膺超擢稱循良則遺患可勝道哉聞古循吏之風宜有內愧而不敢自便者則列爲表傳之微意也夫

蕭山縣志稿勘誤表

卷數	頁數	欄行數	字數	正	誤
一一	八	九	八		脫一毛字
一二上	七	二		姜仲能	張仲能
	二二	二		歐陽一敬彭澤人	彰澤人
	三〇	二		方觀瀾	方觀欄
一二下	一三	二一	二六	熟	塾

蕭山縣志稿卷十三

歷代選舉科目表 表之一

朝代別	選舉科目別：薦辟	選舉科目別：科舉	附記
吳	鍾離牧 意七世孫		
晉	夏方 晉書本傳會稽永興人吳平除高山令州舉秀才		
宋	孫處 宋書本傳會稽永興人 郭世道 會稽永興人元嘉中散		

騎常侍表其
惇行太守孟
顗察孝廉不
就
按南史作世
通乾隆志孟
顗誤孟覬

郭原平世道子太
守王僧朗察
孝廉蔡興宗
舉爲太學博
士會興宗薨
事不行三子
一弟並有門
行長子伯林
舉孝廉次子
靈馥儒林祭
酒皆不就又
興宗欲舉原

平次息爲望孝均見宋書本傳按乾隆志太學誤太常

齊

郭伯林
郭靈馥

戴僧靜　南齊書本傳會稽永興人

唐

薦辟舉人

賀知章　新唐書越州永興人證聖初擢進士超拔羣類科

附記

按乾隆志隋唐以前未設科目凡孝廉茂才開孝望孝諸名稱卽後世之科目也夏方及郭世道祖孫三世有舉主有名目持載之又舊志薦辟首列鍾離牧考吳志牧非永興土著且未經薦舉次列孫處戴僧靜宋齊二書皆有本傳從軍建功並非辟召起家今斐云云茲仍編列其人亦不忘舊志也又按宋齊乾隆志誤作晉齊

太子賓客秘書監按乾隆志首列制科紹興府志列入進士

許伯會 新唐書越州蕭山人或曰玄度十二世孫舉孝廉

周丁會 蕭山人舉博學宏詞見浙江通志

沈融 舉秀才見魯燮光儒

學志浙江通志作會稽人

朱澤 見翰苑名談裴懿 見咸通年墓志殘碑

丁重器 晉天福間進士南臺御史

丁璞 唐昭宗乾寧光化間舉人

唐進士科分無考茲據魯燮光儒學志二人及開明鄉報告舉人一人并石晉時進士一人補附

宋

薦辟　進士　舉鄉試

太宗太平興國八年癸未

馮鍇 王世則榜

丁珪 一作上珪 國子司業 增補

		吳中復龍圖閣直學士增補	
真宗大中祥符八年乙卯		王絲蔡齊榜鹽鐵判官浙江通志兵部員外郎	
仁宗天聖二年甲子		卜伸宋郊榜	
景祐元年甲戌		沈衡張唐卿榜郎中	
		丁元同安主簿增補	
慶曆二年壬午		汪泌楊寘榜	
六年丙戌		王元德增補	
皇祐元年己丑		王霽馮京榜王絲子校書	

嘉祐五年庚子		郎浙江通志缺 王雍郎中增補		
六年辛丑		顧沂王俊民榜光祿大夫		
神宗熙甯三年庚戌		沈銜葉祖洽榜沈衡弟浙江通志缺作沈術臨安人 周鍔增補		
六年癸丑	錢著舉孝廉按王安石贈蕭山錢著詩有兄弟同時舉孝廉句錢	沈箋余中榜沈衡子浙江通志作會稽人 沈義沈銜子		

元豐二年己未

著應有兄弟一人同舉者名無可考　增補

鄭知微

王彥昌

華鎮　字元仁朝奉大夫　增補

哲宗元祐三年戊辰

吳孜　李常甯榜

五年庚午

董匡贊　元祐間舉明經行修科御史　增補

鍾廷瑞　兄弟同科　增補

鍾廷珏　增補

紹聖四年丁丑

鍾廷瑞　字用祥戶

	徽宗崇甯二年癸未	大觀三年己丑
		孫寶著 舉孝義賜進士第紹興府志宣教郎在孫忻上入進士乾隆志注萬曆縣
部給事 增補 鍾廷珏 字用珪刑部郎中 增補	方喆 霍端友榜方赫兄 方赫 方喆弟	孫忻 賈安宅榜 華初平 歷任樞密使 增補

志選舉表是年首列孫寶著人物傳寶著於大觀初行部使者舉孝義賜進士第考宋史大觀元二四等年俱載賜上舍生及第人數不署姓名三年賜禮部奏名進士及第出身六百八十五人亦不署姓名寶著卽邀異數未與禮闈且年次未詳不便編入賈安宅榜通志府志俱仍舊志之訛不足爲據云云按孫寶著舉孝義賜進士第所謂邀異數也當入薦辟今特補正

政和五年乙未	高宗紹興二年壬子	十年庚申	三十年庚辰
	王性 建炎戊申省元舉博學宏詞科第一不赴隱蕭山苧蘿村一作宣和七年乙巳省元直隸籍　增補		
王致柔 何㮚榜	吳康年 張九成榜 張震 吏部尚書	孫弼 蔡薿榜中書舍人郴州楚州通判　增補	顧宣 梁克家榜 丁天則 揚州刺史　增補
			瞿善 乾道元年蕭山學敎諭　增補

孝宗隆興元年癸未	張孝伯	木待問榜　參知政事
乾道二年丙戌	王日永	蕭國梁榜　致柔子學志作昶
	王日新	致柔子
八年壬辰	卜芸	黃定榜
	俞帝臣	字良弼觀察使增補
淳熙元年甲午	孫子淵	張孝祥榜　臨安宣撫判官
二年乙未	方秉文	詹騤榜

五年戊戌		徐邦傑 姚穎榜			
八年辛丑		張叔椿 黃由榜			
十一年甲辰		吳雲 衛涇榜			
十四年丁未		張叔陽 王容榜 監察御史			
甯宗慶元元年乙卯		方秉成 鄒應龍榜 馮大受 秉文弟 學志作綬 孫一夔 湖州提幹 理宗寶慶元年皇子竑死於霅川殉難	孫一夔 省解元 增補 孫沔 省解元增補		按明以前無舉人在宋爲漕試謂之發解送南宮會試曰解試報告二人均稱省解

增補

六年庚申

孫沔 增補

嘉泰二年壬戌

方秉哲 傳行簡榜秉成兄

嘉定二年己巳

張炳 浙江通志作於潛人

孫一中 應天籍六合教諭增補

理宗寶慶二年丙戌

華洪卿 江西袁州知府增補

紹定二年己丑

戴鯨 黃樸榜迪功郎

張飛卿 通直郎

元書以存疑

按乾隆志張飛卿後刪去張頤孫張理並寶祐四年文天祥榜頤孫或作熙孫餘姚人張理紹興府志浙江通志皆作徐理會稽人今仍附載之以

年分	端平二年乙未	度宗咸淳□年□□
	何自明 何舜賓三世祖乾隆志缺名并缺年分	何宗可 何宗道 鍾朝節
		何宗可 仁和籍按翁文縣志補遺何舜賓四世祖 何宗道 宗可弟兄並舉咸淳鄉試登進士惟道可應作宗道從何氏宗譜訂正 鍾臣亮
備參考	宋進士及舉人歲貢科分無考者據南區各報告補附	

何執中　官至太宰封滎國公追贈清源郡王加太師謚正獻

王質　苧蘿王第三世

邢世才　苧蘿王始祖省元王性壻

茅煥

俞振孫　茅俞皆張駙馬壻據墓志

鍾明德　慶陽太守

樓天雋　歲貢

樓齊賢

二人乾隆志云見學志以年份無考姑存之

按慶陽府宋陝西永興軍路今甘肅安化縣治

鍾名隆　四川節度使

鍾廷瓚　兵部右侍郎

（附見）

鍾邁　甯宗時尚四公主

來獻臣　金宣宗興定五年辛巳三甲進士陝西錄事司人見陝西省志

選舉志

據西北區報告補附

元

薦辟進士鄉試

按乾隆志云浙江通志元進士浙籍者一百二十餘人內互見紹興府志者凡二十二人山會各縣俱有獨缺蕭山云云今去修乾隆志時黃鉞序在十六年又一百五十餘年矣更難考索就魯燮光儒學志有沈澤包大本二人包大本已見乾隆志明仕籍又有泰定四年丁卯進士

世祖中統四年癸亥

至正四年甲申

張祉 賢之孫舉賢良興國知州

薩都剌御史一人姑附存之

樓壽高 按乾隆志云萬曆志作戊寅誤今據長山報告作元至元己卯科董元吉榜中式舉人以書經登第仕本縣直學戊寅爲順帝之至元四年己卯相差一年或至元四年非誤而乾隆

	薦辟	進士	舉人	貢生
七年丁亥			志誤作至正四年歟 鄭福 官杭州路推 戴子靜 本縣教諭 包榮祖 省元科分無考據魯燮光儒學志增補	
明	薦辟	進士	舉人	貢生
洪武三年庚戌	沃野 舉明經溫縣知縣		韓守正	乾隆志洪武十六年奏准天下府州縣學自明年爲始歲貢生員各一人二十一年詔天下府學一年縣學三年貢一人二十五年詔天下府學一年二人縣學一年一
四年辛亥		韓守正 吳伯宗榜利津縣丞		

五年壬子	王士喆舉秀才知縣紹興府志作縣丞				八
六年癸丑	王士貞舉秀才給事中改御史				
十二年己未				孔麟	按乾隆志既載洪武十六年奏修准云而先書十二年歲貢三人今仍之
				傅霖	
				俞叔珪	
十七年甲子			顧觀解元	蔡良永豐知縣	
十八年乙丑	洪海舉懷才抱德鳳翔府	顧觀丁顯榜大理寺評事		王震福建都司都事	

推官諭縣丞

十九年丙寅
朱義道 舉孝弟力田慈利知縣浙江通志作推官
華克勤 舉孝弟力田山西布政使
徐應節

二十年丁卯
朱衡 江陰教諭
殷輅
成以仁 祈縣丞

二十三年庚午
葉林 經魁
朱仲安 河南按察使

二十四年辛未	方以規舉儒士廣濟教諭紹興府志善詩文有題詠傳世	葉林許觀榜副都御史	陳安刑部郎中	蘇壽兵部主事紹興府志作二十一年
	張圻舉人才長山縣丞			
二十五年壬申	陳仲淳舉經明行修工部員外			
二十六年癸酉	阮端卿舉明經本縣訓導		胡嗣宗	王仲謙漳州府知府
			張貞	
			湯本故城訓導	
二十七年甲戌		胡嗣宗張信榜山		陳冕都督府都事

二十八年乙亥	二十九年丙子	三十年丁丑
		魏希哲舉老成上高縣知縣
陽知縣 張貞漢陽知縣		姚友直陳郯榜太常寺卿浙江通志作姚益張信榜按紹興府志姚益姚友直兩收進士太常寺卿而舉人祇載姚友直則姚友直當即姚益況同爲太常寺卿耶
	姚友直更名益	
王濟	賈德善寧德知縣	史巳安龍巖縣丞

三十一年戊寅	趙善舉秀才工部郎中 張經年佚舉明經國子監助教			張顒
建文元年己卯	張箕舉人才光祿寺典籍紹興府志作主簿		孫完 應琚臨江知府浙江通志作同知	方儁監察御史
二年庚辰	徐端蒙舉明經本縣訓導	孫完胡廣榜福建僉事		
永樂元年癸未			俞昞更名廷輔 魏騏希哲子 王觀	

按乾隆志張箕洪武三十二年徐端蒙洪武三十三年由永樂廢去建文年號也今正之

詔天下歲貢用洪武二十五年例

二年甲申

王觀曾棨榜知縣

魏騏庶吉士刑部主事

三年乙酉

殷旦

魯琛

錢巽漢府長史

魏驥希哲子爲世父伯雅後丙戌會試副榜南京吏部尚書謚文靖

來溥四川梁山寄籍一作成化乙酉增補

周能應楷書監察御史

四年丙戌		殷旦林環榜按察使副使		鄭塍縣丞	
五年丁亥				張質興化府同知	
六年戊子		來希貴四川梁山寄籍	陳起本縣訓導	吳崖應楷書鎮江府知府	
七年己丑			方實吏部主事浙江通志作紹興府志作禮部	湯裔一作楊	
八年庚寅				施安	
九年辛卯		魯琛蕭時中榜監察御史	沈寅河南道監察御史 衛恕	孫忠吏部主事	己丑例應會試因北巡移會試於辛卯

十年壬辰				賈復
十一年癸巳				何善
十二年甲午			孫敏紹興府志作會稽人 戴宿應天中式宿遷知縣	陸本道
十三年乙未		俞廷輔陳循榜初名昞庶吉士兵部車駕司主事紹興府志作俞昞浙江通志作余昞誤		賀隆刑部員外郎
十四年丙申				何濬山陽知縣
十五年丁酉			倪溥浙江通志作浦	王信福建市舶提舉

		十六年戊戌	十七年己亥	十八年庚子				十九年辛丑
		韓景生舉人才益陽知縣						
		何善李騏榜監察御史						衛恕曾鶴齡榜庶吉士參
曹得紹興府志作德	何善應天中式			沙安順天府治中	陳廣興化府通判	史佐漳州訓導	徐海四川僉事	
		董驥辰州府知事紹興府志作知縣	婁轅建德主簿	顧諟				毛序鹽運使同知
							詔天下歲貢用洪武二十一年例	

二十一年癸卯	二十二年甲辰	二十三年乙巳
	王平 舉楷書臨清縣丞	張子俊 舉經明行修吏部主事 翁文瑤 舉人才遷安典史 方自新 年佚舉孝行見浙江通
政		
黃琮 安谿訓導武進教諭 王政 建甯教諭		
張璣 高平知縣 金蒙 鄭堅 紹興府志年佚監察御史謫通判		

	宣德元年丙午	三年戊申	五年庚戌	七年壬子	九年甲寅
志 秦豫年佚紹興府志永樂朝舉秀才郎中	沃能舉明經禮部主事終通判				
				張輅經魁陝西葭州學正	
	黃道吉廬州府知事紹興府志作衛知事	金祐甌甯訓導	曹甯鄭州知州		沈宿興國州判官
				七年詔天下歲貢用洪武二十五年例	

十年乙卯			王鋐 太常寺典簿 屠鏞 魯府長史 浙江通志作黻	徐益 南陵知縣
正統元年丙辰	汪景昂 浩子 舉楷書太常寺少卿			王臣 鎮江府訓導
三年戊午				朱英 同安知縣 紹興府志作瑛

五年令天下府學一年縣學二年各貢一人

年				
五年庚申				顧讓政和知縣
七年壬戌				方膺晉江知縣紹興府志作縣丞
九年甲子			汪浩順天中式嵩縣知縣	俞能辰溪知縣
十年已丑		曹得商輅榜四川僉事		徐貞
十二年丁卯			韓祺解元浙江通志作琪 張靖阼城知縣紹興府志浙江通志作清	趙昇羅源知縣 鄭甫星子訓導 韓瑛廣東鹽課司提舉
十三年戊辰				成賢東平州判

乾隆志云上今二年一人今十二年至十三年共四人與例不

十四年己巳	景泰元年庚午
	倪敏經魁保定通判 傅珍閩清教諭 沈環寅之子南安教諭紹興府志作教授 楊文天順七年禮闈焚死贈進士賜祭葬 沃乾贛榆知縣
嚴端荊門州同知	方正江西都司經歷 朱頤上元籍慶都知縣

合按此或一府學一縣學耳

二年辛未				楊瓘彭城衞經歷
三年壬申				張璿龍泉教諭
四年癸酉				徐藩甯化知縣紹興府志作蕃
六年乙亥				張紀陽武知縣
天順元年丁丑		韓祺黎淳榜監察御史		王康靖州訓導
三年己卯				胡旭英德知縣鎮甯知州
五年辛巳				何評

乾隆志云三年內歲貢多人與成例不符按景泰初或仍用一年一人之例朱頤則上元籍蕭山人耳

六年壬午

徐洪

蕭昱 經魁，知縣。紹興府志、山陰八增補

六年令廪增生員四十五歲以上者俱貢

沈俊 彭城衛經歷

王諤

林華 滎縣知縣

王瓊 興寧知縣

王勉 九江府檢校

倪昶 學志作顯

俞振 黄岡縣丞

張霖

朱淮 寶慶府經歷

八年甲申	成化元年乙酉
	張玘字鳴玉號節齋舉經明行修湖北蘄州縣丞
	蔡瑛交州通判紹興府志浙江通志作英
沈淸江西按察司知事 金玉歸化知縣 汪士昂廣德州判 沈恭 俞完 王廣選拔增補	來溥一作永樂乙酉四川籍增補
按乾隆志選拔祇六人從萬歷二十二年曹始聲始	

二年丙戌				黃傑袁州府通判福建市舶司提舉	
四年戊子			何舜賓 富玹 吳綱增補 沈恭應天中式常德府同知	楊昇九江府教授一作昂	
五年己丑		何舜賓張鼎榜監察御史			
六年庚寅				毛淵石阡府教授	
八年壬辰				來寧	

十年甲午			韓立 太平知縣 孔斌 順天中式 紹興府志作山東中式 乾隆志乙未進士查進士題名缺	何淮 望江縣丞	
十一年乙未		徐洪 謝遷榜刑部員外郎 孔斌 吳綱 四川夔縣巫山知縣有惠政			
十二年丙申				李欽 政和教授 紹興府志作教諭	
十三年丁酉			沈鐔 廣信府通判		

十四年戊戌

十六年庚子

沈淳 鐔之姪湘潭知縣

黃鼎卿 治江教諭

來登

葉清

王世貞 應天中式濱州學正浙江通志紹興府志作禎

呂調陽 雲南經魁黃陂知縣

毛吉 廣州衛知事

朱諫 仲安孫廣西憑祥州吏目

十七年辛丑		富玹 王華榜福建僉事何舜賓壻		
十八年壬寅				陳殷 雲南宗師州知州
十九年癸卯			張嵿 吳嘉英 增補	
二十年甲辰				童顯章 廣州訓導一作廣德州
二十二年丙午			來天球 沙彬 安之孫順天中式	俞檢 河間府訓導 來恩 年佚和陽衛經歷 增補
二十三年丁未		張嵿 費宏榜南京工部尚書		

王鎬 年佚舉秀才贊皇知縣

魏完 年佚驥之子舉楷書甯國知府

葉淸 通州知縣

弘治元年戊申

蔡友 舉懷才抱德延平敎諭

韓憲 萬載知縣

胡昉

朱絲 邵武推官紹興府志作彩

俞寀

王達古 廣西萬承州吏目

張維翰 字幹山副榜揚州衛指揮 增補

二年己酉

按乾隆志副榜祗二人從魯燮光儒學志增補

三年庚戌		來天球 錢福榜陝西按察使		李璋 程番州吏目
五年壬子			錢玹 朱琪 程鄉知縣 張寶 漳平敎諭	王所 選拔增補
六年癸丑		胡昉 毛澄榜刑部主事		
七年甲寅				王鈍 邵武府檢校
八年乙卯			徐瓚 沙縣知縣 沈文滂 環之子靈璧敎諭 孫鳳	

九年丙辰
十年丁巳
十一年戊午
十二年己未

陳璠 封川知縣
李時暢 通判見紹興府志乾隆志缺
戴光 饒州府通判
毛公毅 汀州府同知
沈嶽 增補

孫昱 萬載教諭
沈瀛 浦江教諭
張軒 州學正紹興府志作訓導
趙鏡 光澤訓導

弘治九年奏准今年起至十三年每年貢一人

十三年庚申				沈鎣 環之子陳州訓導
十四年辛酉			田惟祐 解元 盛瀧 蔡璧 永豐知縣 顧通 長樂知縣 孫光 襄府長史	
十五年壬戌				沈沔 鎮遠知縣沈氏宗譜作恩貢按乾隆志恩貢從隆慶元年王九州始九州應從紹興府志作九川

十七年甲子	十八年乙丑	正德元年丙寅
	錢玹顧鼎臣榜吳江知縣浙江通志無	
曹楫九江府推官　沈治淳之弟　沈璇同知紹興府志作知縣　韓洲立之子福安知縣　蕭鳴鳳昱子山陰解元　增補		
增補　沃寬南城教諭　沈瓚增補		何舜卿威海衛教諭
按浙江通志浙士登科錄明初應試止取廩生後漸及增廣至是詔廩增附一體掄選故附生中式始於是年		

二年丁卯			周憲	
三年戊辰		田惟祐呂柟榜潯州知府紹興府志作祜 盛瀧南甯知府		楊理潮州府通判
五年庚午			黃懿經魁	盛瀾新野王府教授
六年辛未		黃懿進賢教諭典試湖廣萬安知縣改萊蕪知縣		
七年壬申				丁洪浦城訓導
八年癸酉			王鏞衡水教諭 徐守洪之子潮州府同知	

九年甲戌

十一年丙子

十二年丁丑

十三年戊寅

十四年己卯

十五年庚辰

十六年辛巳

徐官 舒芬榜廣西僉事

黃懌 常州府通判安谿知縣有德政

徐官 洪之子

沈宋 鐔之子

翁文 河南府訓導

王宏 興化府訓導

任沛

徐行 訓導

黃烱 江浦上饒主簿一作

嘉靖元年壬午			王良相順天中式	陳欽鄰水教諭	縣丞舊作栢誤
二年癸未		周憲姚淶榜寧國府推官		何大猷長汀訓導 韓簉宜章教諭	
四年乙酉			來汝賢經魁 來應山天球子故城知縣		
五年丙戌				陳讓尤溪訓導	
七年戊子			孫宗器賓坻知縣懌之子 黃九臯	韓旵靈璧訓導	

九年庚寅			黃德賢南康知縣	蔣錫□平訓導
十年辛卯			戴惟師光之子 來賀亞元莒州知州陝西三原籍兄聘同榜增補 來聘據來氏宗譜增補	
十一年壬辰		來汝賢林大欽榜禮部主事浙江通志會魁		來膺薦密雲知縣
十二年癸巳				來觀伊府教授

十三年甲午			來日升雲南宗師州知州	何士植衢輝府教授士紹興府志作仕
十四年乙未		翁五倫韓應龍榜福州知州	翁五倫文之孫	祝禮松江府通判
		來聘四川按察司副使		
十六年丁酉			韓逅洲之子棗强知縣	徐旭崇明教諭
			黃世顯潁州知州	
十七年戊戌		戴惟師茅瓚榜四川僉事按紹興府志作韓		
		黃九皐魯府長史		

十八年己亥				黃當學 宿松訓導 紹興府志作教諭
十九年庚子			張燭 楊應元 陝西中式 來端本 順天中式 黃岡知縣 潘鍍 順天籍 增補	支澤 通判 紹興府志國子監典籍 來端言 副榜直隸霸州判官 按乾隆志副榜祇二人 從來氏宗譜增補
二十年辛丑		潘鍍		徐景元 青縣訓導 按乾隆志作十二年 誤
二十一年壬寅				吳瑞 單縣教諭

二十二年癸卯			孫學古 王仲山	
二十三年甲辰		張燭 秦鳴雷榜南京刑部郎中 孫學古 東莞知縣 楊應元 登州府推官按紹興府志碑錄陝西鞏牧所籍		張瑛 紀之子濼州訓導紹興府志作鏃
二十五年丙午			張誼 黃世科 世顯弟 韓惟論 汝上知縣	樓祁 蕭縣訓導

年				
二十六年丁未		黃世科 李春芳榜 知縣戶部觀政奉勅督散邊儲		
二十七年戊申				徐楩
二十八年己酉				王汴 翰林待詔
三十一年壬子			來知德 經魁 四川梁山籍入明史儒林傳餘詳薦辟 增補	黃九功 無爲州訓導升學正寧遠衛教授
三十二年癸丑		張誼 陳謹榜		
三十三年甲寅				孫勳 教諭升審理紹興府

三十四年乙卯			李存中 鳳陽教諭 何世學	志作訓導
三十五年丙辰				徐卓 萬州知州
三十七年戊午			來經濟 天球孫 黃世厚 九皋子應天中式江夏知縣	
三十九年庚申				汪耀 翁復明 清和教諭
四十一年壬戌				徐大中 新興訓導

四十三年甲子

四十五年丙寅

王景星

蔡萬里

來必上 經魁觀之子桐廬教諭河南中式浙江通志作雲南中式

毛瑚 福安訓導

屠瑾 新淦訓導

來萬言 嘉靖朝年佚乾隆志無增補

來文明 嘉靖朝年佚拔貢慈谿教諭按乾隆

隆慶元年丁卯

張試誼之弟

黃世雍

王九川懌之子恩貢六合教諭山陽訓導按紹興府志兩收嘉靖朝王九川懌之子教諭隆慶朝王九川府學拔貢教諭據南區報告作

志選拔六人始於萬曆二十二年前就西北區報告補

元年詔天下府州縣學考廩膳生員內貢一人

				九州誤
二年戊辰		張試 羅萬化榜 撫州知府 何世學 常州知府 浙江通志作同知 來經濟 四川副使 浙江通志作僉事		黃德賢 增補 來三聘
三年己巳				沈杏 宋之弟 萬載訓導 一作恩貢
四年庚午			來三聘 應天中式	來嗣績 副榜 按乾隆志明副榜祇二八 增

五年辛未				補 徐大夏 授 金華府教	
六年壬申				施一言 潛山訓導	
萬歷元年癸酉			來士賢 廣東南雄府知府 任宗湯 黃縣知縣	來文英 高安主簿 來士憲 副貢增補	
二年甲戌		王景星 孫繼皋榜 五河知縣			三年奏准歲貢生員年六十以下考優者充貢
三年乙亥				來士賓	
四年丙子			楊道南 經魁 杭州		

五年丁丑

七年己卯

蔡萬里　沈楙學榜　邵武府推官　浙江通志作同知

籍

戴尚志　雲南按察司副使

來士賓　應天中式　平遠知縣浙江通志作士賢誤

湯有光　應天中式　江西瑞州府知府浙江通志作紹興人

蔣玉賢　沅州州判　紹興府志作育賢

蔡應選　縣丞

張德冠　副榜　增補

九年庚辰	十年壬午
	王明宰 仲山孫 張應桂 順甯府通判浙江通志作青州通判 單有學 新化州知州 陳治則 三省子按乾隆志缺紹興府志有浙
丁鳴春 優貢魯府教授紹興府志作訓導 沈振龍 副榜增補	

十一年癸未

十三年乙酉

來三聘 朱國祚榜 江西右布政

十五年丁亥

江通志餘姚人壬辰進士 增補

來遇龍 沙縣知縣

來行志 靖安知縣 仁和籍 補

來儼然 賀子陝西三原籍 增補

樓宗周 三河訓導

吳應桂 瑞之子 教授紹興府志作訓導

黃從禮 副榜 增補

沈燿宗 副榜 增補

黃世濟

十七年己丑				陳言 西平訓導
十九年辛卯				來汝頤
二十二年甲午			倪朝賓 陳伯龍	曹樹聲 選拔安徽望江知縣
二十三年乙未		來儼然 兵部職方司主事山西參政		張諒 承天府教授
二十五年丁酉			王三才 經魁	黃師賢 選拔改名可師 戴文明 南陵教諭
二十六年戊戌		倪朝賓 趙秉忠榜湖廣按察使		

二十八年庚子			朱朝望 興寧知縣 蔣汝礪 育秀子太平知縣
二十九年辛丑		王三才 張以誠榜 工部右侍郎	
三十年壬寅	來知德 徵授翰林院待詔見來氏宗譜崇禎十六年四川巡按劉之勃會同巡撫陳士奇題請將故儒來知德從祀文廟命下因亂未行至清光緒乙酉八		

三十一年癸卯	月川督丁賓楨亦奏請從祀文廟		來宗道	俞世推 府學恩貢 海鹽訓導 朱士能 府學恩貢 海寧訓導 一作仕龍	立皇太子恩詔天下府貢二人州縣貢一人
三十二年甲辰		陳伯龍 楊守勤榜 刑部主事 來宗道 東閣大學士太保戶部尚書		沈燿 蔣育秀 新城訓導	

三十四年丙午

來斯行

王命禹

黃師賢　經魁　順天中式改名可師

來復　儼然子字陽伯陝西三原籍　增補

黃三策　延平府教授署沙縣南區報告作嘉靖三十三年

三十五年丁未

王命禹　黃士俊榜　工部都水司郎中

來斯行　福建右布政

黃朝策　荊州府教授南區報告作嘉靖三十五年龍游訓導黟縣教諭署知縣

三十七年己酉	三十九年辛亥	四十年壬子	四十一年癸丑	四十三年乙卯
		來道沾 士學子太和敎諭		黃三尙 順天中式 山西平定州知州乾隆志誤已卯
蔡一信 副榜天啓乙丑恩貢 增補；來立相 祀鄉賢	鄭舜尙		黃三尙	丁師虞 山東諸城知縣府學；徐希轂 衢州府敎授

四十四年丙辰	四十五年丁巳	四十六年戊午	四十七年己未
黃可師 錢士升榜 初名師賢 黃州知府 來復 山西左布政使			
		蔡一嵒 應天中式 象山教諭 周三台 應天中式 永寧知州	
	來良相	來騰鶚 順天副榜	張訓程 諒之子 淳安教諭 來士學 河南睢州

單無咎　年佚萬歷中舉孝行俱優

判官　樓邦畿　三河訓導
施所學　福州教諭紹興府志泰昌元年庚申

徐希龍　通判
張維垣　州同
朱仕龍　訓導朱一作來上三人從紹興府志補年佚
潘慶成　年佚順天籍

天啓元年辛酉

立皇太子詔天下府貢二人縣一人

來煥然 六合知縣

來方煒

韓日將

黄希堯 世厚子應天中式舊作希元

孫允奇 仁和籍

朱國泰 浙江通志

朱之㞐 紹興府志順天籍

順天籍浙江

來維觀 恩貢大埔知縣

來臨 恩貢陝西三原籍增補

二年壬戌			通志缺	來佑之 選拔一作祐
三年癸亥				鄭文兆 舜尙子宣平教諭紹興府志作二年
四年甲子			王鼎玹 本姓黃紹興府志作鉉 沈應節 仁和籍 來秉衡 河南籍陝西中式洛陽鄉官 增補	田有本 選拔順天籍
五年乙丑		來方煒 余煌榜吏部驗封司員		蔡一信 恩貢先中萬歷己酉副

六年丙寅

外郎

榜 增補

陳邦教 太學充貢

王思孝 本姓黃廬陵訓導

來何暮 選拔廣東海陽知縣 增補

七年丁卯

徐明徵 慈谿教諭

來騰鶚 副榜

陳邦政 恩貢中書舍人乾隆志有纂修字未詳

田有封 臨安訓導

來珪聖　方煒子選拔按珪聖應更正作爾昌方煒冢子江西道監察御史珪聖據來氏宗譜無其名

崇禎元年戊辰

來騰鶚　恩貢作選拔誤雲南楚雄府通判按明制副榜不准出學萬歷戊午天啓丁卯兩中副榜崇禎元年乂列恩貢與蔡一信同　增

按乾隆志禎均作正避雍正嫌名禎特更正

三年庚午			曹振龍解元	補 汪之度 張雲鵬
四年辛未			蔡一鵷	
六年癸酉				黃守部作邵誤 朱襟
七年甲戌		王鼎鉉劉理順榜本姓黃工部主事		
八年乙亥				來集之選拔府志作貢元

十二年己卯

夏有奇

來集之 應天中式

沃懋材 順天恩貢 清和知縣

來世涵 字伯容錢塘恩貢韶州府教授 增補

來紹曾 崇德訓導

沈振龍 一作振豪

沈可立 盛京籍 增補

張炳祥

田萬鏞 平湖訓導

十三年庚辰	十四年辛巳	十五年壬午	十六年癸未
來集之 魏藻德榜 兵部主事 韓日將 吉安府推官 來儀 山東臨朐籍 沈熣光 作甲辰誤			夏有奇 楊廷鑑榜 知縣
		王鴻烈 來驤	
	黃可賢 柳城縣知縣		翁德洪

十七年甲申

徐啓祚

張祖壽 宣府籍通州學正

來爾昌 方煒子廪生恩貢江西道監察御史按應更正來圻聖方煒子方煒姪

來道馧

來勵之

來道程

乾隆舊志科舉四次以上者准貢

沈雲祚 年佚 增補

施是龍

王之祚

王金星 年佚 順天副榜本姓黃據南區報告崇禎甲子按崇禎無甲子或天啓甲子或爲崇禎甲戌

沈逢時

來嗣厚 陝西籍恩貢膚施訓導

以下科分無考者

來鑑　陝西籍恩貢知縣一作清初

來淑洙　陝西籍廣東雄縣知縣一作清初

來鍾慶

來亨　河南汲縣籍景陵縣知縣見湖廣總志秩官志

郁憲文　副榜

來道坤　副榜

補遺

俞紫盧　選拔

俞景濂	恩貢 淮安	府教授

附辨誤

乾隆志載張誼嘉靖丙午舉人癸丑進士張試隆慶丁卯舉人戊辰進士而張諒則載萬曆二十三年歲貢承天府教授按萬曆二十三年爲己未距張誼之嘉靖丙午舉人已五十年諒即幼弟不應相去若是之遠查魯燮光儒學志以諒爲嘉靖二十三年甲辰選貢又注縣志遺三字似已見及萬曆二十

三年之誤然又載萬曆歲貢自相矛盾竊疑乙未應作已未嘉靖三十八年也其介兩兄之間爲歲進士乎乃張氏之同胞三俊額大書張諒爲萬曆乙未進士則訛以傳訛更不可以不辨

清

	薦辟	進士	舉人	貢生
順治三年丙戌			任雲蛟 嘉善教諭 方明龍 山東冠縣知縣 周繩烈 順天中式 本姓賀改姓	沈正春 恩貢 增補

四年丁亥

周繩烈 呂宮榜刑部主事一作知縣

周紹興府志昌平籍

周一甲 歲貢鄜州州判
賀繩芳 歲貢昌平籍霑化知縣
史廷柱 恩貢禹州知州
黃儒翊 恩貢一作歲貢翊作翃
單繼周 恩貢明廩生台州教授福建松溪知縣按單氏宗譜作拔貢金

四年詔歲貢首名次名准貢入監

五年戊子

六年己丑

七年庚寅

八年辛卯

張洪　經魁杭州籍

丁克揚

華昌化教諭

黃芬祚　恩貢　福建邵武府教授

增補

王朝宗　歲貢　臨洮同知一作知縣

張際龍　恩貢　山陰籍江甯知府

毛萬齡　歲貢　仁和教諭紹興府志作教授

管鳳來　歲貢　松滋知縣來一作采

九年壬辰

十一年甲午

來式鈺 方煒孫衢

趙琮 副榜增補

來溥 歲貢陝西籍增補

張佩綸 歲貢長興教諭

任雨蛟 歲貢一作選貢平湖教諭

郁憲章 歲貢東陽教諭

賀昌圖 選貢

九年以科舉首名准貢

詔於廩生中選其優者一人

十三年丙申			黄邵士 州教授浙江通志作式玉 本姓邵山陰籍 魯良驥 作騏 紹興府志
十四年丁酉			任辰旦 經魁 紹興府志作韓燦本姓任作辰旦浙江通志作姓韓 張際鵬 山陰籍

單之騤 選貢 會稽籍 增補
任起蛟 歲貢 平湖教諭紹興府志作啓蛟
陸兆昌 副榜
蔡世芳 副榜
孫英 副榜

	十五年戊戌	十六年己亥 是年再行會試
	黃邵士 孫承恩榜 沂州知州紹興府志潮州推官	周之麟 徐元文榜 庶吉士通政
	周之麟 何兆珪 本姓潘錢塘籍 沈宗龍 應節子順天中式西安教諭 沈從龍 烏程教諭據龍泉報告	
	陸國藩 歲貢	

十七年庚子		使 丁克揚 通城知縣 紹興府志灊江知縣	倪涵 傅宗 浙江通志山陰籍 來必選 湖廣籍	來式銓 恩貢一作歲貢建甯府通判泉州府知府
十八年辛丑	王鴻烈 清初舉賢良方正見車里王氏宗譜年佚	潘兆珪 馬世俊榜 鄉舉姓何福山知縣		王鎬 清初歲貢年佚 增補

王鈞 清初歲貢年佚 增補

黃國柱 清初歲貢 山東平陰知縣 增補

來承祉 恩貢年佚 陝西籍泉州府同知

康熙元年壬寅

二年癸卯

來垣 方煒子紹興府志舊志作五年

陳文 廣西籍山西垣曲等

朱燾 恩貢

來逢時 歲貢

周維岳 歲貢

蔡如蘭 副榜 增

詔天下府州縣恩貢廩生一人

六年丁未

八年己酉

來垣 繆彤榜東昌府同知

任辰旦 大理寺丞 給事中

縣知縣解州直知州

王先吉

來咨匡 金華教諭 紹興府志作知縣

來燕雯 集之子順天中式

潘錦 福建中式 浙江通志

缺

補

五年部議廩生不准歲貢盡行停止八年部議仍復歲貢

九年庚戌

十年辛亥

十一年壬子

王先吉 蔡啓僔榜 內閣中書舍人

李日焜 經魁 衢州府教授

李日燿 日焜兄兄弟同榜

任乘蛟

韓日昌 紹興府志作日宣

鄭淵 歲貢

韓球 歲貢仁和訓導

蔣子佳 副榜 一作子桂紹興府志缺

潘五敬 副榜 順天籍 增補

沈應銑 副榜 增補

來孫謀 拔貢 府學

			張澄 順天中式 原名捷 江西臨川知縣	陳捷 拔貢 金壇知縣；蔡廷佐 歲貢 增補	詔天下府貢二人縣貢一人入監
十二年癸丑		張際鵬 韓菼榜 本籍山陰		王宗益 歲貢 甯波府訓導；田澍生 歲貢 增補	
十四年乙卯			來孫謀 經魁；周國龍 浙江通志 仁和籍 黃巖教諭	王凝遠 副榜 平湖訓導；郁彪 歲貢 溫州府訓導	
十五年丙辰				蔡溥仁 歲貢	

來載之　府學歲貢　一作姓王本姓來

十六年丁巳

王遠公　監生本姓毛

郎中岳　歲貢杭州府訓導

周斐成

特開恩例　貢監入場

副榜准貢自康熙十七年戊午科始以前副榜皆不准出學故有前副榜而後歲貢者仍明制也如蔡一信來騰鶚蔡世芳等是書副貢斷自沈士本始

十七年戊午

毛奇齡　授翰林院檢討

徐芳聲　不就

毛文　遂安教諭

張選　順天中式遼東籍

沈士本　副貢

朱錫吉　府學歲貢

詔舉博學宏詞科

十八年己未

蔡仲光 不就 按徐蔡以山林隱逸徵

任辰旦 應徵報能 見李元度先正事略

來集之 被徵不應 見來氏宗譜及文集答毛西河書

單隆周 不赴 見單氏宗譜

周起莘 原名之道 字次修康熙

增補

任梃 拔貢雨蛟子新城訓導一作任亶梃一作陞任梃 增補

十九年庚申

二十年辛酉

己未應徵列中卷不得館選以明經任處州宣平教諭著有倚玉堂文鈔載道堂文集　王先吉容安軒詩集有送周次修應詔北上詩徐芳聲集有送周次修篇亦云徵書旌召

沈士本 乾隆志作

胡如春 歲貢乾隆志作十八年

王壇 副貢先吉子正藍旗教習

二十二年癸亥

二十三年甲子

孫謀嘉 一作嘉謀 丁酉誤

附見

來維墉 書解元乾隆志本科武解元

陳瑞鯤 本姓潘浙江通志缺

王士仁 仁和籍教諭浙江通志處州教授

張遠 歲貢縉雲訓導

陳正治 拔貢秀水訓導嚴州府教授廣西籍

何文煃 歲貢增補

蔡文 副榜順天籍教習知縣

二十四年乙丑

二十六年丁卯

沈士本 汪肯堂榜 四川屏山等縣知縣吏部清吏司掌印郎中

袁定國 杭州籍戶部陝西司郎中

潘需貞 順天籍

吳沐 拔貢

周韓 府學拔貢龍泉教諭

任亶材 歲貢

方錫琪 歲貢

蔡世芳 府學歲貢丁酉副榜未出學

詔天下拔貢如十一年例

	二十八年己巳	二十九年庚午	三十年辛未	三十二年癸酉
		毛遠宗 奇齡子仁和籍		毛文輝 中書舍人浙江通志仁和籍紹興府志缺　陳至言　何垣　何鯤
瞿元 副貢中書舍人	丁夢芝 歲貢	吳沐 副貢官學教習知縣	吳楷 歲貢新城訓導	任爲煒 副貢永康教諭紹興府志作姓吳　張士鯤 副貢知縣　張廷玉 歲貢

三十四年乙亥	三十五年丙子	三十六年丁丑	三十七年戊寅
		陳至言 李蟠榜編修紹興府志作檢討河南學院	陳堯口
	王德炘 解元錢塘籍紹雲教諭 陳堯口 杭州籍一作堯名一作堯仁		
蔡士鎬 歲貢	周行素 副貢 沈元嘉 歲貢增補 沈元爔 歲貢增補	談默 歲貢	施瀚 拔貢
			詔天下拔貢如二十四年例

三十八年己卯	三十九年庚辰
	來燕雯 汪繹榜集之子主事內閣誥敕撰文中書崇祀鄉賢紹興府志作知縣 來楫 吏部主事紹興府志
單國球 浙江通志引紹興府志作山陰 蔡承恩 來楫 本姓陳蕭山籍山陰人 任衡 辰旦子	
蔡惟慧 歲貢	

四十年辛巳
四十一年壬午
四十二年癸未
四十四年乙酉
四十五年丙戌

作知縣
何垣 王式丹榜蓬萊知縣
來珏 王雲錦榜福建永福

壽仁侯 本姓王山陰籍麗水教諭
任澐
來珏 爾繩子仁和籍紹興府志缺
姜承燕 會稽籍一作譏

任麟 歲貢
陸士奇 府學歲貢一作優貢
周賡泰 歲貢仁和訓導
王圻 副貢湘潭知縣
王陛楫 杭府學歲

四十六年丁亥

知縣

任澐 瑞金知縣

毛遠宗 中書舍人

姜承燕

貢

陸隆文 歲貢鄞縣訓導隆一作龍原作乙酉以歲貢作恩貢

來爾繩 恩貢錢塘籍

吳昌翰 恩貢紹興府志會稽籍一作雍正元年

吳栻 恩貢

夏維吉 歲貢杭州訓導

四十七年戊子

四十八年己丑

五十年辛卯

洪繼賢

來文景 解元山東中式景一作燦陝西中式山東籍

秦立 紹興府志山陰人

王協燦

沈道濟 本姓來珏之子仁和籍

沈探奇 字次安歲貢餘杭訓導

周奕泰 歲貢景寧訓導

吳三發 副貢宣平敎諭

五十二年癸巳

王協燦 王敬銘榜 東昌府同知

楊濂錦 字遵五 賜國子監學正 紹興府志缺 浙江通志濂作廉

楊炌 府志作玠

汪烈

張文黻 成都府同知升知府 紹興府志作知縣

何在棠 順天中式 改名坤

陸生濂 府學歲貢

莫時荃 紹興歲貢 府志作如荃

任倫 副貢辰旦孫

附見

孔衍緒 字召庸 擢高第見孔氏

六十萬壽開科八月舉行會試

五十三年甲午

五十四年乙未

五十六年丁酉

倪鉞

孫士瑩　嘉謀子知縣

趙鎬　文淸子歸安教諭鄒縣知縣

沈震世　士本子順天中式四川開縣知縣雲南嵩明山東濱州知縣一作世震誤

家譜

吳琰　歲貢避諱作炎崇祀忠義一作副貢誤

韓斌　歲貢

五十八年己亥				沃榮 歲貢 楊廷侃 歲貢錢塘籍
五十九年庚子			黃雲 杭州籍 來謙鳴 作鳴謙誤	
六十年辛丑				任熺甲 歲貢
雍正元年癸卯		來謙鳴 於振榜雲南徽江知府福建延建邵	沈元鉉 浙江通志作元功	

按康熙朝紹興府志貢生年佚者有瞿又超章鈺瞿競三人又魯燮光儒學志科分無考者吳鼎一人

是年登極開科九月舉行會試詔歲貢准作恩貢陪貢准作歲貢

二年甲辰

道布政使參政湖北荊宜施道

何大鏞本姓韓錢塘籍

陳常保廣西籍

蔡林福建尤谿知縣

趙鉻順天中式浙江通志缺

趙鑑文璧子連州州判一作知州連作廉誤

丁瑩知縣

汪來慶解元本姓

樓宅中歲貢湖州府訓導

吳大炯拔貢

王薇樞恩貢一作陸徽樞

詔府州縣學拔貢如前例

補科作癸卯正科

三年乙巳			來仁和籍	陸芳歲貢淳安訓導	
四年丙午			王人雄直隸元氏縣知縣 洪琛本姓王教諭 凌元禮本姓徐蘭谿教諭紹興府志作元理學正 沈堂雲南平彝知縣浙江通志新城教諭		浙江停禮部會試
五年丁未	陸近陽舉賢良見陸氏宗譜			王漢歲貢	

來泗若 歲貢 錢塘籍

六年戊申
十月二十二日詔求賢才

沈士蘭 歲貢

七年己酉

何士鈜 職員 任福建福清縣知縣從紹興府志

任元文 辰旦孫 嘉興府教授
王胳智 紹興府志作昭智
王人隆 知縣

毛元會 副貢
王灝 副貢 順天籍
丁百川 拔貢
李開嵈 拔貢 海甯

詔令各省學臣照例府學拔貢取二名州縣學拔取一名寧缺毋濫

八年庚戌

十年壬子

十一年癸丑

洪琛陳倓榜四川長甯知

王人騏人雄人紀弟紹興府志作麒

王人紀人騏兄兄弟同榜

張日宣

籍

來正風歲貢選訓導未仕卒

陳邁歲貢

王志仁侯子副貢

按拔貢舊例十二年題請舉行一次雍正五年以後六年一舉乾隆六年以後仍舊制十二年一舉

十二年甲寅

十三年乙卯

縣

沈元銘 山東臨朐

知縣

吳元禮 字經伯

趙銘 疑即元年趙銘

沈弘勳 紹興府志作勳避乾隆諱

韓文集 歲貢府學

邵於吉 歲貢府學

來祖高 拔貢府學

戴騏 拔貢山東茌平知縣原作縣丞

王開明 拔貢山東日照沂陽知

		乾隆元年丙辰	三年戊午	四年己未
		周炎原作琰字青崖		
		黃雲金德瑛榜四川丹稜知縣		任元文莊有恭榜嘉興府學教
		孫有仁 陳學澎 吳境一作鏡誤 俞馥順天籍增補	李開嵊紹興府志作渼	王錦林
縣濟甯州知州增補		汪茂眞 蔣惟炘副貢江西安義湖北蒲圻知縣炘一作圻紹興府志惟作繼	沈士藻恩貢 趙玌歲貢一作虬紹興府志作玘	
		甲寅舉博學鴻詞未用 詔歲貢准作恩貢陪貢准作歲貢		

五年庚申

六年辛酉

授

丁儔嵩 山陰人蕭山籍一作姓沈一作濤崧

蔡文煥 歲貢

張恆 副貢紹興府志作張桓

朱錫玉 副貢順天增補

周作梅 拔貢河南柘城縣知縣一作項城

金純 拔貢府學

七年壬戌				鄭周德歲貢
九年甲子			戴坦之	王栮林歲貢
十一年丙寅				戴毓燦歲貢
十二年丁卯			周濱	夏景宸副貢紹興府志宸作震
			丁百川	曹來聘副貢按本科副貢己卯又副貢紹興府志作姓唐誤
			富啓英	
			夏甦改作蘇	
			來學謙字有光義烏教諭	婁斯闇優貢增補
			朱珪解元順天大興籍增補	

十三年戊辰		朱珪 梁國治榜官至體仁閣大學士謚文正 陶杏秀 知府會稽籍		沈文學 歲貢	
十五年庚午			來益清 沈峴 士本孫知縣 朱垣 珪弟大興籍 張恆 順天中式教諭按張恆辛酉本省副貢	來國賢 恩貢 王洪 歲貢	詔歲貢准作恩貢陪貢作歲貢
十六年辛未		周濱 吳鴻榜一作賓		沈元烓 歲貢武康	按乾隆志從本年止以下遵李亨特紹興

十七年壬申

十八年癸酉

王人騏 湖州教授 一作人麟鄉榜作麒

朱垣 山東濟陽長清知縣

夏蘇 秦大士榜山西長治陽高知縣改金華教授鄉榜名甦

任濤 訓導錢塘籍

來淑予 字丙墅黃巖麗水教諭處州府教授

童學濤 山西知縣

訓導烓一作煃紹興府志作壬申

王墿 恩貢一作墿

張學古 副貢

賀宗賢 副貢

張膺曾 拔貢一作甲戌誤

沈策 拔貢杭州商籍作乙亥誤一作五十四年己酉

府志及各報告編入

太后六旬開科二月鄉試八月會試

十九年甲戌

二十年乙亥

二十一年丙子

朱筠 莊培因榜編修贊善侍讀學士

朱棻元 庶吉士鄉舉年佚

朱筠 珪弟順天大興籍

郭倫

周世官 見新林周氏宗譜

袁治 知州順天籍

郭倫 優貢作乙亥誤

何國泰 歲貢府學

陳格物 歲貢

沈元鐣 歲貢府學

沈昌 恩貢

張鼎 歲貢

任廷楫 歲貢府學

二十二年丁丑	沈魯 丁丑壬午兩次南巡召試俱取二等賜錦	來益清 蔡以臺榜福建清流直隸贊皇山東館陶等知縣 丁百川 知縣		胡永 字石汀歲貢琉球教習安吉訓導	是科裁去表判增用五言八韻律詩一首永著爲令
二十三年戊寅			施步亭 順天中式	王瑩 歲貢	
二十四年己卯			來起峻 字江臯斯行來孫 張遵路 紹興府志會稽人順天中式 沈蘇翰 一作瀚 張應曾 順天中式	何淮注 副貢 蔡應鉉 副貢 曹來聘 副貢丁卯已副貢此其第二次	

二十五年庚辰

二十六年辛巳

二十七年壬午

二十九年甲申

張應曾 王杰榜庶吉士山東道御史

張學古 順天中式

吳斐 字蕤菴元禮孫

任炎

徐繿文 歲貢府學訓導

朱鎬 歲貢一作恩貢府學

詹士貴 歲貢

胡烱 字瑩山胡永弟歲貢

周瑆 歲貢一作恩貢瑆一作理

傅學師 歲貢慈谿訓導

三十年乙酉			張鳳池 訓導 施庭筠 榜姓潘仁和籍按新田施氏宗譜繼仁和潘氏紹興府志錢塘籍山陰人誤	沈德麟 拔貢府學雲和教諭一作四十二年丁酉科 陶廷珍 歲貢會稽籍
三十一年丙戌				來克讓 字思遠歲貢府學 潘學鳴 歲貢
三十三年戊子			汪輝祖	史文彬 副貢

三十五年庚寅

沈元鎧
王承鉞 鉞作越誤
蕭濂 錢塘籍一作副貢北籍
朱學濂 仁和籍
單瑞龍 錢塘籍一作副貢
倪名臯 名作鳴
來有容 字元度知縣容作蓉誤
吳秉鈞 教諭

韓元璠 歲貢璠作燔誤
來炳 字虎文歲貢
毛伯行 副貢知縣

三十六年辛卯	三十七年壬辰
吳斐 黃軒榜甘肅崇信知縣	來起峻 戶部湖廣清吏司主事
沈文炳 朱錫彤 膠萊鹽運判大興籍 楊錫瓚 任錕 吳鉅 陶廷珍 會稽籍 沈岱 八旬欽賜舉人北直籍	
	王欽祚 恩貢 一作辛卯副貢

三十八年癸巳

三十九年甲午

沈文炳 工部營繕司虞衡司主事倉場監督

王宗炎 榜作琰府志亦作琰

曹之升 字寅谷

陳應簡 字皎如

蔡雄

沈鎬 山東萊陽知縣

張兆梅 一作作梅

何漣 歲貢原作璉一作丙申年

富國寧 副貢或作國定

湯溢 副貢杭州府教諭

史觀梅 歲貢一作觀樓一作觀海

陳淸瑍 歲貢

王湜 歲貢一作丙申年

四十年乙未		汪輝祖 湖南甯遠新田善化知縣道州知州 蔡雄 山西萬泉知縣 蕭濂 知縣		
四十二年丁酉			鄭豹文 吳守信 永康訓導 董王錫 歸安籍 傅廷機 字覺軒常山教諭機一作璣 王武培	湯元芑 拔貢金華府訓導廣東徐聞縣知縣 王言 副貢

四十三年戊戌

四十四年己亥

施庭筠 翰林御史

徐震 知縣

富國甯 山西絳縣知縣

陳夢松 廣西中式湖南常甯等縣知縣岳州通判

徐國楠

何其棻

陶廷琡 會稽籍

朱錫經 蔭生大興

吳雯 歲貢府學開化訓導

許元 副貢教諭

四十五年庚子	四十六年辛丑
王宗炎 汪如洋榜 鄭應簡 雲南祿豐會澤等縣知縣升知州	曹之升 錢棨榜陝西中部醴泉三原蒲城等
籍太僕寺少卿戶部郎中 周炳彥 王鋕 或作誌 周鄉書 山東中式	
富鳳韶 歲貢府學 王錫朋 歲貢 來克承 字普三恩貢 蔡筠青 歲貢一作蔡筠 蔡法 副貢一作發 蔡英 優貢 來承聖 字納齋歲貢訓導紹興府志作壬辰	

四十七年壬寅

四十八年癸卯

四十九年甲辰

五十一年丙午

縣知縣

陶廷琡

來陳珍　字毓英知縣

來汝緣　字引升經魁武進陽湖知縣常州府通判

聖作望誤

王玉臺　歲貢

周世聞　副貢

鄭賓王　歲貢紹興府志作王賓

駱廷元　歲貢

周岐彥　副貢

吳鑰　恩貢一作錀

以上進士李亨特紹興府志止

五十三年戊申

汪繼坊 輝祖子改名光誥處州府教授嘉善慈谿教諭

於士宏 宏一作鋐

朱錫黻 大興籍山東王家岡鹽大使

陸以莊

陳三祝

孫企奭

周岐彥 順天中式

來宗瑗 字景璣歲貢一作恩貢一作戊申副貢

周鳳山 副貢

湯元隆 歲貢

次年萬壽恩科正科開早一科

五十四年己酉

葛楙青
許煒
來宗敏　字懋齋府志作朱姓誤
韓城
朱錫爵　順天籍山東布政使護巡撫
朱錫庚　順天籍知州
傅淦　字毅齋
鍾山　雲和訓導

任以治　拔貢府學
王紹蘭　拔貢

八旬萬壽

五十五年庚戌

陸泌仁和籍

陳家驥字遠期副貢一作家驥

來燕字翼亭副貢雲南昆明籍一作乙酉

朱澄拔貢順天籍

趙國樑歲貢府學一作恩貢

來莘字佐商歲貢府學一作辛紹興府志作莘誤

朱振麟歲貢

何鏷歲貢一作鏷五十年

五十七年壬子

單澤　實應長洲知縣官至淮徐道
來珩　字虹橋
戴元藻　元一作沅字墨川孝豐教諭
王紹蘭　順天中式
來燕　雲南中式

乙巳
王宗彬　恩貢一作五十六年辛亥
沈昌科　恩貢
曹祖倓　優貢青田教諭浦江泰順處州府學訓導
陳始基　歲貢

按紹興府志貢生自庚戌年何鏶止

五十八年癸丑

徐國楠 潘世恩榜 中書侍讀湖廣京畿道御史山東運河兵備道

王紹蘭 知縣泉州府知府擢按察使福建巡撫

來壽昌 欽賜檢討

來壽昌 字越水 欽賜舉人

以上舉人李亨特紹興府志止以下據明倫堂題名錄魯變光儒學志採芹錄以及各區報告

五十九年甲寅

六十年乙卯

與千叟宴賜壽杖銀牌

傅淦　榜後錄遺欽賜內閣中書順天分房方略館纂修四年特簡軍機處行走

湯金釗　解元仁和籍

陳家騄　教授湯伯述槃薖集有傳

倪名皋

朱澄　順天大興籍

孔傳曾　字魯齋傳襄弟錢塘籍

朱瀾　副貢四川雅州府天全州涪州州判

楊德成　歲貢

任爻　歲貢一作恩貢爻或作文

何丙炎　優貢府學炎一作咸

乾隆朝歲貢科分無考者附見於此

嘉慶元年丙辰

汪輝祖 元年由知

來宗敏 直隸清平

沈世隆 字遠初黃巖教諭

顧青選 字蕊南鎮海訓導

沈世輔 一作輔世

沈宏基 宏一作鉉

沈昂 三沈龍泉報告作乾隆二十年乙亥

金庭容

來階

二年丁巳

三年戊午

縣方於泗舉孝廉方正辭不赴

王樹藩 孝廉方正 見王祠額

知縣

來珩 江西臨川萬載知縣

陸泌 江南道御史順天府丞

陸以莊 工部戶部尚書兼順天府府尹謚文恭

何丙咸 咸一作炎

王廷鎔

瞿明 臨海訓導

傅學灝 歲貢

陸夢丹 副貢一作乾隆戊午

元年不開科大省加三十名小省加二十名

四年己未

五年庚申

湯金釗 姚文田榜 協辦大學士吏部尚書光祿寺卿太子太保謚文端

盛唐 字鷺汀

王孫益 福建清流長泰知縣

任以治 知縣順天籍

瞿昂 順天籍一作辛酉拔貢大興籍

朱涂 文正孫由勛舊賜舉人江安糧道

孫藩 歲貢

傅楠 歲貢

周炎 恩貢

潘鴻緒

乾隆八旬萬壽降旨己未開科後嘉慶議止旋又降旨庚申特補恩科是科上諭文首不限夫蓋甚矣嘗思等字

六年辛酉

陳家騄 顧臯榜中書改嚴州教授

何丙咸 乙丑編修戊辰丁父憂歸里卒一作壬戌

朱澄 編修常州知府

何其照 字涵亭永嘉教諭

單潮 德清籍陝西知縣

汪繼培 拔貢

陶定山 字翃勳拔貢府學

楊德成 副貢

何森 副貢一作歲貢

來煥 字劍城副貢

來玘 字純甫歲貢仁和籍

朱澍 拔貢順天籍廣東州判

來玥 字東輝仁和籍欽賜

七年壬戌		瞿昂 吳廷琛榜編修河南陳州府知府大興籍題名額作辛酉		副貢州判
九年甲子			汪繼培	曹維福 副貢一作種福
			宋京 教諭	王端履 優貢府學
			周京	韓鴻 欽賜副貢
			錢懋勳 本性葉向榮子順天籍	
			王宗彬 欽賜舉人	
十年乙丑		盛唐 彭浚榜編修河南道		朱泳 歲貢一作永一作洲

十一年丙寅
十二年丁卯

山西道御史刑部掌印給事中
汪繼培　吏部文選司主事
葉懋勳　榜姓錢四川知縣
王宗彬　欽賜國子監學正

來清曙　字鑑盤海鹽訓導一作署誤

沈世泰　歲貢府學分水訓導一作乾隆朝
蔡應琦　歲貢餘杭訓導
孔傳襄　字桐溪歲貢錢塘籍
來學醇　字酉峯優貢
韓慕嶸　副貢

倪嘉樂
任戴 龍泉教諭 一作載
陸燮祁 知縣 改名 燮鼎
朱瀛 大興籍
陳詩 州同順天 籍
鍾大章 順天 籍
來以南 集之 玄孫 唯寬子原名 大受慈谿分 水教諭江山 訓導順天籍 榜姓吳一作

丁堃 欽賜副貢
蔡應鼇 欽賜 副貢
葉時 欽賜副貢

十三年戊辰

孔傳曾 福建安谿平和貴州玉屏清平貴筑知縣安順府郎岱同知

汪桂葆 知縣

朱錫田 侍讀學士山東學政大興籍鄉舉年佚

傅學灝 欽賜國子監學正

胡

傅學灝 欽賜舉人

何鯤 陝西延榆綏兵備道

沈錫庚 原名謙

倪曾達

丁海林

陸雲樞 慈谿教諭

何煊 原名炳

陳粲 知縣翰林院典簿

來嘉祐 歲貢一作佑一作庚午

韓轍 字克由歲貢府學訓導

姚慶元 原名江順天籍
陳葉 原名灝字亘源獲嘉知縣河南光州知州順天籍一作金葉
王貽桂 順天籍
張鳳芝 山陰籍
鄭起昌 山西解元教諭山西陽曲縣籍
丁堃 欽賜舉人
蔡應鼇 欽賜舉人

十四年己巳

何煊 原名炳兵部職方司主事雲南巡撫

陸燮祁 改燮鼎知縣

姚慶元 原名江奉天司額外主事給事中

朱瀛 刑部主事

丁堃 欽賜國子監學正

蔡應鼇 欽賜國子監學正

葉時 欽賜舉人未會試卒

十五年庚午

十八年癸酉

王端履

史記

鍾俊知縣一作峻

倪望焜一作副貢

蔡聘珍初名以元榜名鼎湖北長樂知縣順天籍

丁樾教諭

湯綸金釗姪一作輪

鄭耀宗副貢

鄭翊龍副貢翊一作翔一作陳翔龍順天籍

曹煜歲貢

來宗珣字璞山歲貢珣一作恂誤

周豐彥歲貢訓導一作壬申

汪世鍾拔貢江西瑞昌知縣常山教諭

陳柟 嘉善教諭

郭振聲 訓導雲南富民知縣

徐國森 訓導

倪覺民 杭州籍

來學醇 南元順天籍

韓之錦 改名羹卿順天籍

張志彥 順天籍

何枚 原名麟錢塘教諭順天籍

來恆方 宗珣子字亦士歲貢

沈廷貴 拔貢蕪湖籍安徽阜陽訓導四川銅梁江西樂平知縣四川綏定府知府

謝祖連 欽賜副貢

張學泗 欽賜副貢

十九年甲戌		王端履庶吉士		戴仁歲貢 潘搢蘭歲貢
二十一年丙子			韓鹿鳴改名鳳修 何懷德 韓應虹衢州西安教諭 蔡以烜烜一作煊 瞿士樟 郭秋水 周邦彥周釗之孫文水知縣順天籍	王應逵歲貢一作戊寅 吳鍾愔優貢 沈丞歲貢

二十二年丁丑

二十三年戊寅

王貽桂 吳其濬榜庶吉士廣東高州府知府順天宛平籍

金文藻 原名輅南字春谿順天籍

蔡熊

趙奎 一作煃字曉莊

王致雲 字寅生陝西神本縣知縣

高春瑞

於保寧 歲貢改保垠

周師濂 字又溪歲貢山陰籍

六旬萬壽開科

二十四年己卯

蔡金蘭
葉樹勳 教諭順天籍
施肇基 基一作奎通州籍一作山西籍
陳紹型 原名烱
於燦文
王勉 教諭
許炳 知縣
任浢 知縣

沈廷富 歲貢蕪湖籍安徽六安州學正

二十五年庚辰

王焕祖 教諭

鍾調梅 順天籍

徐青照 順天籍

金石聲 陳繼昌榜庶吉士改知縣歷任安徽東流等縣知縣湖北施南襄陽知府仁和籍鄉舉年佚

於燦文 武選司主事

來學醇 檢討武英

黃尊 歲貢本名炎訓導

沈豫 嘉慶朝歲貢府學年佚

	道光元年辛巳
	王義祖字楡圃寄籍富陽阮元薦舉孝廉方正因親老不就見車裏莊王氏宗譜富陽縣志有傳
殿協修 韓鳳修原名鹿鳴廣東信宜海陽知縣潮州府知府 金文藻知縣一作金南係原名輅南之誤	
	丁淦 高丙曦原名槃更名熿廣東鎮平知縣 瞿董元桐鄉訓導殉難入忠義祠
	章學燕恩貢 韓怛歲貢府學 任之佺歲貢一作仝

傅籛 字芝堂天台教諭

施紹唐 字麟臺

韓復初

許棠

駱奎祺 字蓮橋

吳鍾愔 順天籍

陳元麒 一作麟順天籍

鍾錫瑞 原名應鸞順天籍

朱城

二年壬午

鍾錫瑞 戴蘭芬榜

王向榮 欽賜副貢

三年癸未

四年甲申

陝西臨潼知縣

張志彥 庶吉士知縣

陳紹型 安徽休寧河南中牟知縣

徐青照 北籍

任浤 林召堂榜山東德平知縣

徐梁

高枚 順天籍

韓元燮 恩貢

盛藻 恩貢

何維墉 歲貢

五年乙酉

徐光簡 解元 仁和籍知縣福建潯美場蓮河場鹽大使

王茂南

傅球 教諭

王端臨

蔡鍾善 知縣 一作種善錢塘籍

蔡霆

郁丙燾 開化教諭

傅士珍 山東冠縣

陶恩培 副貢 會稽籍

陶棠 拔貢改名秉淳

六年丙戌

許炳 朱昌頤榜廣東廣寧豐順龍川香山知縣欽州萬州知州

高枚 陝西道御史湖南鹽法道

知縣咸豐甲寅三月在任殉難恩卹雲騎尉世襲雲南昆明籍一作副貢

朱甘霖 文正曾孫欽賜舉人靈璧知縣大興籍

陸堃 恩貢

陳庭驥 歲貢府學訓導

傅炳南 歲貢

八年戊子

蔡璋 知縣仁和籍
韓樹森 教諭
徐光第
徐以松
朱鳳標 字桐軒
蔡炳勳 江山教諭 炳一作丙
曹嗣融 石門訓導 錢塘籍一作副貢

韓德鎬 副貢
施文周 副貢
施章文 副貢 杭州籍
陶斯曾 副貢一作增 順天中式 會稽籍
來恆方 歲貢
來先甲 字愚谷 欽賜副貢

來嗣尹　學謙孫字淞亭國子監學錄恩卹雲騎尉

胡元燈　一作元惇

樓鏡蓉　昌化教諭

瞿嘉祜　昂子內閣中書敎諭順天宛平籍嘉一作家

葉森　原名舟河南偃師知縣順天籍

王煦　字緺石杭州籍一作昫

九年己丑

十年庚寅

十一年辛卯

蔡璋　李振鈞榜山東長清等縣知縣

韓之麟　錢塘教諭殉難世襲恩騎尉順天中式

鍾賢　一作廷贊嘉興桐鄉教諭

黄珸　遂昌訓導

鄭卿

蔡五辰　知縣

莫麒仁　歲貢府學

施朝　歲貢

五旬萬壽以本科爲恩科壬辰補行正科

十二年壬辰	
朱鳳標 吳鍾駿榜榜眼體仁閣大學士太子太保謚文端	魯慶元 知縣
凌錦江 倪丹林 順天中式 沈玉琪 錢塘籍 魯慶元 錢塘籍 潘恭壽 解元本姓施仁和籍按即施庭筠之後 瞿生瑞 廣東嘉應州知州虎門同知杭州籍	陳以璁 一作熜
高祖第 歲貢 周炳麟 歲貢府學	

十三年癸巳

來金詔 字蔚堂原名望
吳金臺 祁陽知縣
汪樹基 順天籍
陶恩培 會稽籍
陶斯曾 一作增一作戊子會稽籍順天中式
陳應元 山東泰安等縣知縣濟寧直知州廣西籍

鄭金 歲貢

十四年甲午

謝沚改名溥恩教諭
汪世鈴開化訓導
崔巍
陳辛祿
張百揆
何增筠教授

史乘歲貢訓導
倪錦瀾歲貢
顧鴻逵歲貢府學原名陸字儀吉
謝元淑改元勛副貢
韓殿金副貢順天籍
陳汝器歲貢

十五年乙未

駱奎祺 劉繹榜四川南部知縣

何增筠 知縣改嚴州教諭

陶恩培 湖北巡撫殉難謚文節

周紹濂

鍾瀛 原名炳順天籍

陳穀旦 字惺齋

陶秉淳 原名業

來學時 字仰山原名家騆

蔡耀孫 湖北咸甯知縣

倪夢麟 順天籍

倪丹書 順天籍

林景川 恩貢直州判一作丙申年

何鏊 副貢

任交泰 副貢改名鳳翔順天籍

十六年丙申

朱城 林鴻年榜工部主事

蔡五辰 直隸盧龍等縣知縣升知州

郭世亨 庶吉士知縣順天籍鄉舉年佚

王璋 字叔皮國子監學錄內閣中書順天籍

蔡錫麟 山西永和知縣

十七年丁酉

蔡召南

王懃 拔貢

蔡乾

張錫戊 嘉善教諭

謝元淑 嚴州建德教諭

謝元焯 卓甫一作

甲午科

鍾榮桂 順天籍

葉嶰 改名兆晉山西壺關知縣岢嵐州知州

陳鑠 廣西籍山西岢嵐等知州澤州府同知

張鳳藻 副貢

於益來 歲貢

王禮庭 歲貢禮一作鯉

十八年戊戌

十九年己亥

倪夢麟 山東利津等縣知縣一作倪夢德

蔡召南 知縣嚴州府金華府教授殉難

鍾瀛 知縣北籍

沈賡颺 山輝一作揚知府順天籍

謝元瀛 字芷香四川雙流等縣知縣

丁先甲

莫鴻采 歲貢

王言 副貢字如園號蘭舫按與乾隆丁酉係二八

任鳳翔 副貢原名

預行正科庚子改作恩科

二十年庚子

張百揆 李承霖榜探花廣東惠潮嘉道

何樹滋 錢塘籍 泰交乙未順天副貢

蔡玉 或作蔡葵

湯修 太常寺卿通政司副使

顧鴻逵 順天

鄭錫瀛 字愓菴順天

羅慶春 順天卽蕭詠

來福藻 字谷孫知縣

沈豫 歲貢

二十一年辛丑			陳慶雲義烏教諭 單煥 高延祜順天 高延祉廣西隆安知縣謚壯節順天 何鼎勳字小塘初名炳藻榜名瑞圖順天中式四川崇寧雅安知縣	郁樹榮歲貢金華武義訓導 戴星歲貢府學 王泰歲貢	

蕭山縣志稿 卷十三

二十二年壬寅

二十三年癸卯

來煦 字桂堂經魁

孔廣泉 葵軒

孔繼中

倪濤 順天

倪福謙 河南涉縣知縣順天

丁逢吉 順天

周玉衡 湖南辰州府知府順天

湯克成 歲貢貴州訓導

盛甘墀 副貢訓導

二十四年甲辰

淩錦江 孫鏽淮榜

倪濤 教授廣西潯州知府殉難

來其鑑 常山教諭同治癸亥三月殉難恩卹雲騎尉崇祀忠義祠

蔡珍

郁樹森

陳以瑞

施億承 更名本工部屯田司郎中

張友聲

沈鳳翔 改名晉知

倪汝銓 副貢

二十五年乙巳

瞿績凝　蕭錦忠榜　福建汀州歸化知縣

顧鴻逵　江蘇如皋　蕭縣知縣

鄭錫瀛　吏部主事

縣一作兵馬司副指揮

瞿績凝　知縣順天

陳以昌　工部虞衡司員外郎順天

陸和鈞　原名秉銓　順天

蔣炘遠

彭光祚　恩貢江蘇　教諭

二十六年丙午

稽勳司員外郎軍機處行走

韓鎮

丁文藻

鍾寶華

陳錫華 知縣

林鳳輝 改名式恭

陳潤

謝一飛 字紫峯

沈雲駿 內閣中書　湖北通山知

王作楨 字燕山　恩貢

彭元文 歲貢　府學

縣仁和籍順天

施承榮

沈洪 一作宏原名濟邦中書戶部主事順天

范年民 本姓於或作范豐年順天

二十七年丁未

來煦 張之萬榜庶吉士

孔廣泉 山西太原知府護理按察使

二十八年戊申

郁九陔 歲貢府學

二十九年己酉

王養壽 知縣
黃金階 曲陽知縣
何鑾
戴星 景瑆縣訓導
陳應春
來柟 字秋塘辛酉被匪迫脅嘔血卒恩卹都察院經歷銜廕一子崇祀忠義祠
陳以孚 內閣中書

一作咸豐辛亥
施作霖 拔貢府學陝西城固知縣平捻殉難奉旨建專祠謚剛毅
王養壽 拔貢知縣
陶守廉 拔貢府學
會稽
田文炯 字友濤副貢咸豐辛酉殉難
田人熙 字子青優

楊鳳藻 字欽安庚申起義包村殉難

王言 福建鹽大使順天中式

黃茂 涇縣天長知縣順天中式

宋遠 順天中式

來棐 順天中式字梯青福建屏南壽甯知縣

張霞 順天中式

貫江蘇丹陽吳江知縣

三十年庚戌

徐光第　陸增祥榜　河南宜陽闋鄉永甯知縣浙川廳同知

孔繼中　河南固始修武知縣崇

鄭錫鴻　字志齋一作錫洲順天中式

任鳳翔　原名泰交乙未己亥兩次副貢順天中式又一作副貢

任濟江　順天中式

施惠　歲貢府學訓導一作咸豐壬子

傅瑤　歲貢

咸豐元年辛亥

二年壬子

祀名宦

陸觀禮

沈成枚

鄭錫淳 字春海以同治御名改淳爲泰順天

來世興 順天

周光祖

湯煊 亞元知縣

陳洴 更名啓焜內閣中書

陳羲

蔡仲襄 副貢

陳熙登 恩貢教諭 原名慶禧一作丙辰年按東區報告咸豐登極恩貢則在元年矣

沈守謙 恩貢仁和教諭

王仰山 歲貢訓導

韓慶榮

陸金垣

曹慶鵬　錢塘籍一作副貢長興教諭

蔣春柱　改名洽金戶部主事

蔡玉瀛　一作玉林仁和

周邦幹　仁和

蔡壬

蔡玉田　仁和

三年癸丑

林鳳輝　孫如僅榜更名式恭庶吉士主事陝西道監察御史貴州銅仁

何炳葵　字爽山一作丙葵一作丙章江蘇金山寶應沭陽知縣

黃慶珍　原名聘珍順天

來景昌　原名獻琛字衡峯順天景一作錦一作慶誤

四年甲寅	五年乙卯

府知府

高延祐會魁編修內閣侍讀學士

韓欽鹿鳴子

林煊

沈祖培更名藻芬廣西義甯知縣

俞登瀛恩貢殉粵軍難

來鳳詔字金門歲貢一作戊午

來金聲字菊修恩貢

何佩金原名如鈺副貢一作佩銓

傅鼎頤字藕舲優

丁文傑　貢教習知縣

陸貢珍　榜名登瀛　孝豐訓導杭府學教授

陸稽

徐良弼　教諭

瞿肇源　一作兆源　會稽

陶守廉

沈慶蘭

沈兆⿰山原　仁和

任鳳翔　原名泰交

六年丙辰	八年戊午
鍾寶華 翁同龢榜 傳臚侍讀學士陝甘學政 韓欽 知縣內閣中書光緒間重游泮水特賞五品銜	
順天	鍾觀豫 平陽義烏臨安訓導臨海教諭 鍾寶棻 陸沛霖
倪望煒 歲貢	任式膺 副貢 吳寶三 副貢 陳肇祥 歲貢
按兩見副貢一見正榜據報告凡三次副車則已酉當非正榜	

九年己未

黃慶珍　孫家鼒榜工部主事殉難世襲雲騎尉崇祀忠義祠

張鳳揚

施湘　訓導

汪世金　建昌知縣

何福滋

蔡夢齊

章夏謨　字禹鈞嘉善金華西安鄞縣教諭

陳福申　會稽籍

郁崑　字漱山

蔡以珍

湯鼎熺　優貢

曹炳言　優貢改名壽銘會稽籍

張鳳飛　原名丙榮副貢杭州籍

		鄭錫淳更錫泰工部都水司主事河南知州升知府 周光祖刑部主事	蔡以瑩杭州籍 謝寶樹 單椿年 沈成烈 林梯青蘭谿敎諭衢州敎授 來鳳郊字賦唐福藻次子 倪承志 吳鳳階仁和一作副貢

韓棪 字柳橋仁和籍按明倫堂題名作仁和副應是附生之附誤據南區報告更正

十年庚申

謝寶樹 鍾駿聲榜 主事

傅鼎乾 字梅卿歲貢

蔡以瑎 拔貢 府學

按貢舉年表是年順天山西陝甘廣東廣西鄉試

任鳳璋 拔貢

十一年辛酉

蔣孝先 拔貢 府學 戶部四川司郎中

按以上拔貢均同治三年甲子補拔

同治元年壬戌

林烜 徐郙榜庶吉士湖北保康來鳳安陸光化等縣知縣

陳允孚 廣西中式

來慶昌 字又嚴恩貢教諭

來之杰 字卓生恩貢一作庚申誤

趙忠彥 歲貢一作戊辰

單彭年 歲貢一作戊辰一作甲子

朱起鵬 副貢原名啓煦順天

按貢舉年表是年順天江西福建湖北湖南河南山東山西廣東廣西均鄉試

三年甲子

胡國棟 庠名家棟改名燏棻安

四年乙丑

沈成烈　崇綺榜庶吉士主事

來鳳郊　嚴州府訓導杭州府學教授

陳慶祚　徽泗州籍江南中式　揀選知縣

蔡以瑞

來鳳閶　字紫恆福藻四子知縣

陸錫蕃　太平教諭

戚襄　字贊之松陽訓導

陳光煦　刑部奉天司主事福建道錢塘籍

徐錫祉　仁和籍

高延禕　副貢

朱文鎔　副貢

沈兆蓉　副貢仁和籍

來金聲　歲貢

徐恆謙　歲貢一作戊辰

是年江南舉行鄉試浙江未舉行

是年舉行辛酉正科補壬戌恩科鄉試

蔡清源 教諭

沈受謙

韓錦濤

黃綬章

施作梅 武義教諭

陳五昌

黃中理

單恩溥 遂昌訓導嘉興教諭順天

來成 字又峯知縣

五年丙寅

六年丁卯

施耿光 字顯卿山陰

傅賚予 字少梅鼎乾子海鹽教諭山東高密知縣

林福豫 知縣

來之杰 錢塘嘉善教諭

金作礪

任丙炎 恩貢一作戊辰

陳受田 歲貢訓導

傅光毅 副貢

王觀瀾 字心水副貢象山訓導

沈乙輝 副貢

瞿兆晉 副貢

黃繼昌 欽賜副貢

何增榮 平湖教諭
丁鴻逵
王修 字省之義烏教諭
陳以咸 錢塘籍
吳受頤 覺羅教習內閣中書江蘇知縣
任鳳璋 雲和教諭 順天
施慶修 訓導順天
喻文熙 廣東籍

王丙熹 欽賜副貢 一作喜

七年戊辰

八年己巳

九年庚午

蔡以瑺 洪鈞榜會元庶吉士主事

陳以咸 戶部雲南司郎中

沈受謙 工部主事福建德化知縣永春直知州

金葆恆 山陰籍

李錫彬 順天籍

王玉藻 字蓉舫奉

來鳳翽 福藻子字秋皋歲貢一作翽誤

湯懋功 歲貢府學功一作中誤

張憲章 字印山歲貢一作咸豐庚申恩貢海甯州籍

王葆謙 歲貢

鍾紹璜 歲貢

十年辛未

郁崑 梁耀樞榜探花廣東副考官

林國柱 編修貴州

化教諭

林國柱 鳳輝子

蔡斯溥

傅培基 士珍子雲南昆明籍

周枚 會稽籍

孔繼昌 傳曾從孫貴州籍見采芹錄一作己已誤

十一年壬申

十二年癸酉

學政

李治鈞 字蓮風樂清教諭

俞霖 字望三永康教諭仁和

汪望庚 字又辛山東歷城魚臺知縣濟甯州知州

湯鼎熺 處州府訓

盛藻 恩貢

沈珪 恩貢一作歲貢

楊晉謙 歲貢

陸秉恆 拔貢工部屯田司

陸鍾琦 拔貢順天

許寶仁 欽賜副貢

汪坤貞 欽賜副貢

十三年甲戌

陳光煦 陸潤庠榜 庶吉士刑部主事福建道

導秀水教諭金華教授

湯鼎烜 鼎燽弟兄弟同科

來觀瀛 字春山嘉善教諭

陳吉 教諭

朱有基 文端孫欽賜舉人內閣中書四川川東道

陸鴻烈 歲貢臨海訓導一作丁丑

光緒元年乙亥

湯鼎烜 庶吉士安徽建平黟縣江西大庾豐城知縣直知州

胡燏棻 庶吉士直隸天津道廣西布政使順天府尹刑部工部禮部郵傳部侍郎

傅培基 主事直隸南皮知縣

王紹羲 字引年

郁昌耿

沈乙輝

湯懋功　泰順訓導內閣中書

蔣志圻　武康浦江訓導國子監學正

來志周　字亞香本姓章

倪家祓　字蘭叙

徐佐堯　更名沅一作垚河南光山祥符知縣信陽州裕州知州

二年丙子		徐錫祉 曹鴻勛榜福建晉江閩縣江蘇宜興等縣知縣	陸慶衍 順天 王乃本 順天 韓驤 順天 何文瀾 韓佩琮 改澤埏知縣 朱伯增 王錫祺 台州甯海復諭 朱樑濟 順天
			韓熙 恩貢 沈祖煒 字省三副貢 陳捷 副貢 朱敏修 副貢順天
三年丁丑		黃中理 王仁堪榜	
			俞霈洋 字體元歲

		庶吉士雲南河陽知縣		貢
四年戊寅		李錫彬 順天宛平籍吏部文選司主事取御史		黃文犖 恩貢 張桂芬 歲貢 王之謨 字五樓歲貢
五年己卯			湯學堅 朱起鵬 順天 朱材濟 順天	傅光穀 副貢按丁卯副貢此其二次

六年庚辰

七年辛巳

八年壬午

朱光謙 仁和

韓啓酉

姚夔 改瑩俊字鏡西

孔廣聰 榜作廣運河南許州知州

田壽士 恩貢

姚夔 改瑩俊歲貢

來桂林 字雪瀾歲貢一作辛卯一作甲午

來壽田 字春昀恩貢一作歲貢

來鴻璿 字雪珊歲貢府學

來萱 字介孫歲貢

十一年乙酉	
王觀瀾象山訓導　來熊字渭卿　任晉恆　沈似嫌字抱仙　王丙壽改元壽宗　學教習　沈祖燕	
顧覲宸字子琪副貢　沈祖榮字頌清優貢永康定海東陽青田教諭　蔡煥琛歲貢　沈金栻似嫌兄副貢　傅師保副貢　韓拜旒優貢　沈祖燕字翼孫優貢	

十二年丙戌

十三年丁亥

十四年戊子

王曾望 字幼衡

王履咸 字子謙

陸鍾琦 順天 兄弟

同榜

陸鍾岱 順天

黃之霖 字醴蓀仁和

韓壽祺 字琪笙天

貢

黃丙壽 拔貢

倪錫庚 拔貢府學知縣

楊馨治 欽賜副貢

陳綱 字立三歲貢

楊道亨 歲貢

華慶嵩 改基厚字陶安歲貢

十五年己丑

沈祖燕 張建勳榜

台臨海教諭

黃同壽 字星莊

陳學文 改翼亮杭州籍

蔣志型 內閣中書 仁和教諭

屠佩環 字仰琴

黃傳鼎 字調甫本姓韓仁和籍

王維涵 字容甫杭州籍福建鹽大使

韓拜旒

來鴻璪 字雪瑱歲

十六年庚寅

內閣中書常熟崇明知縣湖南勸業道
何文瀾　戶部主事
陸鍾琦　庶吉士江蘇藩司山西巡撫辛亥殉難謚文烈
陸鍾岱　內閣中書河南知府
王履咸　吳魯榜工部主事外務

周易藻
俞省三
黃謦壽　天台教諭
孔昭銘　字北塘
韓昌復
來鴻瑨　內閣中書
徐光烈　杭州籍西安教諭

貢府學一作庚寅
鄭杰　字壽孫副貢仁和籍
許壬壽　恩貢一作歲貢訓導

十七年辛卯

陸承宗 部主事庶吉士湖南籍鄉舉年佚

陳作梅 字次鹽
鄭杰 杭州籍
陳容保 蘭谿訓導
朱秉鈞 字勤孫
胡翔林 字海帆順天河南候補道

林樹棠 歲貢府學一作恩貢訓導
錢壽昌 歲貢武康訓導
陳錫周 庠名際康字子範副貢
韓雲布 欽賜副貢時年八十三

十八年壬辰

十九年癸巳

二十年甲午

來熊 廣西上林知縣

金祖培 字芷祥桐鄉教諭

柳際春 字葆如

王燮陽 字坤生奉化浦江教諭鹽大使兄弟同科

王燮臣 長興建德青田教諭景雲訓導

楊馨治 欽賜

何鳳翔 鼎勳子字

沈春燮 歲貢

何慶埏 鼎勳子字成甫順天副貢山西天鎮知縣朔州知州

二十二年丙申

俞省三 內閣中書 江西宜黃餘干玉山南昌知縣

王懋政 笙甫江蘇震澤知縣 字健臣

顧燿乙 字琳甫直

張承載 隸布庫大使 字丙奎

王熙亮 字公度

陳兌謙 法部主事 字子穎司

陳鍾湞 字仲方

王國楨 新昌籍

朱嗣琦 歲貢

二十三年丁酉

夏錫璣 字友恭

來紹元 觀瀛子字慶增

傅留 原名光燮字又琛

湯在寬 鼎熺子嘉興教諭

陳光樞 錢塘籍

來杰 字菊如拔貢刑部小京官

來復 字丙生副貢

徐光煦 副貢仁和籍江蘇州判

二十四年戊戌

屠佩環 夏同和榜陝西知縣

沈似燫 刑部主事

黃傳鼎 仁和籍山東知縣

朱豫身 歲貢

二十六年庚子	二十八年壬寅
	王誦熙字蕙庭直隸文安知縣 張弧字岱杉原名夢鰲 陳士奎字應蓀知州杭州籍 葛遵禮字水聲
來裕惇字成甫恩貢江西直州判 黃鉞字虎餘歲貢一作丙午 孫光烈歲貢府學	王誦熙優貢 黃以謙副貢直隸州判 丁炯字沅圃副貢知縣 陳大昀字彥疇杭
	補庚子辛丑科

來福詒 字簡齋 州籍副貢候選知府

田履耕 字子貞

陸鍾渭 字珊綬

傅德謙 字吉士廣西養利州知州明江廳龍州廳同知

湯祖蔭 字冠英

樓之東

周慶瑗 字仰蘧直知州

華光旦 改光翼字

二十九年癸卯

胡翔林 舉經濟特科王寅冬河南學政張仁黼保薦廣西勸業道

孫思鼐 復齋 訓導

汪鴻鈞 字子衡

裘效謙 字慶邦

湯在容 鼎燏子在寬弟字叔雍亞元分部主事

曹鼎汾 字雁橋經魁

沈企彭 字伯歡

周震咸 字介卿

王銘恩 字納臣懋政弟副貢

來雍 庠名有融來萱子字雁銘

王濤 字荇沚杭州籍廣西靈川知縣

王邦藩 字仲田杭州籍外務部主事朝鮮釜山正領事官

朱壽枡 字梓卿江蘇知縣

何丙藻 庠名燕字黼唐錢塘籍

何嘉澍 順天河南知縣

三十年甲辰	三十二年丙午	三十四年戊申
陸光熙 劉春霖榜庶吉士侍讀學士辛亥父子山西同殉難謚文節		
陸光熙 鍾琦子字亮臣		
來志燡 字水生歲貢	韓第昌 字葆蓀優貢江蘇知縣 陸贊 字硯芸歲貢	黃玉藻 字蘿莊歲貢府經歷 韓寶珍 原名拱薇歲貢石門籍

宣統元年己酉

周學濂　字篠年

孫燮　字雪樵

李世瑛　字文穗

陳煦　字龢雨

周翰　仁和籍

韓紹湘　字鞠生府學拔貢丁憂未朝考

來裕昌　學謙來孫字銘篁拔貢學部小京官

陸澄亮　陸贊子字秋港拔貢安徽知縣

徐臣翼　字拜颺府學優貢

王仁溥　熙亮子字袖滄優貢江西知縣

按是年每縣拔二人府學倍之

按舉孝廉方正皆於元年登極舉行宣統元年舉孝廉方正五人

樓金鑑　優貢

來壯濤　志燁子字挺松優貢小京官

陳寅亮　字孟萱優貢安徽知縣

蔡郕　字椿壽優貢山陰籍

周德垣　字銘慎巡檢

王居酉　字道行巡檢

黃之翰　字子渙巡檢

案是年考優拔後特開考職一科全省取巡檢四十名典史四十名以上五人即是科所考取者無類可歸附錄於此

二年庚戌

陸鍾渭 郵傳部主事
王銘恩 知縣

孫貽穀 字藕舫
韓傑 字賓舲典史典史

附
曹壽銘 優貢
曹南畦 科分未詳青田敎諭
來嗣歆 鳳翽子字禹門府學恩

按是年會考舉貢吾蕭取者陸鍾渭王銘恩二人

舉人補遺

丁淦

王之佐 江南鳳陽知縣

蕭汝霖 字又巖同治五年富陽教諭升甘肅

貢直州判

曹慶咸 字孟標恩貢

來紹劉 字殿卿歲貢府學

來鎮崙 字午莊歲貢

趙慶恆 歲貢

貢生補遺

施武衡

以上副貢

施丙泰

周禮讓

會甯鎭番知縣富陽縣志有傳

陳英俊

陳荃

陳丹赤

以上恩貢

王茂正

周維新

周世揆 布理問

周五臣

何尙木

陶梁 字濟川

王燏雲

郁鴻 仙居敎諭陞杭州府